Der Seelenfrisör

Die Macht der Haare

Siegfried Schink

Roman

Impressum

Die Erstausgabe »Die Macht der Haare« erschien 2019
bei KDP (kindle direct publishing)

Covergestaltung: Elisabeth Schink

Druckerei
Amazon EU S.à r.l., 5 Rue Plaetis, L-2338, Luxemburg

ISBN Taschenbuch 978-3-9821284-1-2
ISBN e-Buch 978-3-9821284-0-5

Ihre Kommentare gerne via Mail an haare@seelenfrisoer.de

Newsletter und weitere Informationen: www.seelenfrisoer.de

Die Sieben Friseurgebote

I Frisiere achtsam

II Haare lügen nicht

III Vermische Haare nicht mit Körperflüssigkeiten

IV Scharfe Kanten verletzen Haare

V Friseure stehen

VI Füge Kunden keine Schmerzen zu

VII Haarschnitt darf nicht auf Kleidung fallen

Zum Buch

Haare leben! Es sind keine toten Hautausstülpungen, die sich beliebig brennen, färben oder pomadisieren lassen. Der Frisör Amadé leidet mit den Kundenhaaren, pflegt und behütet sie und spürt über das feinmaschige Netz der Haarnerven in den Kundenkopf hinein – liest darin, wie in einem aufgeklappten Buch. Anschließend will er die wahre Frisur, die diesem Kunden entspricht, auf den Kopf frisieren, doch die Menschen lehnen dies ab.
Er verzweifelt: Die Lüge herrscht, der falsche Schein.
Trotz seines Frisiertalentes vegetiert er in seinem Salon, bis ein Scherenstich ihn herauskatapultiert.

INHALT

DANKSAGUNG

Die Idee zu diesem Buch entstand in einem Friseursalon. Eine Beobachtung inspirierte mich zu einer Kurzgeschichte, das Thema ließ mich nicht los und der Seelenfrisör wuchs in mehreren Schaffensperioden über 5 Jahre.
Am Seelenfrisör haben viele gewebt; bedanken möchte ich mich bei meiner Frau Elisabeth für ihr Verständnis, wenn ich abgetaucht blieb, für die Covergestaltung und ihre umfangreiche Unterstützung beim Feinschliff.
Wesentlich beteiligt waren (in alphabetischer Folge): Gabriele Asmuth, Karl van Betteray, Margit Brenig, Rolf Hammer, Robert van der Heusen, André Hille, Annette Jacobs, Mechthild Janßen und ihre Literaturgruppe, Richard Paul Schmitz, Stephan Waldscheidt, Frank Weinreich.

ERSTES KAPITEL

UNTERSCHÄTZES GENIE

1 Nordischblonde Haare

Punkt Neun schreitet der Frisör Amadé Kreutz die Treppe hinab, tritt durch die Hintertür in seinen Salon und zieht die Vorhänge vom Schaufenster beiseite. Auf der Scheibe verblassen die Goldbuchstaben »Damen-Herren-Salon Helena«.

Er späht durchs Glas nach rechts und links: Autos kriechen durch die Straße, Fußgänger eilen über den Kirchplatz, sickern durch die Blechkarawane, retten sich auf den Bürgersteig und hasten am Schaufenster vorbei. Die Welt bewegt und dreht sich um seinen Salon, wie jeden Werktag um Neun.

Als Nächstes reißt der Frisör Amadé ein Kalenderblatt ab: Heute ist der 8. April 1994, der erste Freitag nach Ostern. Seit zwölf Jahren, acht Monaten und acht Tagen betreibt er diesen Frisiersalon im Erdgeschoss eines Nachkriegsgebäudes in Köln-Ehrenfeld. Seine Wohnung liegt im ersten Stock, die Räume im zweiten Stockwerk stehen leer.

Dann prüft er den Kassenbestand: Genügend Wechselgeld ist drin. Oben in seiner Küche liegen vierundachtzig Mark und fünfzehn Pfennig, die müssen diesen Monat reichen; sparsamer haushalten vermag er nicht. Mit der Mietzahlung befindet er sich zwei Monate im Rückstand, weil seine Einnahmen niedrig sind.

Warum meiden die Menschen seinen Salon?

Als Lehrling war er Meister der Kaltwelle und Sieger im Glamourwettbewerb; die Kundinnen standen Schlange, um vom ihm frisiert zu werden. »Ah« – »Oh« – »Exquisit« und andere Verzückungsschreie gellten damals in seinen Ohren, mit glänzenden Augen posierten die Verzauberten vor den Spiegeln, um sich an ihrer fertigen Frisur sattzusehen. Jede Kundin steckte Münzen in seine Kitteltasche, viele strichen ihm übers Haar.

Der Frisör stellt sich im hinteren Bereich seines Salons zwischen Freddy und Walter und wartet auf Kundschaft.

Freddy ist sein modernster Frisierstuhl, dreizehn Jahre alt; dreht leicht um die Achse und schwingt beim Daraufsetzen tief nach.

Rechts neben Freddy steht Walter, ein schmaler Frisierstuhl mit hohen Armlehnen und geradem Rücken, dreiundzwanzig Jahre alt. Der Frisör hat Walter gebraucht erstanden: »Fast wie neu.«

Links von Freddy ruht sein Lieblingsstuhl; der Frisör hat Marianne auf einem Alteisenlaster entdeckt: angerostete Metallstreben, eingerissenes Rückenpolster, zerbrochene Nackenstütze. Es war Liebe auf den ersten Blick. Als er hörte, dass dieser Laster zur Schrottpresse fuhr, hat er Marianne für dreißig Mark gekauft, unter einem Bettgestell hervor gewuchtet und restaurieren lassen. Mit den Transporten – zum Techniker, Lackierer, Polsterer und Reiniger – hat Marianne einen vierstelligen Betrag gekostet, aber diese Investition bereut er nicht: Ihre tiefroten Polster sind der Blickfang in seinem Salon, Marianne lädt die Kunden breit und weich ein.

In den letzten Wochen bereitet Marianne ihm Kummer: Quietscht beim Drehen und ihre Hydraulik hat einen Tropfen Öl abgesetzt.

Etwas schimmert unter ihrem Drehfuß. Der Frisör erschrickt, denn ihre uralte Hydraulik repariert niemand mehr. Er sieht genau hin und erkennt ein Kügelchen Silberpapier einer Kaugummiverpackung – von einem Rotzbengel hingekickt.

Der Frisör wartet.

Regentropfen schauern gegen die Scheibe, der Asphalt färbt sich dunkel. Aprilwetter halt. Einige Passanten spannen Regenschirme auf, andere hasten mit nassen Haaren an seinem Schaufenster vorbei.

Der Frisör wartet und frisiert im Stehen. So lautet das Fünfte Gebot: Friseure stehen. Chef stand, die Angestellten ebenfalls. »Alle erfolgreichen Friseure stehen«, pflegte Chef mit erhobenem Zeigefinger zu mahnen: »Wie kriegt man Wellen welliger, Locken lockiger, Strähnen strähniger und Farben kräftiger? Echte Glamourfrisuren gelingen nur im Stehen.«

Chefs Meinung war Gesetz. Es gab keinen Drehhocker oder -stuhl im Gala-Salon. Dem besten Kölner Haarsalon. Dort hatte der Frisör Amadé seine Lehre absolviert. Und die Gesellenzeit. Ja, es ist wahr: Sein erster und einziger Chef war begeisterter Glamourfriseur gewesen.

Der Frisör holt den Staubwedel aus dem Garderobenschrank und fächelt über den Eichentresen mit der silbernen Registrierkasse, über die braune Polstergarnitur, den Couchtisch, die Verkaufsvitrine und die Spiegelablagen.

Alles proper.

Als er die Illustrierten auf dem Couchtisch in einem symmetrischen Bogen auffächert, stürmt eine junge Frau mit einem Zeitungsbündel unterm Arm herein. Schnell streicht der Frisör seinen Kittel – das blaue Profimodell mit den kurzen Ärmeln und den aufgesetzten Taschen – glatt.

Die Frau wirft eine Zeitung auf den Tisch und zerstört seine illustrierte Ordnung. Ihre glatten Haare fallen bis zu ihrem Hosenbund herab. Als sie sich umdreht, springt sein Herz auf: Ihre Haare schwingen weit in seinen Salon hinein. Sie schimmern in einem nordischblonden Ton, mit einem Stich ins Rötliche. Er sehnt sich danach, ihre fliegenden Haare zu berühren, aber die Zeitungsbotin eilt zur Tür.

»Bitte schön, die Dame.«

Er streckt beide Hände nach ihr aus, ihre nordischblonde Pracht zieht ihn an. Was für eine Seele unter ihren Haaren wohnt? Seine Fingerspitzen brennen; er möchte in ihren Schopf eindringen und ihre Seele spüren.

»Bloß abladen«, sagt die Zeitungsbotin und stürmt hinaus.

Er folgt ihr zur Tür: Die sieht nicht einmal zurück, als sie den Bürgersteig und die Straße überquert. Die zunehmende Distanz bedrückt seine Brust; wie ein Band, das sich zusammenzieht. Er beobachtet, wie sie über den Kirchplatz hastet und in einem Hauseingang verschwindet.

Diese Zeitungsbotin hat der Frisör noch nie gesehen.

2 Ihre Flucht

39 Jahre früher.

Das Quietschen bremsender Eisenbahnräder weckte Helga. Im Halbschlaf umklammerte sie die Geldbörse in ihrer Manteltasche: »Sind wir in Köln?«

Die strickende Grauhaarige auf dem Sitz gegenüber nickte.

Helga sah durch die zerkratzten Fenster: leere Gleise, hinten standen Güterwaggons vor Bretterwänden und zerfallenen Mauern. Der Zug kam ruckelnd zum Stehen, sie presste ihre Nase an die Scheibe. Das Schild »Südbahnhof« beschleunigte ihren Herzschlag, darunter klebten Plakate auf einer Bretterwand, in der hintersten Ecke flatterte ein halb abgerissenes Wahlplakat: »Wählt Konrad Adenauer«.

Als der Zug weiterfuhr, erspähte Helga den Kölner Dom, sein Anblick erfüllte sie mit einer Tonne Glück: Sie hatte es geschafft, sie befand sich wirklich – Helga kniff sich in den Unterarm und gluckste, die Grauhaarige schaute von ihrem Strickzeug hoch – in Köln. Schon bald werden die Menschen sie feiern: Begehrte Schauspielerin oder Fotomodell, zwischen beiden Berufen konnte Helga sich nicht recht entscheiden, wohl für ihren neuen Namen: Rita Rae.

Diese Nacht war sie um halb Fünf, barfuß und auf Zehenspitzen, aus dem Elternhaus geschlichen, hatte in der Scheune den Koffer aus dem Stroh und ihr Kopftuch über die Stirn gezogen, war zum Bahnhof marschiert und hatte dort den ersten Zug bestiegen. Nichts und niemand würde sie wieder nach Hause bringen. Heute war der 15. April 1955, der erste Freitag nach Ostern, ihr einundzwanzigster Geburtstag; sie war volljährig. Kein Vater und keine Mutter hatten Gewalt über sie. Nie mehr zurück. Kein Abschiedsbrief. Sie hatte keine Nachricht hinterlassen, wohin sie fuhr.

Die sollten in ihrer Eifel-Hölle schmoren!

Was hatte sie nicht alles erlitten: Nach ihrem Selbstmordversuch weiter Bullrich-Salz trinken müssen, obwohl die Tablettenklumpen längst draußen waren und sie reine Galle erbrach. Der Pfaffe hatte ihren zitternden Körper mit Weihwasser und Litaneien besprüht, während von ihren Brüsten das Erbrochene herunterlief; der stank aus dem Mund, wie sie es nur von Gäulen kannte. Sein lateinischer Speichelsegen regnete auf sie nieder. Die ganze Nacht hatte sie im Kohlenkeller verbracht und danach mit hohem Fieber drei Tage das Bett gehütet.

Der Zug ratterte durch Häuserschluchten, die Grauhaarige packte das Strickzeug in ihre Einkaufstasche. Beide Frauen schauten aus dem Fenster, als der Zug unter ein halbrundes Riesendach rollte: Bahnsteige voller Menschen. Verkaufsstände, Fahrpläne, Gepäckwagen und Menschen. Trauben von Menschen. Kleine und große Menschengruppen. Einzelstehende Menschen. Und Kinder. Zwei Frauen mit Kinderwagen. Was für ein Glück diese Kinder hatten, in Köln aufzuwachsen. Stadtkinder genossen eine unbeschwerte Zeit. Spielplätze gab es in Köln und keine Schinderei.

Helga war zwischen Kühen, Gemüsegärten und Rübenfeldern aufgewachsen. Schulaufgaben und Spiele galten als Zeitvertreib, ihre Pflichten waren wichtiger: Einheizen, den Boden schrubben, Hof kehren, Tiere versorgen, Unkraut jäten, ernten, einkochen und das Haus putzen. Immer wieder das Haus putzen. Der Winter war die beste, das Frühjahr die schlimmste Jahreszeit; im Mai mit dem Sonnenaufgang die Rüben hacken. Oft schlief sie in der ersten Schulstunde ein. Das wichtigste Ereignis war der Kirchbesuch – undenkbar, die Buße zu verpassen, sie beichtete wöchentlich, zu Ostern und Weihnachten täglich.

3 Irokesenschnitt

Lederstiefel trampeln einen Punker in den Salon: Die ausgewachsene Mittelbürste fällt auf den Schädel herab, die Nackenhaare fallen bis zu den Schulterblättern, die Seitenpartien sind stoppelig.

Seine rüde Art – der Punker zieht die Schultern hoch, bläht die Lederjacke auf und mustert flüchtig den Salon – missfällt dem Frisör.

»Mann, echt krass hier. Aber egal. Komm ich sofort dran? Ist doch niemand da.«

Bin ich niemand, will der Frisör antworten, aber sagt stattdessen: »Gerne, verehrter Herr. Bitte schön, nehmen Sie Platz, wo es Ihnen beliebt.«

Der Frisör weist mit einer ausladenden Armbewegung auf die drei Bedienstühle.

Der Punker schließt den Reißverschluss seiner Lederjacke bis zum Kinn und setzt sich stocksteif auf Freddy, ohne die Rückenlehne zu berühren.

»Ihre Jacke, der Herr. Wenn ich bitten darf?«

»Nee, Mann, die lass ich an.« Der Punker hebt abwehrend beide Hände.

»Bitte schön, der Herr. Wie Sie wünschen, der Herr.«

Der Frisör inspiziert die Irokesen-Frisur aus der Nähe. Der Kerl stinkt nach Schweiß, Abgas, feuchtem Leder und … Moschus? Ein tierischer Geruch? Da muss eine Intensivwäsche ran: die Kopfhaut frei walken, den uralten Dreck aus den Haaren lösen und abspülen. Der Frisör sieht die dunkle Brühe - Fett, Schuppen, Staub, mit toten Haaren durchsetzt - vor seinem inneren Auge. Erst nach dieser Wäsche wird die wahre Haarfarbe durchdringen.

»Seitenglatzen ausrasieren. Die Bürste anspitzen, Mann.«

»Bitte, der Herr, zuerst muss ich Ihre Haare waschen.«

»Keine Zeit, Mann.«

Eine Schwingung in der Punkerstimme warnt den Frisör: »Wie Sie wünschen, der Herr. Bitte schön, wie kurz darf ich ihr Haar schneiden?«

Der Punker hebt Finger- und Daumenspitze in einem Abstand von vierundzwanzig Millimeter; die Oberarme hält er unnatürlich an seinen Leib gepresst.

»In Ordnung«, sagt der Frisör, tritt an den Kundenkopf heran, isoliert ein Einzelhaar und betastet es. Mit seinen Fingerspitzen bestimmt er die Haardicke und den Haarquerschnitt: rund oder oval, gleichmäßig oder turbulent; so kann er die resultierende Locken-, Wellen und Kräuselneigung einschätzen. Er fühlt, ob die Haaroberfläche glatt oder rau ist. Und er spürt die Elastizität der Haarfasern: Die spiraligen Keratinfilamente mit Längs- und Quervernetzungen sind die Säulen des Haars.

Der Punker besitzt dicke Haare mit glatter Rinde und gleichmäßig rundem Querschnitt; es fehlt an Elastizität.

Der Frisör stochert in der Mittelbürste herum. Nicht nur Schuppen und Dreck, auch Silikonreste verkleben diese Haare. Aus irgendeinem Billig-Shampoo für den schnellen Glanz.

Diese Haare leiden, weil die Haarrinde nicht atmet und das Haarinnere nicht belüftet wird.

»Ihr Haar braucht eine Intensivpflege. Eine Reinigung mit …«

»Nee. Machen Sie ran!«

Wieso glaubt ihm der Punker nicht? Wieso glauben ihm die Kunden nicht? Der Frisör spürt, wie es um die Haare steht; er weiß, was ihnen schadet und nutzt. Leider begreifen viele Menschen ihre Haare als tote Anhängsel, mit denen beliebig verfahren werden kann: färben, brennen, brechen und gegen die Wachstumsrichtung frisieren. Dabei leben Haare. Sie sind keine gefühllosen Ausstülpungen der Haut: Haare leiden. Sie sind untrügliche Zeugen und zeigen die körperliche und seelische Verfassung der Kunden an.

Soll er einen weiteren Versuch wagen?

»Ihr Haar braucht …«, der Frisör bricht den Satz ab, weil der Punker im Sitz nach vorne rutscht. »Nein, der Herr, wie Sie wünschen, der Herr. Es geht los.«

Der Punker rutscht zurück.

»Entschuldigen Sie bitte vielmals, der Herr; ihr Kragen stört. Ziehen Sie doch bitte Ihre Jacke aus.«

»Nein!« Der Punker hebt seine Schultern an.

»Wie Sie wünschen, mit Jacke und mit Kragen, der Herr.«

Der Frisör wirft den Schneideumhang über, verzichtet auf das Halteband und rollt auch kein krauses Papier um den Hals. Was hatte Chef gepredigt? Der Kundenwunsch ist oberstes Gesetz.

Aber dieses Haar leidet!

Der Frisör dringt mit den Fingern in die Mittelbürste ein, betastet die Kopfhaut und fühlt mit seinen Fingerspitzen – über das feinmaschige Netz der Haarwurzelnerven – in den Kopf des Punkers hinein: Angst herrscht hier drinnen, diese tiefgraue Angst reicht bis zu den Stammganglien und verhüllt das limbische System mit dunklen Schwaden.

»Keine langen Tüten.«

»Ich bemühe mich, der Herr.«

Wie kann er dieser verängstigten Seele helfen? Ein langer Pagenschnitt mit weicher Kontur und Innenwelle ist ein prima Schutz und entspricht dieser Seelenstimmung. Mit einem weichen Pagenschnitt wird der Punker empfindlicher wirken und die Menschen werden ihm rücksichtsvoller begegnen.

Nicht nur beim Punker, nein, der Frisör muss allen Kunden die wahre Frisur – die dem Charakter entspricht – auf den Kopf modellieren. Diesen Zwang hat Mutter ihm auferlegt: »Nur die wahre Frisur ist recht.« Mutter wusste Bescheid. Mutter irrte nie. Bei ihr galt: Wahrheit gleich Schönheit. Ihre Menschenkenntnis war in Marmor gegossen, ihr erster Blick entschied: guter Mensch, schlechter Mensch. Jeden Charakter erkannte sie an den Haaren. Sofort und nur an den Haaren. Nichts anderes galt.

»Keine Zeit, Mann. Ehrlich, ich muss los.«

»Ja, der Herr, wie Sie wünschen. Der Herr bekommt seine Irokesenfrisur, in kurz und konsequent. Es dauert keine zehn Minuten.«

Der Frisör schaltet die Haarschneidemaschine ein.

Es fiept.

Der Punker klemmt die Oberarme stärker an seinen Körper.

»Bitte stillhalten.«

Zügig mäht der Frisör die gesamte rechte Seitenpartie, manövriert mit den Schneidezacken in den schmalen Spalt zwischen Hals und Lederkragen hinein. Die Maschine summt, die Schneidezacken treiben ihr rasantes Spiel; Haarschnitt rieselt in den Spalt.

Der Moschusgeruch nimmt zu.

Der Frisör mäht beide Seitenhaarstoppelfelder nieder; einem abgeernteten Herbstacker gleich regiert die kahle Fläche. Die Mittelbürste ragt hoch, die verbreitet seit Jahrtausenden Schrecken. Nicht nur die nordamerikanischen Huronen, auch griechische, römische und nordische Krieger nutzten diese Kampffrisur, um ihren Gegnern Furcht einzuflößen – damals versteifte eine Mischung aus Öl und Baumharz die Haare. Der Frisör mag diese aggressive Frisur nicht, er bevorzugt die Klassiker: Façon, Lockenkopf, Pagenschnitt. Gerne Backenfransen. Sein Favorit ist die Titusfrisur. Und er hasst den Vokuhila. Eine ästhetische Katastrophe.

Es fiept.

Der Frisör ergreift die Schneideschere und kürzt, am Nacken beginnend, die Mittelbürste; schnippelt konzentriert am Hinterkopf hoch. Oben auf dem Scheitel setzt er die Schere ab und richtet sich auf.

Der Punker rutscht auf Freddy herum: »Hee, Mann. Wie lang noch?«

»Bitte sehr, gleich fertig, der Herr.«

Endspurt zur Stirn. Der Frisör setzt die Schere an, um die verbliebene vordere Hälfte der Mittelbürste zu kürzen. Er schnippelt in Richtung Stirn, als sich in dem dunklen Spalt, zwischen Nackenhaut und Lederkragen, etwas bewegt. Rosafarbenes zittert aus der Tiefe hervor.

Eine Fingerkuppe?

Der Fleck wird größer: Etwas tritt schärfer aus dem dunklen Spalt hervor. Der Frisör beugt sich tiefer, seine Nase berührt den Nacken.

Ist da was?

Ein frischer Moschusgeruch springt ihn an.

Da ist was … da bewegt sich was.

Was ist das?

Das ist …

Das bewegt sich …

Aus dem dunklen Spalt zwischen Haut und Jackenkragen schiebt sich ein Maul ans Licht. Ein Maul, das seine Lippen spreizt.

Feine Zahnreihen fletschen den Frisör an.

4 Ihre Ankunft

Helga hatte die Volksschule knapp bestanden und zweimal geknutscht, den Eugen und den Franz; den einen in der Scheune, den anderen hinter der Kirche – hinter der Kirche hatte es ihr besser gefallen.

Der Taufonkel besuchte ihre Eltern an den hohen Feiertagen und kam nachts an ihr Bett, wühlte seine Hand zwischen ihre Beine und rieb und stöhnte, sie stellte sich schlafend. Da keuchte der Onkel los, es roch fies, er tapste fort, auf ihrem Nachtschränkchen lag eine Schokolade. Das war schon was.

Bei der nächsten Beichte erzählte sie dem Pfarrer ihr Erlebnis. Der rutschte hin und her, seine Stimme klang belegt, als er nachfragte, wohin die Männerhand griff. Sie erzählte brav, ließ nichts weg, dichtete nichts hinzu. »Ob es ihr gefallen hatte?«, fragte er hektisch, seine Stimme vibrierte. Sie verneinte. Bei der nächsten Beichte, bevor Rita ein einziges Wort gesprochen hatte, fiel der Pfarrer über sie her: »Ist es wieder geschehen?« Ihm zuliebe sagte sie ja. Diese Lüge konnte nicht böse sein, denn ihre Antwort gefiel dem Pfarrer, das spürte sie deutlich. Außerdem befand sie sich an einem heiligen Ort; in der Kirche konnte keine Sünde geschehen.

Der Pfarrer befragte sie nach jeder Kleinigkeit; manchmal verstand er nicht oder stellte sich taub, dann wiederholte sie die wichtigsten Details: Gerüche, wohin die Männerhand griff, ihre sündigen Gedanken, des Onkels Stöhnen. Er fragte nach den Gerüchen und sie beschrieb die Gerüche. Wieder bettelte der Pfarrer: »Sag mir, wonach es roch.« Sie wiederholte ihre Geschichte mit kleinen Änderungen, die ihr spontan einfielen. Ob sie mit diesen Ausschmückungen log oder nicht, besorgte sie nicht: Das waren kleine Versündigungen, der Pfarrer wird sie von diesen Übertreibungen reinwaschen.

Während ihrer Beichte rutschte der Pfarrer hin und her, lauschte ihren Erzählungen und keuchte. Irgendwann fragte er gar nichts mehr, sondern stöhnte so laut, dass sein Atem durch das Holzgitter pfiff und der Vorhang erzitterte. Mehrmals schlug sein Stuhl gegen das Gebälk, dann roch sie den vertrauten nächtlichen Geruch, dann sprang die Stimme des Pfarrers um. Er beschimpfte sie – sündiges verdorbenes Mädchen; pfui, pfui, pfui – und bestrafte sie mit vierzig Ave Maria.

Der Zug kam zum Halten.

Viele Menschen wieselten auf dem Bahnsteig: Erwachsene, Kinder und Jugendliche. Keine alten Leute. Hatte sie geglaubt, in Köln gab es keine alten Menschen? In so einer großen Stadt gab es vermutlich viele alte Einwohner, aber die fuhren nicht mit dem Zug.

Waren ihr mehr Irrtümer über Köln unterlaufen?

Ihr Herz pochte.

Sie zog ihren schweren Koffer aus dem Gepäckfach – ein Herr mit akkuratem Spitzbart hatte ihn hochgestemmt, der war leider in Bonn ausgestiegen – und ließ ihn aufs Sitzpolster fallen.

Der Zug stand. Türen klappten. Helga – nein, durchatmen, sie hieß jetzt Rita Rae – schleppte den schweren Koffer durch den Gang, hinter und vor ihr drängten sich Reisende. Dann erreichte sie die Tür, stand hoch über dem Bahnsteig, versperrte den Ausgang und wusste nicht, wie sie ihren Riesenkoffer herunterbekam?

»Darf ich?«

Ein junger Mann mit fettigen Zottelhaaren – die Strähnen berührten seinen Kragen – drückte sich an Rita vorbei, packte zu und wuchtete ihren Koffer in einem Schwung auf den Bahnsteig herab.

Der will mich bestehlen, dachte Rita. Schlechte Menschen erkannte sie an den ungepflegten Haaren. Sie sprang hinterher, knickte mit dem linken Fuß um und wäre gestürzt, hätte der Dieb sie nicht gestützt: »Vorsicht, junge Dame! Nicht so eilig. Haben Sie sich wehgetan?«

Rita zerbiss ihren Schmerz, schüttelte seine Hand ab, beugte sich vor und packte mit beiden Händen den Koffergriff. Sie hob ihren Riesenkoffer nicht an, denn sie traute ihrem linken Fuß nicht; ihr Knöchel brannte.

»Haben Sie sich wehgetan?«, wiederholte der Dieb.

Wie freundlich der sie anlächelte, aber der täuschte keine Rita Rae.

5 Tasthaare

»Was ist das?«

»Was?«

»Das Tier unter Ihrer Jacke.«

Der Punker schweigt.

Der Frisör schaut genau hin: Die langen Haare rund um die rosa Schnauze zittern, hinter den Zahnreihen schlängelt die Zunge hervor.

Das Tier fiept lauter.

»Was ist das? Nun sagen sie schon: Was steckt unter Ihrer Jacke?«

»Keine Panik, Mann.«

Der Punker spricht langsam, dehnt die Laute. Was soll das? Was verbirgt dieser Kerl?

Ein Kopf schießt hervor, der Frisör sieht den ganzen Kopf: Die hellen Tasthaare zittern, große Augen zu beiden Seiten, ein dunkelbraunes Fell und kantige Backen. Das Tier schnuppert und neigt den Kopf, schaut den Frisör an.

Das Tier springt ihn an!

Dem Frisör fällt die Haarschneideschere aus der Hand, er taumelt, sein Herz hämmert; er stolpert zurück, stößt gegen die Sitzgarnitur, fällt auf das Polster.

»Ei … neeeh … Ratt … tee … te«, stammelt er; Schweiß quillt aus allen Poren, sein Körper ist klatschnass.

»Sie ist zahm.«

»Gibt's nicht.« Die Frisörhände zittern.

»Mann, ich muss los. Mach fertig!«

Das Frisörherz rast: magere Ratten, fette Wasserratten, weiße Laborratten, nackte Ratten. Alle Ratten dieser Welt befeuern seine Angst. Das Rattenheer, das die Kanalisation bevölkert, aus den Kloschüsseln quillt, durch Lüftungsklappen ans Tageslicht strömt. Keine Ratten – nein, keine Ratten.

»Schneiden Sie weiter?«

»Nein.«

»Die Mittelbürste ist nicht fertig.«

»Ich kann nicht!«

Der Punker beschaut sich im Spiegel.

»Hey, Mann! Richtig geil, Alter.«

Das vordere Drittel der Mittelbürste fällt lang auf beide Seitenglatzen herab, das mittlere und hintere Bürstenhaar ist gekürzt und steht kerzengerade auf dem Schädel. Diese Stufe auf seinem Scheitel wirkt originell, sein Kopf strahlt nach oben, gewinnt an Höhe und Dynamik.

»Sie haben richtig was drauf, Mann.«

Der Punker geht auf den Frisör zu; der rutscht auf der Polstercouch zurück, drückt sich gegen das Schaufensterglas. Der Punker kommt näher und mit ihm die Ratte, die auf seiner Schulter sitzt und schnüffelt. Die dreht sich mit kleinen Trippelschritten auf der Stelle. Das sieht nicht possierlich aus. Die hebt den Kopf und wittert in die Luft. Dreht sich wieder auf der Stelle, trippelt zum Hals. Schnüffelt ausgiebig in den dunklen Spalt zwischen Hals und Lederkragen hinein.

Sind mehr Ratten unter der Lederjacke versteckt? Eine Rattenfamilie? Ein Rattengewusel?

Nicht mehr Ratten, nein!

Mit beiden Fäusten verschließt der Frisör seine Augenhöhlen, aber er hält die Dunkelheit nicht aus. Er verschränkt die Arme vor seiner Brust und schaut die Ratte mit weiten Augen an. Sie ist braungrau, mit einem weißen Fleck am Bauch. Sie beachtet den Frisör nicht, sondern schnüffelt dem Punker am Hals herum. Dann wittert sie wieder in den Salon hinein.

Riecht sie den Duft der Frisuren?

»Gehen Sie bitte, der Herr, gehen Sie schnell!«

»Muss ich nichts bezahlen, Mann?«

»Bloß raus hier«, der Frisör rutscht weiter auf der Couch zurück und fällt, zwischen Schaufensterglas und Polster, auf den Salonboden. Landet auf seinem Hintern. Hebt die Arme über den Kopf.

Wie wehrt man Ratten mit leeren Händen ab?

Die fiept.
Springt sie? Springt sie ihn an?
Ratten springen weit. Ratten schlagen ihre Zähne tief in menschliches Fleisch und lassen nie wieder los. Ihre Kiefer müssen aufgebrochen werden.
Springt sie?
Die nächste Woge Schweiß quillt aus seinen Poren. Ihm wird schummrig. Ob eine gnädige Göttin ihn in eine Wolke hüllt und entführt? In Sicherheit bringen, ist sein letzter Gedanke; dann verliert der Frisör das Bewusstsein.

Der Frisör erwacht, zwischen Polstercouch und Schaufenster eingeklemmt: Ist bloß ein Traum, versichert er sich. Er sieht die Ratte über sich, sie schnüffelt und tippelt auf der Schulter des Punkers herum. Doch kein Traum? Der Frisör will sich kneifen, aber seine Finger gehorchen ihm nicht. Er kann keinen Muskel bewegen, liegt hilflos zwischen Polstercouch und Schaufensterglas eingeklemmt. Plötzlich sieht er gar nichts mehr, denn seine Lider fallen zu.

Schritte.
Springt die Ratte? Springt sie ihn an?
Schritte.
Die Eingangstür klappt zu.
Stille.
Der Frisör japst. Hatte er so lange die Luft angehalten?
Er atmet tief ein und versucht die Augenlider zu öffnen – es gelingt ihm nicht. Er will aufstehen – seine Arme und Beine bewegen sich nicht. Er wartet mit verkniffenen Augenlidern und gelähmten Gliedern ab.
Stille.
Nachdem einige Zeit vergangen ist – kein Fiepen, keine Schritte, kein Türklappen –, öffnet der Frisör die Augen und sieht sich um: Er ist alleine in seinem Salon.
Er hebt die Arme, erfasst die Polstercouch, zieht und drückt und schiebt seinen Körper aus dem Schutzraum

zwischen Schaufenster und Couch heraus. Er stellt sich hin und schwankt; dann gewinnt er an Sicherheit, bewegt seine Glieder. Sie funktionieren wie gewohnt. Ihm ist nichts geschehen, er hat großes Glück gehabt.

Der Frisör atmet tief ein, da riecht er es: Moschusgeruch schwebt in der Luft.

6 Auf dem Bahnsteig

Sie besaß genügend Menschenkenntnis; eine Rita Rae ließ sich nicht leicht hinters Licht führen. Allerdings war ihre Sicherheit erschüttert: Es gab böse Menschen in ihrem geliebten Köln, gleich im Bahnhof lauerte der erste.

Ob weitere Gefahren sie in Köln erwarteten?

»Haben Sie sich verletzt?«, fragte der Dieb und beugte sich vor. Fast berührte sein Kopf ihre Schulter.

»Nein«, log Rita und zuckte zurück. Dabei brannte nicht nur ihr Knöchel, der Schmerz zog bis zur Leiste. Hatte sie sich den Fuß gebrochen? Das wäre eine Katastrophe. Sie würde hilflos im Hauptbahnhof stranden und niemals ihre Mansarde erreichen. An wen konnte sie sich wenden?

Mit schnellen Lidschlägen verhinderte Rita, dass ihr Tränen aus den Augen quollen. Der Schmerz und die Angst, alleine mit gebrochenem Fuß im unbekannten Köln, stürzten auf sie ein, aber Rita hielt den Koffergriff umklammert und ließ sich nichts anmerken.

»Ich kann Ihr Gepäck tragen«, sagte der junge Mann.

»Nein!«

Der junge Mann sah sie an, kniff die Nase zusammen, schaute weg, strich sich eine Strähne aus der Stirn, sah sie wieder an: »Sind Sie sicher?«

»Ja«, sagte Rita, sah über die Menschenköpfe in die Ferne und schob, weil sie über ihre laute Stimme erschrak, leiser nach: »Ich komm schon klar.«

Auf keinen Fall diesen Dieb anschauen. Warum blieb der neben ihr stehen? Die Aussteigenden drängten sich vorbei, das war ihr unangenehm, aber sie hatte einen triftigen Grund, vor dem Zugausgang zu stehen: ihr verletzter Fuß. Er dagegen musste weitergehen, das forderte die Regel; schließlich standen sie auf einem Bahnsteig und nicht im Wartesaal.

Rita stand wie angewurzelt, hielt sich am Koffergriff fest und stierte auf den fleckigen Betonboden. Ihr Knöchel pochte schwächer, das beruhigte sie ungemein. Sie hob den Kopf und sah sich um: Die Reisenden strömten an ihr vorbei, zu viele Menschen für ihren Geschmack; bevor ihr schwindelig wurde, fixierte sie erneut einen Bodenfleck.

Der Dieb trat einen Schritt zurück, einen zweiten; er hob seinen Arm und winkte; Rita winkte nicht zurück. Er drehte sich um und verschwand zwischen den Reisenden.

Rita fühlte sich besser. Weil der Dieb fort war. Weil der Bahnsteig sich leerte. Weil der Schmerz nachließ. Die letzten Reisenden drängten zum Treppenschlund. Die Tür über ihr stand offen, der Zug hatte sich entleert.

Rita sah sich auf dem Bahnsteig um: Hauptsache Köln! Sie zog diesen herrlichen Geruch nach Schweiß, schwerem Öl und Rost in sich ein. Welch ein Unterschied zu der Eifel-Hölle.

Ein Personenzug fuhr am Nachbargleis ein, die Menschen wieselten auf dem gegenüberliegenden Bahnsteig herum und verschwanden im Treppenschlund; neue Reisende quollen empor. Ihr Bahnsteig, der Nachbarbahnsteig und der ganze Hauptbahnhof schwankten, die Menschen verschwammen, die Bahnhofswelt drehte sich. Sie klammerte den Koffer mit der rechten und die Geldbörse mit der linken Hand und konzentrierte sich auf einen breitgetretenen Kaugummi auf dem Betonboden.

Der Schwindel ließ nach.

Rita griff in den Nacken, löste das Haargummi, schüttelte den Kopf, so dass ihre langen Strähnen flogen. Nie hatte sie ihre Haare gefärbt, aber das würde sie in Köln tun. Zwar mochte sie ihr warmes Mittelbraun, mit einer Spur Mahagoni darin, aber sie wünschte sich helle Haare. Mindestens mittelblond. Oder wasserstoffblond? Ein einziges Mal hatte sie eine Wasserstoffblondine aus nächster Nähe gesehen und die folgende Nacht nicht geschlafen.

Ihr Haargummi schmiss Rita in den Schotter: In Köln würde ihr niemand einen Haarschnitt vorschreiben. Nicht wie in der Eifel: Die Mutter, der Vater, der Lehrer und der Pfarrer hatten ihr befohlen. Was war die oberste Regel in der Eifel? Nicht auffallen. Dass die Leute nicht redeten. Deswegen war sie nach Köln geflohen: Hier gab es keinen Menschen, der ihr etwas vorschrieb. Hier würde sie frei sein. Vogelfrei.

Der Schaffner pfiff, die Türen klappten, ein junger Mann mit einer Elvis-Tolle winkte aus einem geöffneten Abteilfenster. Eine blonde Frau rannte neben dem anfahrenden Zug her, ihr Arm reckte sich hoch und suchte den herabgestreckten Arm des fortreisenden Mannes zu berühren, doch der Zug beschleunigte und der Abstand vergrößerte sich. Die Frau lief in langen Schritten aus. Ihre Haare bauschten hoch und breit.

War blondes Haar immer toupiert?

7 Haarturm

In dieser Nacht zählt der Frisör die Risse in der Zimmerdecke, imaginiert seine Lieblingsfrisuren und schließt, sobald die Leuchtziffern des Weckers umspringen, die Augen. Sofort erscheint die Ratte und stellt sich auf die Hinterbeine. Das sieht possierlich aus, aber sie verharrt nicht in dieser Pose: Die Ratte öffnet ihr Maul, fletscht die Zähne und setzt zum Sprung an – mit dem beißwütigen Maul voran.

Mit offenen Augen lauscht der Frisör der nächtlichen Stille und ihren Unterbrechungen: vorbeirollende Autos, Schritte, Stimmen. Eine Ziffer springt um, er schließt seine Augen und versucht, turboschnell einzuschlafen, aber die possierliche Ratte springt ihn an. Er wirft sich nach links, nach rechts, verhüllt seinen Kopf, dreht sich auf den Bauch, auf den Rücken.

Stunden vergehen, der Rattentraum verfolgt ihn.

Er schlägt die Bettdecke zurück, flieht ins Wohnzimmer und sieht hinaus. Es ist nach Mitternacht: Kein Auto fährt vorüber, nicht ein Mensch geht vorbei. Die nächtliche Stille bedrückt ihn.

Wäre es doch heller Tag.

In der Nacht – diese Vorstellung zwingt sich ihm auf – quillt eine Ratten-Armada aus den Gullys unten auf der Straße. Eine geordnete Rattenarmee würde ihm sogar gefallen: Im Gleichschritt voran, links um, Krallen ausrichten und stramm stehen. Die wirklichen Ratten sehen anders aus. In der Realität stürmt ein gigantisches Rattenknäuel seinen Salon.

Niemals!

Keine Ratte darf seinen Salon betreten; es sind Überlebenskünstler, die sich mit ihren Tasthaaren – helle, vom Maul in alle Richtungen weisende Antennen – im schwärzesten Loch orientieren. Ihre empfindlichen Tasthaare sind seinen Fingerspitzen weit überlegen.

Nein. Keine Ratten in seinem Salon.

Er schlägt sich auf die Wangen: Lass die Ratten Ratten sein!

Der Frisör schließt das Fenster und dreht sich um: Mutters neunarmige Pflanzenampel beherrscht das Wohnzimmer, die große Eichenschrankwand wirkt daneben schmächtig. Im Schrank sammelt er Frisieranleitungen, Bildbände von Frisuren und Anatomiebücher. Ihn interessieren Köpfe. Früher wurden die Menschenrassen nach der Schädelform eingeteilt und bewertet; diese dunklen Zeiten sind vorüber.

Ihn interessiert, wie es im Schädel aussieht: ein kompliziertes, in sich verschlungenes Gebilde. Stundenlang kann er die anatomischen Gehirnbilder mit all ihren feinen Verästelungen betrachten.

Der Frisör betrachtet die Pflanzenampel, auf der Mutter ihre Blumen ausstellte und beschnitt: sein liebstes Erbstück. Acht Plateaus hat er mit auf Styroporköpfen drapierten Perücken belegt, das oberste glänzt leer; er nutzt diese freie Fläche, die alle Perücken überragt, ein einziges Mal im Jahr: an Mutters Todestag.

Seine Lieblingsperücken leben auf den drei oberen Plateaus: Uta lächelt, Freda riecht nach frisch gemähtem Gras, Winora hat ihre Strähnen exakt ausgerichtet. Sie sind mit ihm verbunden und trösten ihn auf Perückenart: Utas Perlennetz glänzt, Fredas Zopf fällt locker herab, Winoras Haarturm ragt in die Höhe.

Dem Frisör treten Tränen in die Augen. Seine Perücken haben sich für ihn herausgeputzt. Ihr Mitgefühl überwältigt ihn.

»Danke«, murmelt der Frisör, fällt in den Wohnzimmersessel, schließt seine Augen: Keine Ratte erscheint. Endlich Ruhe. Keine Rattenaugen, die ihn ansehen. Keine Rattenbeine, die ihn anspringen.

Wie kann er sich in Zukunft vor Rattenkunden schützen?

Der Geruch wird dich warnen.

Sagt Freda. Die bäuerliche Freda ist praktisch veranlagt und hat recht: Der moschusähnliche Duft hat sich in seine Nase eingebrannt, die Riechzellen werden ihn beim ersten Moschusmolekül alarmieren.

Streng dich an!

Befiehlt Uta. Die Perücke mit dem Perlennetz. Die edle Uta. Sie sieht das Rattenproblem aus ihrer distanzierten Warte. Uta ermahnt ihn gerne. Er müsse erfolgreicher werden, meint sie. Wenn viele Kunden kommen, sei er nicht darauf angewiesen, Absonderlinge zu frisieren.

Uta denkt wie Chef. »Streng dich an«, hatte Chef befohlen und Amadé – da war er nicht mal Lehrling gewesen – mit einer Perücke allein gelassen: eingesteckter Dutt und verfilzte Strähnen, wobei viele Haare mit dem Stoffkern verwoben waren. Amadé hatte jedes Haar einzeln mit der Spitze des Toupierkamms heraus präpariert, die Knoten und Verfilzungen gelöst, vorsichtig gebürstet und gekämmt. Immer wieder durchgekämmt. Bis die Haare in parallelen Strähnen herabfielen.

Damals hatte er das erste Mal in seinem Leben den Sog der Haare gespürt: ein Kribbeln in den Fingerspitzen, das sich in den Händen und Unterarmen ausbreitete, zu den Schultern hochzog und in seinen Hinterkopf strahlte. Dieser Sog – lange Haare zogen ihn stärker an – hatte Amadé in der gesamten Lehr- und Gesellenzeit begleitet, wie eine Verbindung zu etwas Erhabenem; ein unstillbares Verlangen, die Hände tiefer in die Haare zu wühlen.

Leider war im Gala-Salon für »Spielereien«, wie der Gala-Coiffeur jede Abweichung vom Frisierablauf bezeichnete, keine Zeit gewesen. »Flotte Frisuren flott frisieren« war Chefs Vorgabe. Wie ein Frisierakkord war Amadé jeder Arbeitstag vorgekommen: Waschen-Schneiden-Legen-Föhnen. Die Nächste bitte: Waschen-Schneiden-Legen-Föhnen. Im schnellstmöglichen Takt.

Es werden viele Kundinnen kommen.

Prophezeit Winora. Sie will ihn trösten, aber es gelingt ihr nicht, denn ihr Haarturm ist uneinnehmbar und sie spricht von oben herab. Warum sie den Frisör nicht versteht? Perücken haben einen kleinen Horizont und Winora kennt nur sich. Sie besitzt kein Mitgefühl. Trotzdem rührt den Frisör ihr Versuch, aus ihrem Ego herauszutreten.

»Hoffentlich«, murmelt er und versinkt in seiner Wohnzimmercouch. Sein letzter Blick gilt Winora, ihre glatten Strähnen bilden den gleichen Haarturm, den Mutter oft getragen hat; möglichst hoch und möglichst breit. Dann schließt er die Augen und schläft ein.

Ratten hat es in seiner Kindheit keine gegeben.

8 Kölner Dom

Die ersten Schritte fielen Rita schwer, sie setzte den Fuß vorsichtig auf. Humpelnd schleppte sie den Koffer bis zur Treppe, wuchtete ihn die Stufen herunter und stand in einem Tunnel. Hier hasteten mehr Reisende vorüber als auf dem Bahnsteig. Sie drückte ihren Rücken durch, hob den Riesenkoffer an und marschierte stracks hinter einer Menschengruppe her. Den Schmerz unterdrückte sie und humpelte nicht.

In der Eingangshalle pausierte sie, dann durchschritt Rita eine Glastür und stand im Freien: Vor ihr erstreckte sich ein Platz mit einem unübersichtlichen Menschengewirr, dahinter parkende Autos, dann eine Straße und eine Häuserwand. Linker Hand führten Treppen zu einem Plateau, dort stand ein himmelhoch ragendes Gebäude. Der Dom hatte den Zweiten Weltkrieg überstanden, die Bomber hatten das Kölner Wahrzeichen verschont. Es nieselte.

Rita sah an dem ehrfurchtgebietenden Kirchenbau hoch. Ihr Blick folgte den himmelsragenden Säulen mit den Vorsprüngen und Figuren: in Stein gehauene heilige Männer und Drachengnome; Teufel und wasserspeiende Hunde. Die Guten und die Bösen; auch am Kölner Dom tobte der Kampf um die Seelen. Im mittleren Drittel des Domes schwebte ein Gerüst. Ob dort oben Menschen arbeiteten? Wie sich das anfühlte, hoch über den alltäglichen Sorgen zu schweben?

Ihr Fuß schmerzte nicht mehr.

Es nieselte.

Sie bestaunte den Kölner Dom und die Domfiguren staunten zurück. Sie grüßten Rita, blinzelten und schlugen mit den Flügeln. Als in diesem Moment die Domglocken erklangen, schimmerten ihre Augen: Tränen, Regen oder Himmelswasser? Rita wusste es nicht, aber sie spürte: Der Kölner Dom war ihr großer Bruder, hier gehörte sie hin.

Sie hatte sich immer einen Bruder gewünscht, der sie beschützte und das würde der Kölner Dom tun: Ihr beistehen.

Hatte ihr großer Bruder in ihre Augen getropft? War sie in Köln überhaupt willkommen?

Rita glaubte an Himmelszeichen und wusste, dass dieser Nieselregen kein günstiges Vorzeichen darstellte. Warum empfing Köln sie mit kalter Nässe und einem trüben Licht? Kein wärmender Sonnenschein. Die altvertraute Schwere befiel sie, ein Druck auf ihrer Brust, den sie aus langen Eifelnächten kannte.

Sie atmete mehrmals durch und schaute sich um: Menschen und stehende Autos. Dahinter fahrende Autos. Zwei Busse. Treppen führten zum Domplateau. Der Druck und die trüben Gedanken fielen von ihr ab: Sie war in Köln. Hurra, sie hatte es geschafft. Sie wird ihr Leben in die eigene Hand nehmen.

Sie marschierte über den Bahnhofsvorplatz, überquerte die Straße und betrat eine Buch- und Zeitschriftenhandlung. Dazu hatte ihre Eifel-Vertraute – diese gute Frau wird sie niemals verraten – Rita geraten: »Kauf dir bei zuerst einen Stadtplan. Den wirst du brauchen.«

Eine preiswerte Mansarde hatte diese Vertraute ihr auch vermittelt.

Drinnen drängelten Menschen, die Wände waren mit Bücherregalen zugestellt, auf den Tischen stapelten sich Zeitungen und Journale. Rita fand eine brandaktuelle Modezeitschrift von März 1955. Mit Hollywoodfrisuren. Wer las diese Zeitschriften? Waren viele amerikanische Soldaten in Köln stationiert? Rita betrachtete die Glamourfrisuren, die den abgebildeten Schönheiten um das Gesicht flossen. Sie überflog die Überschriften; die Texte und Bilder verschwammen zu einem Brei.

Wie orientierte man sich in diesem Chaos?

Jemand stieß ihr einen Ellenbogen in den Rücken und entschuldigte sich nicht.

Rita stellte ihren Riesenkoffer auf den Boden und sah sich um. Hinten war der Verkaufstresen, aber in diesem Gedränge war kein Durchkommen. Sie nutzte ihren Koffer als Sperre und schob ihn vor, sobald sich eine Lücke bildete, bis sie nach einer kleinen Ewigkeit am Verkaufstresen stand. Hier wartete sie eine weitere Ewigkeit, bis die Angestellte mit den kastanienbraunen Fransenhaaren – eine solche Frisur hatte Rita bisher nie gesehen, die Haare waren zu feinen, exakt gleich langen Strähnen gebündelt – nach ihrem Begehr fragte.

»Ein Stadtplan«, befahl Rita. Ihr herrischer Tonfall fiel ihr selbst unangenehm auf, sie schickte ein »Bitte schön« hinterher, aber die Angestellte hatte sich bereits weggedreht.

Hinter Rita drängelten die Menschen. Jemand hustete, etwas fiel herunter. Die Angestellte legte ein Hochglanzgebinde auf die Theke – auf dem Einband prangte ihr großer Bruder, der Kölner Dom. »Macht zwei Mark fünfzehn.«

Rita zog ihre Hand zurück: Zwei Mark fünfzehn! Die Eisenbahnkarte war teuer gewesen und weitere Ausgaben erwarteten sie am ersten Tag in Köln.

Sie schüttelte den Kopf.

9 Mongolenhaare

Auch am nächsten Morgen – es ist Samstag der 9. April 1994 – wartet der Frisör ab neun Uhr in seinem Salon.

Ein junger Mann schaut herein, dreht auf dem Absatz um und verschwindet. Nicht nur Haarschneidewillige betreten den Salon, auch Spendensammler, Mitglieder politischer Parteien, religiöse Enthusiasten und Vertreter, die ihre Produkte anpreisen. Einmal wollte ein Makler das Nachkriegsgebäude inspizieren, in dem sich Salon und Wohnung befinden, aber der Frisör ließ es nicht zu.

Der Frisör wartet zwischen Freddy und Marianne und befolgt das Fünfte Gebot: Die Friseure stehen. Dieses Gebot gründet im Respekt vor den Kunden und ermöglicht die freie Armschwingung, so dass die Friseurhände schneller schnippeln und die Finger größere Locken und dickere Haarwellen umspannen. Von den Sieben Geboten hatte Amadé das Fünfte zuerst verinnerlicht: Chef stand, alle Angestellten standen, vor den Wochenenden zehn Stunden, vor hohen Feiertagen länger. Kein Angestellter hatte sich getraut, im Sitzen zu frisieren oder Chef zu widersprechen. Amadé hatte jedes Mal die Schultern hochgezogen, wenn Chef herantrat: Wogten die Locken im richtigen Rhythmus, passte der Haarschnitt zur Gesichtsform, verlief die Frisuren-Achse symmetrisch? Es war knallhart gewesen im Gala-Salon, Chef hatte höchste Ansprüche und erst wenn seine Augenbrauen entspannten – er konnte sie mächtig drohend zusammenziehen – und er seinen Zopf glatt strich, war Entwarnung.

Der Frisör sieht zum Schaufenster hinaus. Unter einer Linde spielt ein junger Mann Gitarre und singt dazu; viele Menschen schlendern über den Kirchplatz und den Bürgersteig entlang, an diesem Samstagvormittag hat der Sonnenschein sie früher herausgelockt.

Niemand bleibt vor seinem Salon stehen, niemand öffnet seine Eingangstür. Wie soll er die Miete bezahlen? Die Einnahmen reichen vorne und hinten nicht und die Bank wird ihm keinen weiteren Kredit bewilligen.

Warum meiden die Menschen seinen Salon?

Der Frisör verfällt seinem vertrauten Gedankenzirkel: Zu selten betreten Menschen seinen Salon, obwohl genügend Passanten an seinem Schaufenster vorbeiströmen; Menschen werden zu Kunden, sobald sie den Salon betreten; er muss das vorhandene Potential besser nutzen und die Vorübergehenden verführen, die Schwelle zum Salon zu übertreten. Drei Schritte von ihrem gewohnten Kurs abweichen. Drei Schritte genügen.

Warum kann er sich nicht zum Menschenfänger entwickeln? Warum meiden die Menschen seinen Salon?

Sie folgen dem schönen Schein.

Wer spricht? Der Frisör sieht sich um. Er steht alleine in seinem Salon.

Es ist sonst niemand da.

Er wartet im Stehen.

Die Zeitungsbotin mit den nordischblonden Haaren stürmt in seinen Salon, ihr grellroter Lippenstift ist verschmiert, ihre Gesichtszüge mit Make-up verkleistert.

Diese Maskerade stößt ihn ab.

Als sie sich zum Couchtisch dreht, kommen ihre fliegenden Haare ihm meliert vor; es schimmern blonde und rote und sandgelbe Töne mit. Er breitet seine Arme aus: »Bitte, die Dame, sehr gerne, die Dame. Sie wünschen?«

Sie sieht ihm ins Gesicht, dann schweifen ihre Augen durch den Salon; wie automatisch zucken seine Hände zum Kopf und prüfen, ob die Seitenhaare seine missgebildeten Ohrmuscheln – eklige Warzen, die seine Gehörgänge umstehen – verstecken? Diese angeborene Schande hat er von seinem Vater geerbt.

Die Zeitungsbotin tritt an den Couchtisch heran.

»Bitte schön, die Dame. Was kann ich für Sie tun?«

»Bloß abladen.«

Die Blondine wirft eine Zeitung auf den Couchtisch und zerstört zum zweiten Mal seine illustrierte Ordnung.

Der Frisör geht auf die Zeitungsbotin zu, aber sie weicht zurück; er streckt die Arme nach ihr aus, für einen Moment berühren seine Finger eine Haarsträhne. Dieser Augenblick, kürzer als ein Wimpernschlag, genügt dem Frisör und sein Tastsinn bestätigt, was er gesehen hat: Ihr Haare sind mongolendick. Das ist ungewöhnlich, denn Mongolenhaar ist das dickste Menschenhaar und immer schwarz. In zweiundzwanzig Jahren Berufstätigkeit ist dem Frisör kein dickes Blondhaar untergekommen: Blondes Haar ist empfindlich und dünn.

Was er sicher weiß: Ihre Haare sind nicht gefärbt. Das hätte er sofort erkannt, das wäre platinblond oder ein anderer künstlicher Farbton, aber ihre Haare strahlen in einem natürlichen nordischen Blond, mit einem roten Schimmer. Mit dieser Leuchtkraft hat er die Farbnuance noch nie gesehen.

»Warten Sie bitte, die Dame, nur einen Moment. Bitte schön, die Dame.«

Einladend zeigt der Frisör auf seinen Lieblingsstuhl Marianne und lächelt die Zeitungsbotin an. Er will ihren Kopf befühlen. Wo sonst kann die Schöne-Seele wohnen? Zwölf Jahre hat er die unterschiedlichen Charaktere studiert: Neider, Angstbeißer, Genießer, Machtbesessene, Rechthaber. Egoisten und Lüstlinge. Andere Typen mehr. Eine rundum glückliche Seele ist ihm nicht unter die Hände geraten: die Schöne-Seele, die im Mittelalter besungen wurde und nach der er sich sehnt. Die Schöne-Seele, in der Pflicht und Neigung, Gefühl und Moral, Leidenschaft und Anstand harmonieren. Keine getünchte Harmonie, kein aufgesetztes Glück, sondern eine Seele, die aus ihrer Quelle lacht.

Die Schöne-Seele unter seinen Händen spüren, das wünscht der Frisör Amadé sich sehr. Seine Finger zittern.

Die weiche Härte ihrer nordischblonden Haare zieht ihn kräftig an.

»Bitte schön, die Dame.«

Sie weicht zurück, steht in der Tür.

Er tritt mit ausgestreckten Fingern an sie heran.

»Mach mich nicht an!«

Ihre Haare wehen aus dem Salon. Er sieht durchs Schaufenster, wie sie über die Straße spurtet, auf dem Kirchplatz abbremst und dann gemächlich weitergeht, das Zeitungsbündel unterm Arm geklemmt.

Die sieht nicht einmal zurück.

Er zieht die Tür mit einem Knall ins Schloss, aber ihr Duft verharrt in seiner Nase: Veilchen und Flieder und eine Note, die er nicht identifizieren kann. Ein Frauenparfüm im Salon hat er schon lange vermisst. Er saugt ihren Duft in sich ein, schreitet hin und her, sieht zum Schaufenster hinaus, aber findet die Zeitungsbotin nicht.

Wer ist diese Frau?

Die neue Zeitungsbotin, sagt sein Verstand. Ihre mongolendicke Blondhaare sind ein Widerspruch, den es zu enträtseln gilt.

Hätte er ihr seine Entwürfe von klassischen Frisuren gezeigt. Sie hätte sich begeistert und hätte seinen Salon …

Hätte …

Hätte.

Hätte!

Der Frisör streckt seine Wirbelsäule: Verlier dich nicht in Tagträumereien.

Drück den Rücken durch.

Steh kerzengerade.

10 Ihr Marsch

Offensichtlich war die Angestellte daran gewöhnt, dass viele Menschen in den Nachkriegsjahren Köln preiswert erkundeten; sie legte das Büchlein zurück, griff unter den Tresen und reichte Rita ein Blatt Papier: »Wo müssen Sie denn hin?«

Vor Aufregung fiel Rita der Straßenname nicht ein. Sie kramte in ihrer Manteltasche, während die Angestellte geduldig wartete, bis Rita den Zettel mit der Adresse gefunden hatte. Freundliche Menschen sind das in Köln, dachte Rita, als die Angestellte mit einem roten Kreuz auf der Kopie markierte, wo sie sich befanden, und mit einem blauen Kreuz, wohin Rita wollte.

Dann wandten sich die kastanienbraunen Fransenhaare dem nächsten Kunden zu.

Rita verstaute den Plan in der Manteltasche und schob den Riesenkoffer durch die auseinanderweichende Menge zum Ausgang. Ein älterer Herr hielt ihr die Tür auf.

Freundliche Menschen sind das in Köln.

Sie packte ihren Koffer und marschierte los: rechtsherum, ein Stück geradeaus, wieder rechtsherum. Die Kopie gab Rita Sicherheit. Sie kannte ihr Ziel, zumindest auf dem Papier. Obwohl ihr Fuß nicht mehr schmerzte, marschierte sie langsam: Der mehrspurige Autoverkehr irritierte sie, der Koffer war schwer und die Bordsteine verdammt hoch – höher als in der Eifel. Passanten überholten sie, ein Mann im schwarzen Anzug trat gegen ihren Koffer und zischte: »Flüchtlingspack.«

Sein Fluch verletzte Rita.

Sie stellte ihren Koffer ab und setzte sich darauf.

Bloß nicht schwitzen, kein gerötetes Bauerngesicht; das hatte sie sich geschworen. Davon hatte sie reichlich genossen.

Es regnete stärker.

Nach zweihundert Schritten stellte Rita den Koffer auf den Asphalt und setzte sich drauf. Passanten drehten sich um. Endlich war es soweit, sie erkannten die Schauspielerin, die zum Vorsprechen ging, oder das Fotomodell auf dem Weg zum Laufsteg. Sie würde groß herauskommen, kein Zweifel, denn sie lebte mitten in Köln.

Ihr großer Bruder blieb zurück, der Autolärm nahm zu, eine Straßenbahn bimmelte, Gesprächsfetzen, zwei Frauen lachten. Über sie? Rita quälte sich vorwärts, pausierte nach hundert Schritten, prüfte die Richtung anhand der Kopie, bog in eine Seitenstraße. Eine Frau mit einem ondulierten Dutt – der sah altbacken aus, diese Mottenkistenfrisur passte nicht nach Köln – wich ihr weiträumig aus. Ritas Arme schmerzten, ihre Haare waren durchnässt, ihre Pausen wurden länger, aber sie konnte sich nicht sattsehen: die hohen Fassaden, die Gesimse, der Stuck, die Geschäfte mit Leuchtreklamen. Das gefiel ihr. Unendlich viele Menschen wohnten hier, das imponierte ihr. Sie sah neue Gesichter, junge und frische Gesichter, freundliche Mienen; nicht bloß die altbekannten Eifel-Fratzen.

Rita bog erneut ab: Mietskasernen, rechts ein Bürgersteig, links ein schmaler Grünstreifen, davor ein flacher Schuppen neben einem Schutthaufen. In einiger Entfernung erhob sich ein grauer fünfstöckiger Altbau mit fleckiger Fassade; genau wie ihre Eifel-Vertraute das Haus beschrieben hatte. Das war ihr Ziel.

Sie setzte den Koffer ab, ihr Puls schlug im Hals. Vor Anstrengung oder vor Aufregung, Rita wusste es nicht. Sie wäre am liebsten losgelaufen und hätte den Altbau umarmt: ihr neues Zuhause. In diesem Gebäude wird sie wohnen und von dort Köln erkunden.

Endspurt.

Rita hob den Koffer an, marschierte zügig zum Mietshaus und klingelte beim Hausmeister. Ein untersetzter Mann in fleckigem Unterhemd, kurzer Turnhose und Pantoffeln öffnete. Er grinste sie unter seiner Halbglatze – nur ein schmaler Haarkranz am Hinterkopf war ihm geblieben – an: »Was wünschen Sie, junge Frau?«

»Ich habe die Mansarde gemietet.«

Wie breitbeinig er vor ihr stand? Wie dreist er sie musterte? Seine Augen ruhten auf ihren Brüsten, glitten ihren Körper hinab zu den Schuhen und wieder hinauf zu ihren Haaren. Dann schaute er sie mit offenem Mund an, was ein wenig blöde wirkte. Da brach ihre alte Angst hervor: »Das Zimmer ist doch frei, oder?«

Wusste er nicht Bescheid? Ihre Stimme zitterte.

Sie bückte sich, um die Zahlungsbestätigung aus ihrem Koffer zu kramen – ab dem 15. April 1955 hatte sie das Dachzimmer gemietet –, da grinste der Hausmeister und trat nah an sie heran.

11 Marlene-Dietrich-Welle

Den Sonntag verbringt der Frisör mit den Wohnzimmerperücken.

Uta ist seine Favoritin, eine voluminöse Steckfrisur aus Papilloten, Längsrolle und einem Perlennetz. Der matte Perlenschimmer kontrastiert fein mit dem mittelbraunen Perückenhaar. Uta bewegt kein Haar, als der Frisör sie begrüßt: übellaunige und arrogante Perücke - mit adeligen Haarlinien, wie eine ehrwürdige Baroness.

Rechts unter Uta steht Freda, eine strohblonde Komposition aus dicken Haarwellen, Scheitelkranz und einem Nackenzopf. Dem Frisör gefällt Fredas Bäuerlichkeit, sie verströmt Milch- und Stallgerüche und neigt zur Völlerei. Freda kriegt ihre Haare oft nicht gebändigt. Heute riecht sie, der Frisör schnüffelt ein zweites Mal, ranzig.

Links unter Uta steht Winora: Um einen Chignon aus Scheitel- und Nackenhaaren wickeln sich glatte, von den Seitenpartien abgeteilte Strähnen und formen einen dunkelbraunen Haarturm – mit einem violetten Schimmer. Einen solchen Turm hatte Mutter oft getragen. Dieser Gedanke gibt ihm einen Stich: Er vermisst Mutter wie am ersten Tag. Zwölf Jahre ist sie tot, sein Leben wäre anders – angenehmer, da ist er sicher – verlaufen, wenn Mutter nicht gestorben wäre.

Der Frisör löst die Geflechte, entfernt Spangen und Nadeln, massiert eine Spur Echthaar-Balsam in die Haare, bürstet sie locker auf und hebt die Perückenmontur von den Köpfen. Heute wird er das Styropor desinfizieren.

Während das stechende Mittel verdunstet, trinkt er einen Pfefferminztee und legt eine Schallplatte auf: Klavierquartett von Brahms. Er fühlt sich auf seine Kindergeburtstagsfeier zurückversetzt: Der einzige Tag, an dem er Kinder einladen durfte. Mutter legte Klaviermusik auf, es gab Tischkarten, jeder Junge saß brav auf seinem

Stuhl und aß Kuchen, fünf Stücke waren Pflicht. Luftschlangen verzierten die Wände, Mutter verteilte teure Limonade; die Kinder mussten Amadé hochleben lassen. Mensch-Ärger-Dich-Nicht lag bereit und Memory-Karten. Toben durfte niemand. Bloß Kuchen essen, Mensch-Ärger-Dich-Nicht und Memory spielen. Memory ist gut für dein Gedächtnis, sagte Mutter, und wehe, er hatte vergessen, wo eine bereits aufgedeckte Karte lag.

Dann schlug Mutter zu.

Mit dem Lineal auf seine Fingernägel.

Der Frisör gießt Pfefferminztee nach und blättert im Frisurenkatalog, die Abbildung einer klassischen Bienenstock-Frisur erinnert ihn an Audrey Hepburn: Eine breite Oberkopfsträhne um ein Haarkissen drapieren, das Seitenhaar straff über das Kissen führen und eine senkrechte Haarbanane feststecken. Glanzspray. Fertig.

Ihn befällt eine Idee: Er wird der Zeitungsbotin eine Bienenstockfrisur vorschlagen. Das wird sie distinguierter erscheinen lassen, mehr Dame und weniger Rotzlöffel. Das wird ihr gefallen. Oder nicht?

Er wiegt seinen Kopf und stellt sich mit geschlossenen Augen vor, wie er ihre nordischblonden Haare in flachen Strähnen drapiert und an einem Haarkissen feststeckt. Ihre Augen werden glänzen, sie wird vor dem Spiegel ihre neue Frisur – adrett aber nicht vornehm, flott aber nicht sportlich – bewundern und ihm danken. Die Zeitungsbotin wird ihn empfehlen, neue Kundinnen werden seinen Salon betreten, jeden Tag mehr. Sie geben sich die Klinke in die Hand und er wird täglich Frauenhaare frisieren.

Tagträume halt.

Mit Hilfe eines Haarkissens, einer Transformation und einigen Haarnadeln modelliert der Frisör einer unteren Perücke einen asymmetrischen Bienenstock mit lockeren Strähnen. Als die Frisur fertig ist, stülpt er diese Perücke auf einen Styroporkopf, trägt sie die Treppe hinab und stellt sie in seinem Salon auf den Tresen.

Wird die Zeitungsbotin dieser Frisur widerstehen?

Am Montag – er kann sich keinen freien Tag leisten – wartet der Frisör in seinem Salon.

Eine alte Frau tritt ein: schulterlanges fettiges Grauhaar mit krummem Mittelscheitel. Die Kopfhaut leuchtet zwischen ihren Haaren hervor.

»Bitte schön, verehrte Dame.«

»Haben Sie Zeit, junger Mann?«

»Sicher, die Dame; gerne, die Dame. Treten Sie näher.«

Die Alte schlurft in braunen Halbschuhen auf ihn zu; zwischen dem hinteren Schuhrand und ihrer Ferse öffnet sich bei jedem Schritt ein fingerbreiter Spalt.

»Womit kann ich Ihnen dienen, verehrte Dame?«

Die Alte tritt an ihn heran und zwickt – er weicht nicht zurück, dafür geschieht es zu schnell – mit ihren knochigen Fingern seine Wange: »Kölscher Jung, nicht wahr?«

Als Kölscher Jung hat er sich nie gefühlt, obwohl er in Köln geboren ist, denn seine Mutter stammt aus der Eifel und ist in Köln eine Fremde geblieben.

Die zweite Hand der Alten greift nach seiner anderen Wange. Bevor sie erneut zwickt, weicht der Frisör zurück: »Bitte, die Dame, nehmen Sie Platz.« Er zeigt auf Walter, der den niedrigsten Einstieg bietet.

»Gemütlich haben Sie es hier, wie in meinen jungen Jahren. Aber Ihre Couch ist ramponiert; die müsste frisch bezogen werden.«

Hitze steigt ihm in den Kopf. Ist das Polster zu abgewetzt?

»Bitte schön, die Dame.«

Wieder weist er auf Walter, aber sie bewegt sich nicht.

»Wie heißen Sie?«

Sein Gesicht färbt sich rot. Nach seinem Namen hat noch kein Kunde gefragt.

»Amadé.«

»Und weiter.«

»Kreutz. Amadé Kreutz.«

»Ist es ein Kreuz, Friseur zu sein?«, fragt die Alte, so beiläufig hingeworfen.

Meint sie das ernst? Was meint sie damit? Was weiß sie von ihm? Von seinem Beruf? Nichts weiß sie von ihm. Für ihn war es eine Berufung gewesen, aber seine Wahl hat sich in eine Sackgasse verwandelt.

Nicht grübeln. Jetzt diese Kundin frisieren.

»Bitte schön, die Dame, setzen Sie sich.«

Mit beiden Händen weist er auf Walter, aber die Alte schüttelt ihren Kopf: »Ich brauch es bequem, junger Mann.«

Sie stolziert zu Marianne, dreht sich um und will sich auf die hohe Sitzfläche setzen. Er eilt hinzu, fasst sie unter die Achseln und zieht sie auf das Sitzpolster. Die Alte umklammert mit beiden Händen ihre Handtasche, ihre Füße baumeln in der Luft.

»Schönen Dank. Recht bequem dieser Stuhl.«

»Das ist mein bestes Stück«, sagt der Frisör, wirft ihr einen Umhang über, bindet das Halteband locker um ihren Nacken, betastet ihr Haar. Die Haarspitzen sind intakt und die Haarschäfte federn im wurzelnahen Segment elastisch zurück. Diese Haare haben nie gelitten und sind nur aktuell ungepflegt. Die Dame steigt in seiner Achtung.

Der Frisör zeichnet mit dem Zeigefinger spielerisch ihren Mittelscheitel nach: »Früher trugen Sie eine Wellenfrisur à la Marlene Dietrich, und zwar recht lange, die Dame.«

»Erstaunlich. Woher wissen Sie das? Aber es stimmt, junger Mann. Früher war ich hübsch frisch bei Tisch.«

»Welche Frisur wünschen Sie?«

»Nicht so ungeduldig, junger Mann. Ich wohne bei meiner Tochter. Sie fährt mich gleich nach Haus.«

Sie beugt sich vor, als wollte sie von Marianne herunter rutschen.

„Entspannen Sie sich.“

Er drückt ihre Schultern ins Polster. Kurz spannt sie gegen seinen Griff an, dann gibt sie nach. Er kippt die Rückenlehne ein wenig nach hinten, umgreift mit gespreizten Fingern ihren Kopf von der Stirn bis zum Nacken, vom rechten bis zum linken Ohr. Mit seinen Fingerspitzen dringt er zu ihrer Kopfhaut vor und fühlt in ihren Schädel hinein: das ist die Seelenschau, sein besonderes Talent. Der Frisör kann mittels Kontakt zu den Haarwurzelnerven, die als feines Geflecht das Gehirn umspannen, die Gedanken der Kunden lesen; ihre Absichten und Wünsche erkennen; ihren Charakter studieren.

Die Seelenschau hatte er im Gala-Salon nicht ausgeübt, dort herrschte der reine Frisierakkord. Erst als der Frisör seinen eigenen Salon eröffnete, konnte er sein Talent perfektionieren. Schnell war er so weit fortgeschritten, dass er die tiefen Hirnregionen durchstöberte: Geheime Wünsche entzifferte, verdrängte Triebe und belastende Komplexe entschlüsselte. Schwarze Blöcke, die die Seele hemmten. Oft fand er tiefe Ängste, die im Stammhirn wurzelten.

Der Frisör fühlt in den Kopf der alten Dame hinein: Auf ihren Hirnwindungen flimmern dunkle und helle Flecken. Ein Chaos von Licht und Schatten. Unterhalb des Gehirnbalkens spürt er eine Schattengestalt, von einem flimmernden Puzzle bedeckt oder entstellt oder herausgeputzt; er kann die Details nicht erkennen.

Die Alte beugt sich vor, so dass seine Finger den Kontakt verlieren. Sie kramt unter dem Umhang: »Ich muss nach Hause.«

Diese Frau tut ihm leid; sie ist offensichtlich verwirrt. Wie kann er ihr Gehirnchaos vermindern? Sie braucht eine Frisur, die sie von früher kennt. Vertrautes beruhigt. Gewohntes erzeugt Sicherheit.

»Meine Dame, darf ich Ihnen eine Wellenfrisur vorschlagen? Wie früher.«

Ihre Pupillen schauen ihn via Spiegel plötzlich klar an.

»Woher wissen Sie das?«

»Es passt zu Ihnen«, sagt er möglichst belanglos.

»Eine Wellenfrisur? Ja, natürlich, sehr gerne.« Sie rutscht an die Rückenlehne heran und strafft ihren Nacken.

Der Frisör betrachtet ihren Kopf: Für drei Wasserwellen wird die Haarlänge reichen. Und Papilloten über den Ohren. Der Klassiker: das Marlene-Dietrich-Original.

Als er das Waschbecken heranfährt, schließt sie ihre Augen und legt sich zurück. Er kippt die Rückenlehne auf die passende Höhe, wäscht ihre Haare, kämmt sie glatt aus und föhnt sie an. Er kippt die Rückenlehne wieder senkrecht, tritt zurück und imaginiert, wie er dieses Haargewirr in eine Marlene-Dietrich-Welle verwandelt. Dann beginnt er sein Werk: Zieht einen linken Seitenscheitel, kämmt die Haare aus und legt mit Kamm und Fingern die erste Welle auf der rechten Seite; klippt sie vorne fest, verlängert sie nach hinten, klippt sie hinten fest. Die zweite Welle. Die Dritte. Über dem rechten Ohr dreht er eine Papillote um seinen Mittelfinger und steckt sie fest.

Die Alte öffnet die Augen: »Ich muss nach Haus.«

»Bitte schön, die Dame, es dauert nicht mehr lange. Bitte ein wenig Geduld.«

Sie richtet sich auf, ihre Stimme fliegt: »Meine Tochter bringt mich nach Hause.«

»Schauen Sie doch, wie schön es wird.«

»Was denn? Wozu denn? Wo bin ich?«

Sie versucht, nach vorne zu rutschen, aber der Frisör fasst ihre Schultern und drückt sie zurück.

»Sie kriegen eine Wellenfrisur. Wie früher.«

»Und meine Tochter?«

»Die kommt, wenn ihre Frisur fertig ist.«

»Ach so.« Die Alte betrachtet sich im Spiegel. Dann schließt sie die Augen und entspannt.

Der Frisör legt auf der kürzeren linken Seite zwei Wasserwellen, klippt sie fest und dreht ebenfalls eine

Papillote über dem Ohr. Verlängert die Wellen am Hinterkopf bis zum Nacken und steckt sie fest. Sprayt die nasse Frisur gründlich ein. Föhnt die Haare mit niedriger Temperatur.

Als der Frisör die Haarklammern löst, verfolgen ihre Augen jede Handbewegung.

Lächelt sie?

Er schaut zweimal hin, aber es ist wahr: Ein feines Lächeln spielt um ihre Mundwinkel und Kinnpartien; mit jeder Haarklammer, die verschwindet, breitet sich das Lächeln auf ihrem Gesicht aus. Mit geöffnetem Mund und lockeren Wangenmuskeln verfolgt sie seine Handgriffe. Ihr Blick ist nicht mehr verängstigt, nein, sie schaut entspannt in den Spiegel.

Als alle Haarklammern fort sind, sprayt er diese Dame von Welt – aus einem Film entlaufen, für eine Preisverleihung frisiert – gründlich ein: »Fertig.«

Die Dame von Welt rutscht in Marianne nach vorne, ihr Gesicht strahlt: »Sehr schön, junger Mann. Wunderbar, wie ich mich fühle. Wie lange nicht mehr. Woher kenne ich Sie? Sie kommen mir bekannt vor.«

Er nickt mit dem Kopf.

»Ich fühle mich jung. Wie damals in Paris. Das erste Mal. Eine Stadt der Alleen. Viele alte Bäume und Häuser. Dort bin ich ihm begegnet. Das erste Mal. Ich wurde vom Blitz getroffen und ihm erging es ebenso. Das war Liebe auf den ersten Blick. Das erste Mal. Der erste Mann. Meine einzige Liebe. Verstehen Sie?«

Er nickt.

Sie rutscht von Marianne herunter und geht leichtfüßig auf den Frisör zu. Berührt mit ihrem Zeigefinger sein Kinn: »Ein Verzauberer sind Sie. Ganz sicherlich ein richtiger Zauberfriseur.«

12 Im Treppenhaus

Der Hausmeister verschwand hinter der offenen Wohnungstür. Es raschelte. Zog er sich etwas über? Er tauchte im gleichen Unterhemd und Turnhose gekleidet, die linke Hand geballt, im Türrahmen auf: »Ich geh voraus, schöne Frau.«

Er grinste sie breit an. Rita wich zurück.

Der Hausmeister trat in den Hausflur, zog seine Wohnungstür zu und griff nach ihrem Koffer.

Sie ließ ihn gewähren. Sie hätte dieses schwere Ungetüm hochgeschleppt, aber ihre Schultern schmerzten und seine Hände schienen besser geeignet: kräftige Finger, die sich in den Koffergriff schoben; behaarter Handrücken; die gesplitterten Nägel mit schwarzen Rändern. Bauernhände gab es auch in Köln.

Rita stieg hinter ihm die Treppe hinauf. Die Stufen waren aus schwarzem Stein; keine Holzstiegen, wie in der Eifel. Ein intensiver Kaffeegeruch – kein Muckefuck, sondern echte Bohnen – zog durch das Treppenhaus. Beides fand Rita herrlich.

Der Hausmeister grinste nicht, während er ihren Riesenkoffer, auf jedem Absatz verschnaufend, in die fünfte Etage schleppte. Ritas Herz raste. Sie wäre gerne vorausgeeilt, blieb aber höflich hinter ihm, denn der erste Eindruck zählt.

Rita nahm sich vor, vorsichtig zu sein und den Hausmeister nie während der Mittagszeit zu stören. Seine Halbglatze warnte sie: Der explodiert schnell. Das war kein Dieb und kein Betrüger, der war nicht hinterlistig, nein: Der brach mit dem Kopf durch die Wand. Sie nahm sich vor, diesem Bullen auszuweichen. Sie würde vorsichtig handeln, im Haus und in Köln. Dieses Haus war groß, auf jeder Etage passierten sie vier Türen. Die Stadt war unübersehbar groß und mit vielen Gefahren versehen.

Eine hatte sie im Hauptbahnhof überstanden. Die nächste Gefahr lauerte im Hausmeister, das spürte sie.

Nach fünf Etagen blieb er vor drei Türen stehen.

»Da geht's zum Dachboden, für Wäsche hängen und schon mal ´n paar Möbel lagern«, der Hausmeister wies auf die breite Tür, »aber nicht länger als drei Monate. Und hier«, er zeigt auf die schmale Tür rechter Hand, »ist Ihre Toilette, gehört nur zur Mansarde, benutzt kein anderer sonst. Und hier«, er zeigte auf die schmale Tür linker Hand, »ham wir ihr Zimmer. Mit prima Blick auf die Innenstadt, ganz bestimmt. Fertig eingerichtet, klar. Da wer´n´se sich wohlfühlen.«

Er blinzelte Rita zu, erst mit dem linken Auge, dann mit dem rechten. Rita drehte ihr Gesicht zu der Mansardentür. Dahinter wartete das Paradies. Wie oft hatte sie davon geträumt? Ihr eigenes Reich, das niemand betrat.

Der Hausmeister öffnete seine Faust und drückte Rita drei Schlüssel in die Hand: »Keller. Haustür. Mansarde und Toilette ist das gleiche Schloss.«

Das glatte Metall fühlte sich warm an; Rita ekelte sich davor, weil sie wusste, dass diese Wärme von seinen Händen stammte. Sie hielt den Schlüsselring mit gespreizten Fingern.

»Drei Schlüssel. Müssen Sie mir nachher unterschreiben«, sagte er, blinzelte wieder und schob gönnerhaft hinterher: »Hat Zeit. Wenn´se so weit sind.«

Rita nickte bloß, als der Hausmeister sie ansah. Sie konnte nicht sprechen, in ihr stritten die Angst vor diesem Mann gegen das Gefühl der tiefen Befriedigung: Ihre eigenen Schlüssel. Ihr eigenes Zimmer. Ihr neues Zuhause im geliebten Köln.

Der Hausmeister rückte näher: »G´rad angekommen, was? Der erste Tag in Köln, was? Kannst mich jederzeit rufen.« Er beugte sich vor und Rita roch seinen sauren Atem. Mit gesenkter Stimme raunte er: »Auch nachts. Wenn die Einsamkeit quält.«

Dann rückte sein Körper an ihren Körper heran und sein Unterhemd berührte ihren Mantel.

Rita wich zurück, aber er folgte ihr, indem er seine Pantoffeln zentimeterweise vorschob, als würde Rita dann seine Annäherung nicht bemerken.

Sie wich zurück, bis ihr Rücken gegen die Wand stieß und sein fleckiges Unterhemd – ein großer brauner Fleck reichte in die Turnhose hinein – sie erneut berührte. Dann spürte sie seine schwieligen Finger an ihrer rechten Schulter, dann am Hals, dann griff seine Hand in ihre Haare.

Rita konnte nicht weiter zurückweichen, also knickte sie in den Knien ein, plumpste auf ihr Gesäß und hockte, ihr Gesicht vor seiner Turnhose, auf den Bodenfliesen. Schützend hob sie ihre Arme.

Der Hausmeister bückte sich und Rita sah im Augenwinkel, wie seine Finger sich ihrem Gesicht näherten. Er war so nah, sein säuerlicher Geruch überschwemmte sie; ihr wurde übel und panisch zugleich, aber seine Schwielenhände näherten sich unerbittlich. Berührten ihre Wangen. Ihre Übelkeit nahm zu, sie drehte ihren Kopf und biss ohne Warnung zu; erwischte seine Handkante und den Ansatz des kleinen Fingers.

Mit ihrer maximalen Kieferkraft biss Rita in sein Fleisch.

»Auuu!«, zischte er, aber schrie nicht los, obwohl ihre Zähne fest zubissen. Aha – dieser Kerl wollte nicht, dass die anderen Mieter etwas bemerkten.

Der Hausmeister zerrte an seiner Hand, aber Rita biss ein zweites Mal kräftig zu, erst dann löste sie ihre Zähne.

Er trat einen Schritt zurück, schüttelte seine Hand, spuckte drauf und verrieb die Spucke: »Verdammte Hure.«

13 Konturfrisur

Der Nachmittag dehnt sich.

Der Frisör schneidet einen schnellen Jungenschnitt, dann steht er zwischen Freddy und Marianne und wartet; es schlägt Fünf, es schlägt halb Sechs.

Die Eingangstür öffnet sich.

Ist es die Zeitungsbotin?

Seine Augen schießen zur Bienenstockfrisur, mit einem Blick kontrolliert er jede Strähne. Wird ihr diese Frisur gefallen?

»Darf ich?«

»Ach, Sie sind es. Ist der Monat schon wieder rum? Sehr gerne, Herr Wolters, nehmen Sie bitte Platz.«

Der Kunde zieht die graue Windjacke aus und lässt sich stocksteif auf Walter nieder: gestreiftes Hemd, dunkle Krawatte, schwarze Stoffhose. Bürokleidung halt. Er lockert Kragen und Krawatte, der Frisör wirft den Umhang über, wickelt das krause Papier um seinen Hals und bindet die Halteschnur.

Heute sieht Wolters erschöpft aus: Die Stirn- und Mundwinkelfalten wirken tiefer als sonst, sein Gesicht zerknittert.

»Bin ich froh, hier zu sein.« Herr Wolters massiert seine Stirn.

Der Frisör legt los. Mit der Herrenschneideschere schneidet er die Haarkonturen nach, kürzt das Deckhaar – oben länger, zu den Ohren kürzer – und rasiert mit der Klinge den Nacken und die Ohrenpartien aus. An beiden Seiten und am Hinterkopf dünnt er die Haare mit der Effilierschere aus. Die oberen Deckhaare kämmt er flach und schneidet die Stirnhaare. Zum Abschluss betont er mit dem feinen Rasierer die Konturen.

In Wolters Kopf spürt der Frisör heute nicht, sein Gehirn hat er mehrmals erforscht; bei diesem Kunden bleibt keine Region verborgen, mühelos kann der Frisör den Kleinhirnbrückenwinkel und die Hirnanhangsdrüse einsehen.

Bei der Seelenschau schlagen dem Frisör die aktuellen Gefühle – Wut, Ärger, Langeweile – zuerst entgegen. Anfangs hatte er geglaubt, dieser Gefühlsstrom sei die Seele; später hatte er seinen Irrtum erkannt. Die Seele ist ein sprunghaftes Wesen, das in den Hirnkammern wohnt und ihre Farbe, Form und Größe blitzschnell verändert: Mal schrumpft sie zu einem Punkt; mal bläht sie sich ballonartig auf und füllt einen Ventrikel aus; mal verwandelt sie sich zu Tentakeln; mal zu einem amorphen Fleck ohne klare Grenzen; mal kleidet sie als eine Tapete einen Ventrikel aus. Sogar Seelennebel, die durch die Hirnkammern wabern, sind dem Frisör begegnet.

Die menschliche Seele ist eine Gestaltwandlerin von der unruhigen Sorte.

Wolters Seele ändert sich nicht. Die kennt der Frisör genau: Ein ausgestanztes Polygon, mit scharfen Rändern und spitzen Ecken, das in der vorderen Hirnkammer hockt und die eintreffenden Signale auf ihre Richtigkeit prüft. Ein Pedant, der für seine Arbeit lebt: Eine Stunde vor Dienstbeginn das Finanzamt betritt und nach Dienstschluss Akten wälzt. Zu Hause pflegt Wolters eine Briefmarkensammlung und bestellt sich fürs Wochenende gerne Nachschub: Die Briefmarken mit den großbunten Motiven sammelt er am liebsten, vor allem die botanischen Sondereditionen. Wenn sich die letzte Lücke in einer Briefmarkenserie schließt, freut sich Wolters wie ein kleines Kind.

Eine Region in Wolters Gehirn tanzt aus der Ordnung: Um den Mandelkern flimmert es. Ein chaotisches Blinken, ohne erkennbaren Rhythmus.

»Fertig, der Herr.« Der Frisör hält den Konkavspiegel hinter den Kundenkopf.

Herr Wolters betrachtet sich: »Wieder mal perfekt: Die Schläfen- und Ohrenpartie symmetrisch geschnitten; sieh mal einer diese Nackenlinie an.« Wolters beugt sich vor, der Frisör folgt seiner Bewegung mit dem Spiegel. »Mit dem Lineal gezogen. Meine Hypotenuse.«

»Sehr freundlich von Ihnen.«

»Sie sind ein Haargenie.«

Herr Wolters lächelt schmallippig, runzelt die Stirn, zieht die Augenbrauen hoch und kneift sie zusammen. Dann entspannt er seine Gesichtsmuskulatur und lächelt. »Nicht nur Kleider, auch Frisuren machen Leute. Das hab ich von Ihnen gelernt.«

Der Frisör presst seine Zähne aufeinander. Wie er diese banalen Sprüche hasst: Kleider machen Leute; Frisuren machen Leute. Das ist weniger als die halbe Wahrheit, das ist ein Bruchteil seines Talents.

»Ach ja, das wollte ich Ihnen unbedingt erzählen«, unterbricht Wolters den Gedankengang des Frisörs. »Ich werde wieder befördert. Zum zweiten Mal innerhalb von elf Monaten. Das gab´s beim Finanzamt Köln-Mitte noch nie. Und? Haben Sie mitgezählt? Seit vierzehn Monaten trage ich Ihre Konturfrisur.«

Herr Wolters streicht über sein Deckhaar.

»Mein Glückwunsch, der Herr.«

»Das ist kein Zufall, nein. Seit ich Ihre Frisur trage, habe ich die Steuerbescheide so was von seziert. Mein Vorgesetzter hat mich in der Abteilungsbesprechung gelobt. Ach, warum erzähle ich das?« Herr Wolters streicht über den Nacken. »Ich will Sie nicht langweilen.«

»Tun Sie nicht, mein Herr«, lügt der Frisör, legt den Spiegel auf die Ablage, löst das Halsband, zieht den Frisierumhang herunter, bürstet den Hemdkragen sauber.

»Wissen Sie, früher ging ich nicht gerne zum Friseur. War für mich schlimmer als Zahnarzt und der Haarschnitt hat auch nie gestimmt. Bei Ihnen ist es anders. Bei Ihnen fühle ich mich geborgen, wie in einer Parabel.«

»Danken Sie nicht mir«, der Frisör ergreift eine Schere, sticht damit in die Luft, klappert mit den Schneiden. Dann saust die Schere, mit geöffneten Schneiden, im Sturzflug so knapp an Wolters Hinterkopf vorbei, dass zwei Haare herabfallen. »Danken Sie meiner Schere. Eisgehärtete Schneiden. Mit Kobalt beschichtet.«

»Ach was. Glaub ich nicht, dass der Schliff entscheidet. Bei uns im Finanzamt kommt´s auch nicht auf die Druckertinte, sondern auf den Hirnschmalz an. Den hab ich jetzt von Ihnen frisiert bekommen, ha-ha-ha.« Wolters schlägt sich auf die Schenkel: »Wie schon die alten Griechen sagten: Nur unter gesunden Haaren wohnt ein gesunder Verstand. Meine Koordinate.«

Der Frisör spürt: Das ist der richtige Moment.

»Mein lieber Herr, ich möchte keinesfalls lästig sein, aber ich muss sie erinnern, Ihre Haare täglich zu behandeln.«

Herr Wolters sieht den Frisör via Spiegel an: »Sie haben ja recht, ich erinnere mich. Entschuldigung, hab ich glatt vergessen.«

Der Frisör massiert zwei Tropfen in die Kopfhaut: »Das ist Arganöl. Bitte abends einmassieren, morgens lauwarm ausspülen, föhnen und ausbürsten. Das wiederholen Sie bitte, bis keine Schuppen mehr fallen. Ihre Haarwurzeln werden besser versorgt und die Schuppenbildung vermindert. Nicht nur Ihre Kopfhaut, auch ihre Hemden werden es Ihnen danken. Ich natürlich auch, der Herr. Bitte schön.«

»Tu ich. Weiß ich. Mach ich. Stell ich neben meinen Zahnputzbecher. Versprochen. Und ...«, er zögert, schaut via Spiegel den Frisör an, »... ich habe auch eine Bitte. Eine wichtige Angelegenheit.«

Nein, schreit es in dem Frisör. Er kennt diese Kundenbitten und erträgt sie nicht. Lass den Kelch an mir vorübergehen, betet er lautlos.

»Wir haben demnächst ... ich weiß nicht genau, wann ... ein wichtiges Treffen mit einem Vertreter der Oberfinanzdirektion. Wegen einem Urteiles des Bundesfinanzhofes. Also, lieber Friseurmeister, da muss ich glänzen.«

»Bitte sehr, der Herr, aber wie meinen Sie das: Glänzen?«

»Als akkurat auffallen. Supersymmetrisch, wie die Spitzen eines gleichseitigen Dreiecks. Denken Sie mal, die Leitungsriege der Finanzverwaltung Köln wird anwesend sein.«

»Ach so, Ihre Konturfrisur in supersymmetrisch. Das wird mir wohl gelingen«, sagt der Frisör und ist erleichtert. Er hat befürchtet, dass Wolters einen völlig anderen Haarschnitt verlangt: etwa eine galante Frisur, um eine Frau zu beeindrucken. Viele Kunden wollen ihre Mitmenschen blenden und sich anders präsentieren, als sie in ihrem Inneren sind. Der böse Geist wird verkorkt, die Flaschenhülle aufgehübscht. Wie eine Weinhandlung kommt dem Frisör diese Welt vor: Der äußere Schein zählt und wenn man schmeckt, was drinsteckt, ist es zu spät.

Nicht bei Wolters, nein, diesem Kunden hätte der Frisör keinen galanten Haarschnitt auf den Kopf frisiert; einen Genießer oder Lebemann hat er in Wolters Seele nie gespürt. Da ist Rechthaberei drin und viel Pedanterie.

»Geht das klar?«, fragt Wolters.

»Jederzeit. Kommen Sie einfach rein, wenn es soweit ist. Am besten zwei Tage vor der Sitzung. Ich werde«, der Frisör mustert Wolters scharfgeschnittene Konturfrisur, »ihre Nacken- und Schläfenhaare stärker kürzen und jedes Einzelhaar parallel ausrichten und fixieren.«

»Mit Pinzette und Zirkel?«

Der Frisör schmunzelt: »Jawohl, der Herr. Und mit Lupe. Werde ich tun.«

Herr Wolters ergreift die Hand des Frisörs und drückt sie. Dann legt er einen Zehn-Mark-Schein auf den Tresen: »Stimmt so. Ich komme zwei Tage vor der Sitzung. Nur«, er fährt sich durchs Haar, betrachtet sich im Spiegel, sieht den Frisör an, »was tue ich, wenn die Sitzung auf einen Dienstag fällt?«

»Dann kommen Sie am Montag. Bitte schön.«

»Tu ich. Mach ich. Ist recht.«

Herr Wolters schließt die graue Windjacke und schreitet aus dem Salon. Und wie er im Stechschritt über den Kirchplatz paradiert! Ja, die scharf geschnittene Konturfrisur beflügelt ihn.

14 Vor der Mansardentür

Der Hausmeister schüttelte seine verletzte Hand; aus Ritas Perspektive sah es lächerlich aus, wie das Unterhemd und die Turnhose im Rhythmus der Handbewegung flatterten. Doch ihr war nicht zum Lachen zumute, denn der Hausmeister bückte sich erneut. Sein Gesicht verzog sich zu einer Fratze, er keuchte Unverständliches zwischen gelben Zähnen hervor. Seine Halbglatze drohte ihr Gewalt an.

»Ich schreie«, sagte Rita leise, um ebenfalls die Mieter nicht zu stören.

Trotz der Drohung griff er mit beiden Händen in ihre Haare.

Rita schrie los.

Sie schrie mit voller Kraft aus geübter Brust. Ihre Stimme trug weit; hoher Sopran, im Kirchenchor ausgebildet. Lieder mit einer Solostimme für Helga hatte der Organist am liebsten ausgewählt.

Unten klappte eine Tür im Treppenhaus.

Rita zog den Kopf ein, stemmte ihre Unterarme gegen seine Unterarme und kauerte sich tiefer auf den Boden. Sie schrie das Treppenhaus hinab; im oberhohen Sopran war sie angekommen und schraubte sich höher hinauf. Bis in die unhörbaren Frequenzen. Bis die Fenstergläser zu zerspringen drohten.

»Hexe«, zischte der Hausmeister, aber zog seine Hände aus ihren Haaren zurück.

Eine zweite Tür klappte, eine Frauenstimme rief: »Hallo! Was ist da los?« Eine Männerstimme antwortete: »Bestimmt hat sich jemand auf dem Wäschespeicher eingeschlossen.«

Rita unterbrach ihren Schrei: Die Menschen sorgten sich in diesem Haus. Sie kamen ihr zur Hilfe. Sie spähte zwischen ihren Armen hoch, aber der Hausmeister schien unbeeindruckt und streckte seine rechte Hand in die Höhe.

Jetzt schlägt er zu, dachte Rita und duckte sich tiefer an die Steinfliesen heran. Schläge waren ihr vertraut. Wie in der Eifel: schmerzendes Brennen, das nach Tagen abflaute; geplatzte Gesichtshaut, die sie vor dem Spiegel betupfte.

Rita schrie gegen die herabstürzende Hand an, spannte instinktiv beide Arme an und schloss ihre Augen.

»Hallo! Ist was passiert?«, rief die Frauenstimme, untermalt von Schritten im Treppenhaus.

Rita fürchtete sich vor dem Schlag. Der Hausmeister war ein kräftiger Kerl, der zögerte nicht. Sie erwartete einen brutalen, einen knochenzerbrechenden Schlag.

»Hallo! Was ist da oben los?«

Sie traf kein Schlag. Ihr Gesicht glühte und ihr Kehlkopf brannte. Sie verstummte und öffnete die Augenlider: Die Turnhose war aus ihrem Gesichtsfeld verschwunden. Rita hob den Kopf und sah, wie der Hausmeister, den Arm zum Schlag hochgereckt, die erste Treppenstufe herabstieg.

Ihr Rücken und beide Knie schmerzten, so hart hatte sie sich an den Boden gepresst. Sie räusperte sich. Ihr Kehlkopf fühlte sich wund an.

Der Hausmeister stampfte so fest die Treppe hinab, dass sein rückwärtiger Haarkranz wippte.

Rita verharrte in der Hocke. War es vorbei? Sie traute der Ruhe nicht. Der Hausmeister könnte die Frauenstimme beruhigen und wieder umdrehen. Andererseits ...

Sie wartete mit angespannter Muskulatur, um jederzeit aufzuspringen. Aber es gab kein Entkommen. Über ihr war das Dach, unter ihr der Hausmeister. Dieses Treppenhaus war eine Falle, sie konnte nicht entwischen.

Dann sprach seine Stimme, sie verstand kein Wort. Warum redete der so leise? Die Frauenstimme antwortete, seine dunkle Stimme erklang erneut. Die Frau kicherte, Schritte klapperten, eine Tür schlug.

Stille.

Eine verdächtige Stille war das. Sie lauschte bewegungslos. Keine völlige Lautlosigkeit, denn sie vernahm leise Schritte. Rita hörte genauer hin: gedämpfte Schritte im Treppenhaus. Seine Schritte? Kam er näher? Stieg er wieder hinauf? War sie im Treppenhaus gefangen und kein Mieter kümmerte sich?

Sie lauschte: Die gedämpften Schritte verstummten. Eine Tür klappte. Stille.

War seine Wohnungstür zugeschlagen?

Stille.

Ihr Atem flog.

Sie lauschte.

Stille. Eine völlige Lautlosigkeit.

Sie ließ Zeit verstreichen. Bis ihre Knie unerträglich schmerzten.

Mit Mühe zog Rita sich am Geländer hoch und sah hinunter: Kein Mensch war im Treppenhaus zu sehen. Köln ist gefährlich und die Männer überall gleich. Aber sie würde sich wehren. Ein Gefühl von Stolz flutete ihre Brust: Dem hatte sie es gezeigt.

Wie die nächste Begegnung mit dem Hausmeister ausfiel? Diese Sorge sperrte sie weg.

Der Gedanke, sich eine andere Bleibe zu suchen, kam Rita nicht in den Sinn. So schnell wie möglich aus dem gefährlichen Hausflur fort und sich einigeln.

Mit zitternden Fingern fummelte Rita den Schlüssel – erst der dritte Versuch gelang – ins Schloss, stieß die Tür auf und schob auf steifen Beinen sich und ihren Riesenkoffer in die Mansarde hinein. Sofort drückte sie die Tür zu, fummelte den Schlüssel von innen ins Schloss und drehte ihn zweimal um.

Dann sah Rita sich um.

15 Militärschnitt

Am nächsten Tag trampelt ein Uniformierter in den Salon, die Haarspitzen stehen von seinem Kopf ab. Das war mal ein korrekter Militärschnitt gewesen, erkennt der Frisör; die Seiten- und Hinterkopfpartien rasiert, die kurzen Deckhaare stramm zurückkämmt. Jetzt berühren seine Nackenhaare den Hemdkragen.

»Bitte, Herr Oberfeldwebelgeneral. Sie wünschen?«

Der Soldat befiehlt: »Nacken und Ohren ausrasieren. Seiten auch. Oben stramm kürzen.« Plumpst mit seiner speckigen Uniform so heftig in den Bedienstuhl Marianne hinein, dass Luft aus ihrem Sitzpolster zischt.

Der Frisör betastet den Schopf: Drahthaare, borstig und spröde, 8/100 Millimeter dick, sandmittelbraun. Keine Spur von Glanz. Befühlt ein Einzelhaar: raue Oberfläche und völlig stumpf.

Dieses Haar leidet.

Niemals sind dem Frisör derart stumpfe Haare zwischen die Finger geraten.

Dieses Haar tut ihm leid.

Der Frisör Amadé dringt mit seinen Fingerspitzen bis zur Kopfhaut vor und spürt mittels der Haarwurzelnerven, die den Schädel überziehen, in den Kundenkopf hinein.

Wiese diese Seelenschau funktioniert?

Anders als bei normalen Menschen – eine seltene, aber nützliche und mit einem langen Leben vereinbare Begabung – ist sein Tastsinn mit mehreren Hirnregionen verschaltet und aktiviert eine visionäre Schau, die an der Wirklichkeit entlang gleitet. Es ist keine Phantasterei, sondern der Frisör spürt in den Kundenkopf hinein.

Die Soldatenseele steht wie eine Eins in der Ersten Gehirnkammer und befiehlt. Die ist zackzack, die liebt das Dressieren. Links um. Kehrt marsch. Kommandiert die Rekruten. Mit Kameraden im Schlamm wühlen. Herbstmanöver im Regen lassen die Soldatenseele jubilieren. Macht herrscht und gewinnt. Kein Befehlsempfänger. Einer, der gerne befiehlt. Keine differenzierte Offiziersseele, sondern ein Mit-Marschierer.

Diese Hab-Acht-Haltung kommt dem Frisör anstrengend und schmerzhaft vor. Wie ein inneres Stahlgerüst, das ständig drückt.

Welche Frisur diesen Machtcharakter am besten präsentiert?

Der Frisör imaginiert eine Serie von Militärfrisuren und bleibt bei einem Kurzhaarschnitt mit kurzem Pony hängen. Keine Koteletten. Das Deckhaar wird hart graduiert, die Seiten- und Hinterkopfhaare fein gestuft.

»Bitte, ich möchte Ihnen einen anderen Kurzhaarschnitt vorschlagen; ein wenig differenzierter, ein wenig …«

»Abrasieren«, befiehlt der Soldat.

»Das passt doch nicht, bitte schön. Ich empfehle …«

»Nichts da!« Dicke schwarze Haare stoßen aus der Soldatennase hervor.

Im Frisör läuten die Alarmglocken, er zwingt sich zu versöhnlichen Tönen: »Ist gut, Herr General, bitte schön, wie sie wünschen.«

»Bin kein General.«

»Ist recht. Ich frisiere Ihnen, was Sie wünschen.«

Trotzdem muss der Frisör genauer erfahren, wie sehr die Soldatenhaare leiden. Er beugt sich vor: »Es zippt einen kurzen Moment, Herr Oberfeldwebel. Nichts für ungut, bitte sehr.«

Der Frisör fasst ein Einzelhaar und zupft es aus.

»Auaa.« Der Soldatenkopf zuckt zurück.

Der Frisör biegt das spröde Haar, bis es bricht. Das hat er noch nie erlebt: Haare brechen nicht beim Biegen. Sie brechen, wenn man eine Haarschleife auf einen Punkt zusammenzieht, aber nicht beim bloßen Biegen.

Den Frisör befällt ein ungeheuerlicher Verdacht: »Bitte schön, welches Shampoo verwenden Sie?«

Der Angesprochene antwortet nicht.

»Verwenden Sie Kernseife? Nein, Kernseife ist es nicht … Verwenden Sie … etwa«, die Haarmuskeln des Frisörs kontrahieren eine ausgeprägte Gänsehaut, »Wasch-pulver?«

Der Soldat antwortet nicht.

»Einfaches Wäsche-Wasch-pulver? Das ist scharf. Das wird für verschmutzte Kleidung hergestellt. Für Socken und Unterwäsche. Für Kochwäsche.« Der Frisör rollt die Haarbruchstücke zwischen den Fingerspitzen: »Leugnen ist zwecklos: Sie verwenden Waschpulver, aber Waschpulver ist viel zu scharf, Herr General.«

»Das geht Sie nichts an.«

»Spülen Sie nach? Bis ihre Haare quietschen. Tun Sie das, Herr General?«

»Schluss mit dem Gesülze!« Der Soldat ballt seine Hände unter dem Umhang: »Ich bin kein General. Lassen Sie das Rumgequatsche und schneiden Sie endlich los, sonst …«

Der Frisör greift nach der Linkshänder-Schneideschere: »Ist gut, der Herr, sofort, bitte schön; der General kriegt seinen Haarschnitt. Jawohl, sofort, bitte sehr.«

Er kämmt das Haar zur Seite. Drauflos schneiden. Nicht daran denken, dass dieses Haar leidet. Den Gedanken wegdrücken. Nicht den Haaren helfen, sondern drauflos schneiden.

Schnipp.

Die Schneide zertrennt die erste Strähne, Haarstücke rieseln herab. Der Frisör spürt an der Weise, in der die Schere die Keratinfasern durchtrennt: Diese Haare sterben.

16 Die Kellerfriseurin

Rita lehnte mit dem Rücken gegen die Tür, spürte die vertraute Wärme des Holzes und Freude gluckste in ihr hoch. Sie lauschte. Vom Treppenhaus drang kein Geräusch an ihr Ohr, sondern durch das Mansardenfenster: das Knattern eines Motorrads.

Sie sah sich um, davon hatte sie jede Nacht geträumt: ihr eigenes Zimmer in Köln. Endlich stand sie mittendrin: schmales Bett, hoher Schrank, grüne Ausziehcouch, ein Tisch, zwei Stühle, auf dem Kühlschrank eine elektrische Kochplatte, daneben ein Regal mit Küchenutensilien. Sie zog einen grauen Vorhang beiseite und enthüllte ein Waschbecken, einen Spiegel und einen Unterschrank.

Ach ja, die Toilette war auf dem Flur.

Rita flanierte durch ihr Dachzimmer. Nach vier Schritten stieß sie an die Schräge, flanierte zurück zur Tür, drehte sich um und sog Luft durch ihren wunden Kehlkopf in ihren Brustkorb hinein, bis ihre Lungen zu platzen drohten. Dann schob sie den Stuhl ans Dachfenster, stieg darauf und sah hinaus.

Ihr großer Bruder überragte alle Dächer. Er war weit entfernt und gleichzeitig nah. Aber er sah sie nicht an. Er grüßte sie nicht. Dabei war Rita ihrem großen Bruder dankbar: Er hatte sie vor dem Dieb und vor dem Hausmeister beschützt; unter seiner Schirmherrschaft war ihr nichts geschehen.

Die Erinnerung an den Hausmeister besorgte Rita: Ohne die Einmischung der Mieter hätte dieser Kerl zugeschlagen. Was wäre mit ihr geschehen? Ein Ring legte sich um ihren Brustkorb, aber Rita wollte sich nicht mehr wegducken; sie wollte sich nicht ergeben; sie lebte doch in Köln. Auf keinen Fall war sie der Eifel-Hölle entflohen, um von einem Hausmeister drangsaliert zu werden.

Rita schrie mit voller Kraft los. Ihr Brustkorb zersprengte den Ring, ihr Sopran flog über die Innenstadt, am Kölner Dom vorbei, über den Hauptbahnhof und über den Rhein. Auf der gegenüberliegenden Uferpromenade blieben Menschen stehen, sahen sich um und wunderten sich.

Der Kölner Dom reagierte nicht.

Am nächsten Morgen erwachte Rita um Fünf, sprang aus dem Bett, kletterte auf den Stuhl und sah durch das schmale Fenster hinaus: In der Innenstadt brannten Lichter. Der Rhein war nicht zu sehen, seine Ufer durch helle Punkte markiert. Der Kölner Dom war gut zu erkennen.

Sie verspürte großen Hunger. Gestern hatte sie die Mansarde geputzt, ausgepackt und sich eingerichtet; zum Einkaufen war es zu spät gewesen, sie hatte den restlichen Reiseproviant aufgegessen und mit dem Gedanken gespielt, in der Dunkelheit das Haus zu verlassen, aber keine Kraft verspürt, dem Hausmeister zu begegnen. Geld für einen Imbiß hatte sie auch nicht ausgeben wollen.

Oh Schreck, der Hausmeister.

Rita fürchtete sich vor seinem vorspringende Bauch und seiner Halbglatze. Wie die nächste Begegnung ausfallen würde? Ihr graute davor, an seiner Wohnungstür vorüberzugehen, aber es gab keinen anderen Weg, das Haus zu verlassen.

Zu dieser frühen Stunde kam sie hoffentlich ungesehen vorbei.

Innerhalb von fünfzehn Minuten war sie gewaschen und angezogen. Leise schloss sie die Mansardentür hinter sich ab, schlich ohne Treppenhauslicht die fünf Etagen hinab und an seiner Tür im Erdgeschoss vorbei. Sie sprang durch die Haustür ins Freie und hüpfte die Straße entlang. Ohne Gepäck fühlte sie sich so leicht; Rita rannte durch mehrere Straßen, verlangsamte vor einem Schmuck- und Uhrengeschäft und bummelte ohne Ziel durch die Innenstadt. Sie bog ab, bog wieder ab und freute sich an den Häuserschluchten mit den hohen Fassaden und den gefüllten Schaufenstern: Damenoberbekleidungsgeschäfte, Friseursalons und Lebensmittelgeschäfte hatte es ihr angetan. Es gab sogar reine Feinkostläden.

Sie kaufte zwei Brötchen und aß beim Gehen. Vier Stunden lief sie kreuz und quer durch Köln; sogar die Baugerüste, Schutthaufen und abgestützten Häuserwände gefielen ihr. Es war keine perfekte Stadt, aber die Menschen hatten ein gemeinsames Ziel: einen lebenswerten Ort.

Als es zu regnen begann, steuerte sie ihre Mansarde an; sogar im städtischen Straßengewirr war dies kein Problem, Rita besaß einen ausgeprägten Orientierungssinn. Als sie in ihre Straße einbog und das fünfstöckige Mietshaus in der Ferne sah, beschlich Rita ein mulmiges Gefühl. Ob sie dem Hausmeister begegnete? Wie er reagierte, wenn er sie sah?

Sie würde wieder schreien, um die Mieter zu alarmieren. Alle Klingelknöpfe drücken. Gegen die Türen und Wände hämmern. Dieser Widerling kriegte sie nicht klein.

Als Rita sich im strömenden Regen dem Mietshaus näherte, sah sie im Eingangsbereich den Hausmeister auf einer Leiter stehen; er schraubte an einer Lampe. Auf dem Boden stand ein Werkzeugkasten und die Haustür war aufgesperrt.

Rita drückte sich in den nächsten Hauseingang; ihr Herz schlug im Hals und ihre Haare tropften. Neben ihr führten Stufen hinunter; ein Kreuz aus Schere und Kamm war auf eine Kellertür gemalt. Ein Licht brannte.

Sie zögerte keinen Moment, stieg in einem Schwung die Treppe hinab und fühlte sich sofort geborgen: Eine Glühbirne schimmerte von der niedrigen Decke, die Wände changierten zwischen dunkelgrau und schwarz, aus Modejournalen gerissene Fotografien hingen an den Wänden, zwei Holzstühle standen vor einem gesprungenen Spiegel.

»Was kann ich für Sie tun?«

Eine schmale Frau, beide Hände im Schürzenkittel vergraben, trat aus der rechten Ecke. Ihre Lippen waren ein Strich, die Schultern gebeugt, aber ihre halblange Außenwelle wogte breit. Was für ein Kontrast zu dem Kellerloch war diese Glamourfrisur auf dem Kopf der verhärmten Frau.

War sie toupiert? Schimmerte ihr brünettes Haar golden oder war das Ritas Phantasie? Erzeugte der Lichtwechsel, von draußen nach drinnen, diesen Effekt?

Plötzlich war Rita sicher: Die bauschigen brünetten Haare der Kellerfriseurin schimmerten golden. Eine Haarpracht mit solch einem extravaganten Schwung kannte Rita nur aus Zeitschriften. Die hatte sie bei keiner Eifel-Durchreisenden gesehen, aber eine solche Haarfülle hatte Rita sich immer gewünscht.

Schwebte man mit toupierten Haaren über den Sorgen?

17 Nasenhaare

Der Frisör lässt seine Hände sinken.

»Was ist?«, der Soldat richtet sich in Marianne auf.

»Ihr Haar ist todkrank!« Mit der Scherenspitze piekt der Frisör die Luft, fünf-, sechsmal, es befällt ihn eine Hektik: »Das Haarmark ist ausgetrocknet. Als nächstes sterben ihre Haarwurzeln: Glatze, kompletter Haarausfall.«

Haare lügen nicht, will der Frisör das Zweite Friseurgebot zitieren, aber er presst seine Lippen aufeinander, denn die soldatischen Nasenhaare stülpen sich wie Regenwürmer hervor, die in einer überfluteten Wiese aus ihren Löchern hervorstoßen.

»Weiterschneiden!« Der Soldat verschränkt seine Arme über dem Umhang.

Der Frisör wieselt zur Vitrine, holt eine Flasche heraus: »Dieses Shampoo wird ihre Haare retten. Bitte schön, Herr Oberfeldwebel, schauen Sie genau hin, das ist sehr wichtig: In jedem Einzelhaar schlingen sich Keratinketten umeinander.«

Der Frisör windet beide Arme ineinander, um die Keratinspiralen nachzustellen.

»Dafür braucht es Feuchtigkeit, aber Ihre Haarrinde weist Risse auf, deswegen trocknen Ihre Haare aus: Diese Spiralen zerfallen. Der Tod für ihre Haare. Keine Elastizität. Ausgetrocknete, leblose, völlig schlaffe Haare. Tote Haare. Dieses Shampoo«, der Frisör hält dem Soldaten die Flasche vors Gesicht, »dichtet die Haarrinde ab. Dann bleiben die Keratinketten feucht und die Spiralen intakt und ihr Haar wird elastisch, jawohl. Zweimal in der Woche benutzen und mit verdünnter Buttermilch nachspülen. Oder einfach reichlich Wasser benutzen, das geht auch.«

»Ich kaufe nichts.«

»Schenk ich Ihnen. Mit verehrter Hochachtung, Herr General.«

»Schluss mit dem Gefasel«, der Soldat verschränkt seine Arme enger über dem Umhang: »Entweder Sie schneiden oder …«

Der Abgrund ist erreicht. Einen Schritt weiter und der Soldat wird seinen Salon verlassen.

Aber der Frisör muss diese Haare retten. Es kann gelingen, davon ist er überzeugt. Die richtigen Worte finden; den passenden Ton; das treffende Argument, das diesen Machtcharakter überzeugt.

Oder soll er kommandieren? Soldaten gehorchen Befehlen. Das saugen sie in der Kaserne ein, das führt sie zum Militär und hält sie dort fest: Kommandogewalt.

Der Frisör öffnet seinen Mund, aber spürt in diesem Moment, wie der Soldat die Rücken- und Beinmuskeln anspannt. Der ist auf dem Sprung.

»Also gut, also gut«, der Frisör ergreift Kamm und Schere und führt sie an den Soldatenkopf heran: »Es geht los, Herr General. Bitte schön. Wie Sie wünschen.«

»Hmm.« Der Soldat schnauft nur.

»Die Seiten und den Nacken ausrasieren. Bitte schön, der Umhang muss ihre Arme bedecken.«

»Was gehen Sie meine Arme an?«

Seine Nasenhaare stülpen sich aus dem Nasendunkel hervor, weiter als vorher.

»Haarschnitt darf nicht auf Kleidung fallen«, zitiert der Frisör das Siebte Friseurgebot und einen Moment sieht es so aus, als gehorche der Soldat, denn seine Finger nesteln am Frisierumhang.

Gehorcht dieses Panzerschwein?

Normalerweise gehorchen Soldaten Befehlen, und zwar blind.

Der Frisör hat Mutter immer gehorcht, aber nie beim Militär gedient, er wurde ausgemustert. Er kann sich an den langen Flur mit den identischen Zimmertüren erinnern: Befragung und Untersuchung, Befragung und Untersuchung, dann das Abschlussgespräch: »Eine Mikrotie in Reinform, wie entzückend«, hatte der

Musterungsarzt diagnostiziert und die Missbildung des Frisörs ausführlich betastet. Das war Amadé höchst peinlich, denn er hielt seine Stummelohren – rotgeäderte Warzen, unförmige Gebilde, die statt normaler Ohrmuscheln den Gehörgang umstanden – immer versteckt. Mit allen Tricks, die er von Mutter gelernt hatte: Mütze, Kappe, Perücke, Schal. Sogar Kopftücher hatte Amadé mehrmals getragen.

Mutter hatte ihm diese Missbildung vorgeworfen: »Böser Junge, du wurdest zu Recht bestraft. Ein Bastard. Dein wildes Fleisch gehört sich nicht. Das hast du von deinem Vater geerbt.«

Seinen Vater hatte Amadé nie kennengelernt, aber oft von ihm geträumt: kräftige Hände, breites Lachen. Vater lachte immer, wenn Amadé ihn herbei träumte. Er trug einen Schnurrbart mit spitzen Enden, die man herrlich zwirbeln konnte.

Der Frisör wiederholt sein stärkstes Argument: »Bitte, Herr Feldwebelgeneral, Haarschnitt darf nicht auf Kleidung fallen.«

»Blödsinn«, schreit der Soldat, seine Nasenhaare stoßen wie Speere hervor.

Da sprudelt es aus dem Frisör heraus: »Nicht nur beim Militär, auch wir Friseure gehorchen Regeln: Frisiere achtsam; Haare lügen nicht; vermische Haare nicht mit Körperflüssigkeiten.« Bei jedem Gebot sticht der Frisör die Schere in die Luft. »Ich will nicht alle aufzählen, das würde Sie langweilen. Sieben Gebote sind es. Eines lautet: Haarschnitt darf nicht auf Kleidung fallen.«

»Ich scheiß auf Ihre Sieben Gebote.«

»Bitte nicht. Diese Gebote wurden nicht gemacht, um Kunden zu quälen. Nein. Es sind vernünftige Regeln, zum Schutz der Haare und zum Schutz der Kunden. Verstehen Sie mich, Herr Oberstgeneral.«

Hört dieses Panzerschwein überhaupt zu?

»Verstehen Sie mich?«

»Sie sind bescheuert!«

Der Soldat springt von Marianne herunter, reißt den Umhang mitten durch, stößt dem Frisör die Fetzen gegen die Brust.

Der Angegriffene taumelt zurück, stolpert, knallt mit dem Hintern auf den Boden.

Fort ist das Panzerschwein.

Der Frisör liegt verwundet da. Nicht am Körper, sondern an der Seele. Hätte er anders handeln sollen? Diplomatischer auftreten? Sich unterwerfen?

Ach was, das Panzerschwein ist schuld; der klebt auf der untersten Stufe und kennt nur das Recht des Stärkeren. Gewalt regiert, Macht gewinnt.

Der kommt wieder.

Wer hat da gesprochen? Der Frisör sieht sich um: Außer ihm ist niemand im Salon.

Panik ergreift ihn: Ob dieses Panzerschwein vor seiner Eingangstür wartet? Im nächsten Moment hineinstürzt?

Vor seinem Schaufenster gehen Menschen vorüber; niemand bleibt stehen, niemand tritt ein. Dabei will der Frisör das Beste für seine Kunden: Nicht nur einen ordentlichen, schicken oder originellen Haarschnitt, nein, der Frisör will die »wahre« Frisur auf den Kundenkopf modellieren. Den Charakter weit sichtbar auf dem Kopf präsentieren – auf diese Weise will der Frisör die Welt verbessern.

Die allermeisten Menschen lehnen dies ab. Sie wollen ihren Charakter und ihre Absichten verbergen. Diese verbreitete Einstellung führt die Welt an den Abgrund; tötet das glückliche Miteinander; befeuert Krisen und Kriege und vieles Böse mehr.

Den Frisör befällt eine bleierne Schwere: Der Streit mit dem Soldaten hat ihn erschöpft. Er stopft den zerfetzten Umhang in den Mülleimer – diesen Schaden ersetzt ihm keiner – und legt sich auf Marianne. Sie ist sein Lieblingsstuhl. Sein weicher Trost in dieser harten Welt.

»Ich möchte … Ich weiß nicht … Sind Ihre Haare toupiert?«

Die Kellerfriseurin nickte.

»Ja, bitte, ich auch. Möglichst hoch, möglichst breit.«

»Nur toupieren?«

»Ja.«

Rita Rae zog ihren regennassen Mantel aus und setzte sich auf einen Holzstuhl. Die Kellerfriseurin warf ihr einen Frisierumhang über und fuhr mit den Fingern durch Ritas Haare.

»Ihre Haare sind jetzt zu empfindlich.«

»Wieso? Ich dachte, Feuchtigkeit schützt.«

»Nein. Jedes Haar hat feine Schuppen auf der Oberfläche, genau wie ein Tannenzapfen. Die öffnen sich bei Nässe, darum ist nasses Haar empfindlich. Ihr Haar ist zu nass.«

»Geht toupieren dann nicht?« Ritas Erschrecken zeigte sich in ihren Augen und in ihrer Stimme.

Statt zu antworten, legte die Kellerfriseurin eine Mappe auf Ritas Schoß und blätterte darin: Lauter Frisieranleitungen. Die Kellerfriseurin tippte auf eine Seite.

TOUPIEREN: Der Frisur zum Abschluss Volumen verleihen.

TECHNIK: Gründlich durchbürsten, störende Haarpartien abteilen, mit dem langen Stielende des Toupierkammes (oder –bürste) eine Strähne abtrennen und, an der Basis beginnend, in Richtung Haarwurzel aufrauen. Dabei werden die kürzeren Haare zur Kopfhaut geschoben. Die Haarsträhne einsprayen und weglegen; die nächste Strähne bearbeiten.

TIPPS:

- Die Toupierbürste ist schonender als der Toupierkamm.

- Ein Toupierkamm mit abgerundeten Spitzen erzeugt weniger Spliss.
- Nicht zu viele Haare zur Kopfhaut schieben.
- Toupierte Bereiche mit einem Grobzinkenkamm auflockern.
- Beanspruchtes und nasses Haar nicht toupieren.

»Geht nicht mit feuchten Haaren?«, fragte Rita, obwohl sie den Text vollständig gelesen hatte.

»Richtig.«

Die Kellerfriseurin fuhr eine Trockenhaube über Ritas Kopf und schaltete ein. Unter dem Dröhnen verfiel Rita ihren Karriereträumen: Nach dem Kameratermin würde sie in einem Pariser Hotel residieren und Muscheln essen, die französischen, und unverschämt lange schlafen. Bis um Neun. Sie würde sich im Bett wälzen, Radio hören, bis die Sonne zwischen den dicken Samtvorhängen hindurchtrat und sie herauskitzelte. Das Bett würde ein Himmelbett sein, mit Seidenvorhängen …

In diesem Moment rollte die Kellerfriseurin die Trockenhaube beiseite. Rita erwachte zwischen grauen Kellerwänden, das Licht der Glühbirnen reichte nicht in die Ecken.

Die Kellerfriseurin kippte den Frisierstuhl hoch, bürstete Ritas Haar, teilte die Oberkopfhaare zur Stirn hin ab, isolierte mit dem Toupierkamm eine Haarsträhne am Hinterkopf und toupierte los, Strähne um Strähne. Ein herrliches Gefühl, weil die Kellerfriseurin derbe an der Kopfhaut zog. Jeder Ruck versprach Rita: Du wirst hübscher.

Als die Kellerfriseurin von ihr abließ, sah Rita in den Spiegel, neigte den Kopf nach links, nach rechts: Ihr mittelbraunes Haar tanzte auf dem Kopf, ein leichtes Gefühl war das, wie im Himmel, oder knapp darunter. Wie auf einem hohen Berg.

»Nie heiß waschen, höchstens lauwarm«, riet die Kellerfriseurin. »Heißes Wasser ist Stress für die Haare.

Auch nicht heiß föhnen. Nach der Haarwäsche ein Spritzer Essig zum Nachspülen ins Wasser, das bringt seidigen Glanz. Ein kleiner Spritzer einfachen Apfelessig, auf keinen Fall Essigessenz.«

Die Kellerfriseurin hob zu diesen Anweisungen den Zeigefinger. Das erinnerte Rita an ihre Lehrerin, aber hier war es wohlwollend gemeint.

»Danke schön, das merk ich mir.«

Sie zählte der Kellerfriseurin zwei Mark in die kleine Hand und stolzierte die Treppe hinauf, schritt die Straße entlang, die Wirbelsäule durchgedrückt, den Kopf himmelwärts gereckt, denn ihre Haare wogen weniger als nichts; ihre Haare zogen sie wie Marionettenfäden in die Höhe. In Rita tobte das Glück: Sie hatte es geschafft, gleich am zweiten Tag spazierte sie mit toupierten Haaren durch Köln.

Sie hatte es geschafft!

Der Hausmeister war mitsamt Leiter und Werkzeugkasten verschwunden; der ängstigte Rita nicht mehr. Diese Frisur würde ihn beeindrucken. Niemand widerstand ihren Haaren. Der würde kuschen.

Rita hatte vorgehabt, gleich am ersten Tag die Stellensuche zu beginnen, aber das Glück tobte so sehr in ihr, dass sie beschloss: Heute ist ihr freier Tag. Morgen in aller Frühe wird sie starten. Eine Anstellung zu finden war mit dieser Frisur eine Kleinigkeit.

Morgen wird sie …

Ihre Vision blieb unbestimmt. Auf alle Fälle stand ihr Hervorragendes bevor.

19 Schabrackenfrisur

Am frühen Morgen zieht der Frisör die Vorhänge zur Seite und öffnet das Wohnzimmerfenster – die Morgenluft erfrischt seine Perücken. Er atmet tief ein und genießt die Stille; zwei Fußgänger huschen über den Kirchplatz mit den Lindenbäumen, die Straße ist leer.

Ein Vogel trillert.

Der Frisör schaltet in der Küche das Radio an, legt den Kopf auf den Küchentisch, schließt die Augen, lauscht den Klavierkaskaden und träumt von seiner Kinderzeit.

Als Achtjähriger hatte er Mutter zum besten Kölner Damensalon begleitet und dort zwischen den hingestreckten Frauenleibern gespielt, während Mutter den Boden fegte, die Spiegel putzte, den Ausguss reinigte, die Handtücher wechselte und Papierrollen nachlegte: Mutter war die Reinemachefrau fürs Grobe. Er spielte zwischen den Frauen, die in einen Schönheitsrausch hineinonduliert wurden. Viele der Kundinnen griffen nach ihm, um seinen Kopf an ihren Leib zu drücken. »Was bist du gewachsen … Du bist ja ein ganz Lieber … Dieser Matrosenanzug steht dir vorzüglich … Lass mich mal fühlen.« Die Frauen reckten sich nach seinem Körper, strichen über seine Haare, ergriffen seine Schultern, Arme und Hände. Er taumelte von Kundin zu Kundin; viele steckten ihm Süßigkeiten zu; eine Mollige schenkte ihm große Tüten mit Mäusespeck. »Aus Holland.« Sie betonte das »Doppel-L«, wuschelte ihm durchs Haar, streichelte seine missgebildeten Ohrknorpel, murmelte »Armer Junge« und drückte ihn an sich, bis er keine Luft mehr bekam. Komisch. Erst jetzt fällt es ihm auf: Bei der Molligen waren ihm seine Ohrstummel nie peinlich vorgekommen.

Eine Frau schleicht in den Salon, der Frisör erkennt die Zeitungsbotin beim dritten Blick: Ihr Fransenpullover reicht bis zu den Knien, im rechten Strumpf klafft ein Loch, ihr langes Haar fällt glanzlos herab.

Müde legt sie die Zeitung halb auf den Tresen, halb auf die Registrierkasse.

»Guten Tag, die Dame«, der Frisör wieselt auf sie zu. Sein Herz bubbert. Was ist ihr zugestoßen?

Sie sieht ihn mit dunkel umrandeten Augen an.

»Ich möchte Ihnen …«

Er sucht nach dem unwiderstehlichen Wort, das diese junge Frau an den Salon bindet. Seine Hände zucken vor, um ihre mongolendicken Haare zu betasten. »Ganz exklusiv … nur für Sie: Eine Schnupperfrisur. Hab ich für Sie vorbereitet. Bitte sehr.«

»Für mich?«

Mit der rechten Hand fährt sie durch ihre schweren Haare, mit der linken klammert sie das Zeitungsbündel.

Sein Herz öffnet sich.

»Bitte schön, die Dame, hier, schauen Sie.« Er zeigt auf die Bienenstockperücke.

»Was soll ich damit?«

»Diese Frisur wird Ihnen wunderbar …«

Er bricht ab, sucht in ihrem Gesicht nach einem Zucken, Lächeln, irgendeiner Reaktion; ein minimales Nicken, ein Verziehen der Mundwinkel nach oben.

»Diese Frisur wird …«.

»Das da?« Sie zeigt mit einem Finger auf die Perücke. »Dieses Ding?«

Sein Herz setzt einen Schlag aus: Das ist kein Ding! Seine Perücken sind Persönlichkeiten, eine jede trägt ihre eigene Welt in sich. Wehrlos sind sie auch.

»Bitte sehr, meine Dame, das ist eine klassische Frisur, zeitlos und elegant. Für den Alltag, auch für das …« Er schluckt das Wort »Zeitungaustragen« herunter. »Bitte, meine Dame, schauen Sie aus der Nähe. Lassen sich Zeit. Bitte!«

Die Zeitungsbotin tritt an den Kassentresen heran. Sie betrachtet die Bienenstockperücke kurz, dann schiebt sie –

langsam und mit Bedacht – den Styroporkopf zum Tresenrand.

»Was soll das?«

Der Frisör springt vor, er kommt zu spät: Der Styroporkopf kippt über die Kante und stürzt in die Tiefe. Im Fallen löst sich die Perücke vom Kopf und bleibt wie ein Käfer, der auf dem Rücken strampelt, auf dem Deckhaar liegen. Der Kopf kullert zur Wand.

»Fick dich. Fick dich ins Knie! Du verstehst nichts. Fick dich mit deiner Schabrackenfrisur.«

Sein Herz schlägt, weil es schlagen muss.

Zuerst versteht er nicht, was ihre Worte bedeuten, denn sein Denkvermögen setzt aus. Er hört die Sätze, merkt sich die Worte, kann sie wiedergeben, aber versteht sie nicht.

Dann tickert sein Verstand: Kann es sein, dass diese junge Frau – mit kräftigem nordischblondem Prachthaar, heute ungepflegt – solche Worte ausspricht?

Das kann nicht sein.

Hat sie es so gemeint? Sie hat sich versprochen, weil ihre Gedanken woanders weilten; hat beim Artikulieren die falschen Schlundmuskeln bewegt oder die Stimmbänder falsch angesteuert. So etwas passiert.Sie hat es nicht so gemeint.

Ihre Haare schwingen kaum, als die Zeitungsbotin sich umdreht.

Hat er sich so vertan? Wohnt unter ihren Haaren eine gemeine Seele? Eine brutale, eine egoistische, eine gierige Seele; eine andere Spielart des Bösen?

Er muss Gewissheit haben. Jetzt und sofort. Er muss ihre Seele spüren. Sie kann nicht gemein sein. Nicht mit diesen Prachthaaren, das ist unmöglich. »Schöne Haare gedeihen nur auf einem guten Charakter«, hat Mutter gesagt.

Eine alte Schuld, eine tiefe Verletzung, ein verdrängter Komplex lastet auf ihr. Das bedrückt die Seele auf eine Weise, dass sie böse reagiert – aber nicht böse ist.

Das hat der Frisör mehrmals erlebt: Eine gequälte Seele handelt böse, obwohl sie es nicht ist.

Die Zeitungsbotin dreht sich zur Tür.

»So warten Sie doch. Bitte«, fleht der Frisör und will ihr folgen, doch seine Beine bewegen sich nicht und seine Arme fallen kraftlos herab.

Sie hält den Türgriff fest und sieht ihn an. Ihre Lippen öffnen sich, aber kein Ton verlässt ihren Mund. Lächelt sie? Ist das ein Einverständnis? Hat sie es sich anders überlegt? Ist sie eine einsame Seele, wie der Frisör, und kriecht nun aus ihrem Versteck hervor? Zeigt sie jetzt ihr wahres Gesicht?

»Fick dich!«

Die Zeitungsbotin öffnet die Tür und rempelt gegen einen Mann; sie drückt den größeren Körper zur Seite und stürmt fort.

ZWEITES KAPITEL

DER SCHERENSTICH

1 Der Gala-Salon

Zwei Monate lang stöckelte Rita Rae mit toupierten Haaren durch Köln; der Hausmeister war kein Problem, der schaute weg und grüßte nicht, wenn sie sich im Treppenhaus begegneten. Das war ihr recht.

Rita sparte das Geld für die Straßenbahn, und klapperte, mit einer Einkaufstasche bewaffnet, all die freien Stellen ab, die sie am Vorabend im Zeitungsschaukasten abgeschrieben hatte: Agenturen, Verwaltungen, Versicherungen. Weil sich im ersten Monat aus dieser Auswahl nichts ergeben hatte, besuchte sie im zweiten Monat Banken, Verlage und Anwaltskanzleien. Keine Restaurants oder Kneipen, da vegetierten nach Alkohol stinkende Männer. Dort würde sie niemals arbeiten. Sie hatte Schlimmes gehört, von anzüglichen Witzen, Klapsen aufs Gesäß und verschmutzten Toiletten. Auf keinen Fall!

Rita wurde merkwürdig angeschaut, wenn sie ihre Unterlagen – Geburtsurkunde, handgeschriebener

Lebenslauf und Volksschulzeugnis – aus der Einkaufstasche kramte; dabei trug sie ein gepflegtes Kostüm und sprach Hochdeutsch. Die potentiellen Chefs vertrösteten sie: »Wir melden uns.« Rita nahm die Unterlagen wieder mit, denn die meldeten sich nie. In seltenen Fällen studierten Frauen ihre Papiere, doch die schickten Rita gleich fort; wegen ihrer Fotomodellqualitäten.

Der 30. Juni 1955 war ein kühler Sommertag, nasse Bindfäden fielen und ein kalter Wind blies, wie im Herbst; es fehlten bloß die fallenden Blätter. Rita sah zum Kölner Dom hoch. Ihr großer Bruder berührte den Himmel, die Domfiguren riefen durcheinander. Sie verstand kein Wort, der Kölner Dom wirkte bedrohlich, die vielen Stimmen der Domfiguren erinnerten sie an Babel. Der Hochmut. Die Sünde. Der Fall einer Weltstadt ins Bodenlose.

War dies eine Verkündigung? Ein Omen? Eine Botschaft?

War sie gemeint? War ihre Zeit in Köln beendet?

Sprach ihr großer Bruder zu ihr?

Rita betrat die Domplatte und steuerte auf den Kölner Dom zu, aber der Wind blies ihr heftig ins Gesicht und die ersten Regentropfen fielen. Sie floh in eine windgeschützte Ecke an seiner Flanke und betrachtete die Domfiguren von unten, das schwebende Gerüst und mehrere Mauervorsprüngen. Taubendreck lag auf dem Boden und klebte an den Vorsprüngen. Taubendreck am schönsten Platz von Köln. Keine biblische, sondern eine echte Plage.

In der Eifel hatte es keinen Taubendreck gegeben.

Rita sah hoch und lauschte; sie verstand, vom Windjaulen verzerrt, einzelne Worte: »Eine Begegnung … Lebensweg … verändern.«

War sie gemeint?

Was wird wie wann wo wahr?

Wem wird sie begegnen?

Sie lauschte weiter, aber die Windgeräusche nahmen zu. Plötzlich nickten die Domfiguren ihr zu: Ja, sie war gemeint. Eine Begegnung wird dein Leben verändern.

Zum Guten oder zum Schlechten?

Sie spürte: Die Domfiguren schauten böswillig auf sie herab. Rita löste sich von der Domflanke und rannte über den windigen Platz in die Hohe Straße hinein. In der Einkaufsstraße verlangsamte sie ihre Schritte, die Gebäude zu beiden Seiten beschützten sie. Sie wusste: Dem Schicksal entfliehst du nicht. Weglaufen hatte keinen Sinn, wenn Gottgewolltes dich erwartete.

Rita ließ sich im Menschenstrom treiben, bummelte trotz des Regens durch die Innenstadt und blieb vor Boutiquen, Damenoberbekleidungsgeschäften und einem Juwelier stehen. Sie überquerte den Heumarkt, betrat eine Seitenstraße und verharrte vor einem Damensalon: Glamourfrisuren waren im Schaufenster ausgestellt. Prächtige Locken, breite Wellen, weich fallenden Strähnen und hochragende Chignons, mit Perlen besetzt. Perücken mit schwingenden Haaren. Die Schaufensterfront war reich bestückt, die ausladenden Frisuren berührten sich. Ein Perückenduo nahm sie gefangen: schwarze glatte Strähnen neben einem platinblonden Lockenkopf. Dieser kräftige Farb- und Formkontrast zog sie an und stieß sie gleichzeitig ab.

Rita wusste genau, vor welchem Salon sie stand. Vor diesem Schaufenster hatte sie mehrmals gestanden und hineingeschaut: Der Gala-Salon. Der beste Kölner Damen-Salon. Ihr Sehnsuchtsort.

Ihre Schicksalsstunde begann.

Rita verehrte die ausgestellten Perücken: Das waren Hollywoodfrisuren, mitten in Köln. Ihre Wunschfrisuren. Die Regentropfen fielen dichter, Rita fasste in ihre toupierten Haare. Die Aussicht, zwanzig Minuten durch den Regen nach Hause zu fliehen, um den Abend trocken, aber alleine, in ihrem Mansardenzimmer zu verbringen, reizte sie genauso wenig wie die Vorstellung, ihr

Wochengeld heute Abend auszugeben. Sie prüfte ihre Börse: Zwanzig Mark und dreiundfünfzig Pfennige.

Eine helle Glocke erklang.

Rita schaute hoch: Eine Grazie trat aus dem Gala-Salon. Ihr nussbraunes Haar war zu einem locker gesteckten, mittelgroßen Dutt gebunden, beiden Seiten zierten mit Goldfäden durchwebte Haarsträhnen und als exquisite Note, um die Symmetrie zu durchbrechen, schwebte über dem linken Ohr eine Spirallocke. Nein, es war eine Korkenzieherlocke.

Ähnliche Locken hatte Rita in der Eifel mit einer Freundin erprobt: Die Haare feucht kordeln, auf elektrische Heißwickler drehen und trocknen lassen. Sie hatte diese Spiralen geliebt, aber aus Furcht vor den Eltern unter ihren langen Haaren versteckt.

Die Grazie würdigte Rita keines Blickes.

»Störe ich?«, fragt der Gentleman.

»Nein, nein, der Herr. Bitte schön, der Herr.« Die Sprechwerkzeuge des Frisörs funktionieren, obwohl ein heftiger Schmerz in seinem Kopf tobt.

Der Gentleman hängt sein schwarzes Sakko in den Garderobenschrank.

Der Frisör bückt sich nach der Bienenstock-Perücke und hebt sie auf. Dann hebt er den Styroporkopf auf. Er fühlt sich benommen, als habe jemand seinen Kopf heftig geschüttelt.

Warum hat die Zeitungsbotin so reagiert? Er hat es gut gemeint.

Der Gentleman sieht durchs Schaufenster nach draußen. Er trägt eine gebügelte Hose, ein gesteiftes weißes Hemd und eine Nadelstreifenkrawatte – ganz feiner Zwirn.

»Nehmen Sie Platz, der Herr. Bitte schön.«

Seit vier Wochen kommt der Gentleman jeden Dienstag vor Salonschluss. Sein aschhellbraunes Haar, elastisch und kerngesund, schmiegt sich an seinen Kopf. Jedes einzelne Haar liegt am richtigen Fleck.

Der Frisör streicht seinen blauen Friseurkittel glatt, pickt eine Fluse vom Stoff und wirft ihn in den Papierkorb.

»Bitte, der Herr wünschen?«

»Bin ich schon dran?« Der Gentleman schaut weiter nach draußen.

»Ja, der Herr.«

»Wenn Sie noch etwas anderes zu tun haben, ich warte gerne.«

Das hat der Frisör bereits gemerkt.

»Bitte schön, Sie sind jetzt dran, der Herr.«

Der Gentleman fährt mit einer Hand durch sein Haar: »Nachschneiden.«

»Wie immer. Gerne. Bitte«, der Frisör weist auf Walter.

Der Gentleman lockert seine Krawatte, öffnet den oberen Hemdknopf, setzt sich auf Walter, streckt die Beine aus und schaut via Spiegel zum Schaufenster hinaus.

Der Frisör wirft einen Schneideumhang über, rollt das Krauspapier um den Hals, bindet das Halteband: gepflegtes Haar, gesundes Haar. Er kämmt es gegen den Strich: Keine Schuppen, jedes Haar springt durch die Kammlücken an seinen angestammten Platz.

Diese Haare strotzen vor Kraft.

Der Gentleman schaut unverwandt via Nachbarspiegel zum Schaufenster hinaus.

Energisch kämmt der Frisör die Haare mit und gegen die Wuchsrichtung, kreuz und quer; sie liegen perfekt. So eine gepflegte Frisur verirrt sich sonst nicht in seinen Salon: Den Nacken hat er erst letzte Woche ausrasiert, die Seitenhaare sind identisch lang, die Ohren frei, zur Hutlinie nimmt die Länge stufenlos zu.

Wo kann er, bitte schön, dieses Haar kürzen?

Er setzt den Kamm ab: »Mein Herr, Ihr Façonschnitt liegt perfekt.«

Der Gentleman schaut den Frisör nicht an, als er sagt: »Wenn Sie keine Haare schneiden können, holen Sie Ihren Chef.«

Was für ein arroganter Kerl! Der Frisör schluckt. Am liebsten würde er den Gentleman auffordern, seinen Salon zu verlassen, aber er darf aus finanziellen Gründen keinen Stammkunden verlieren.

Der Frisör betrachtet das Profil des Kunden: Wie ein Habicht sieht der aus; die Hakennase, die eingefallenen Wangen und das vorspringende Kinn passen nicht zu dem glatten Façon.

Warum schaut dieser Kerl ständig zum Schaufenster hinaus?

Wird er verfolgt?

Beobachtet er?

Wieso flackern seine Lider?

Bei dem ist nichts zu frisieren, sein Façon sitzt perfekt.

Der Frisör streift mit den Fingerspitzen durch die Haare, betastet die Kopfhaut und spürt in den Kundenkopf hinein.

Der Gentleman sieht bewegungslos zum Schaufenster hinaus, als der Frisör Kontakt aufnimmt: Seine Hirnrinde schimmert rosa, sein Sehzentrum im Hinterhirn flackert, aus der Tiefe springt den Frisör die geschwollene Hirnanhangdrüse an.

Dem schwemmen die Hormone den Verstand weg.

Der Gentleman wurde in Friesland geboren, das dritte Schweinebauernkind von Sechsen. Der lernte fleißig, um dem flachen Land zu entfliehen und es gelang ihm, auf die Universität zu kommen. Als Student trug er Anzug mit Krawatte und jobbte in einer Bank. Er fuhr selten nach Haus, das Gerede von der Schweinezucht und dem Schweinepreis nervte. Das erste Mal besuchte er wegen einer Wette ein Bordell; dort gefiel es ihm, die käuflichen Frauen zogen ihn an; nach dem Akt saß er an der Theke und alberte mit den Prostituierten herum. Bordelle wurden sein Hobby. Oft saß er stundenlang im Kontaktraum und beobachtete die Anbahnungen. Die Blicke. Wie die Frauen an die Freier heranrückten. Sie ansprachen. Jede mit einer anderen Masche.

Der Frisör spürt: Dieser Kunde gibt sich in vollen Zügen dem Vergnügen hin. Ein Triebmensch und eine Rechenmaschine; einer, der den Genuss minutiös plant und nichts dem Zufall überlässt. Der seinen Trieb eine Zeitlang beherrscht und dann zustößt.

Was hat dieser Triebtäter vor?

Der Gentleman schaut via Spiegel zum Schaufenster hinaus; zu der Häuserreihe, die den Kirchplatz links begrenzt.

Der will keinen Haarschnitt! Diese Erkenntnis überwältigt den Frisör. Das ist die Lösung. Der Gentleman kommt nicht wegen der Haare. Der beobachtet. Der Salon ist ein günstiger Standort. Deswegen sitzt er jede Woche hier.

Wen oder was beobachtet er?

Der Frisör betastet den Vorderkopf des Gentleman und stöbert in der frontalen Großhirnrinde: Der giert …

Das ist nicht erlaubt!

Der wartet im Frisiersalon, bis ein Mädchen den Vorhang zuzieht. Ein Banklehrling, siebzehn Jahre jung. Der Gentleman wartet auf das vereinbarte Zeichen: Ihre Eltern sind fort. Sie ist alleine. Sturmfreie Bude. Dann wird er sich beeilen. Keine Sekunde verlieren. Zu ihrer Wohnung eilen.

Eine Mischung aus Wut und Hass ergreift den Frisör. Dieser Kunde kommt nicht wegen der Frisur, die Lage des Salons zieht ihn an: Sein Aussichtspunkt. Nah dran und gleichzeitig versteckt.

Er muss den Gentleman loswerden. So einen Lüstling frisiert er nicht. Verliert er eben diesen Stammkunden. Zwar braucht er dringend Geld, aber nicht um jeden Preis. Ein Triebtäter ist nichts wert. Weniger als Null. Ein negativer Wert. Das Unterste von unten.

»Ich bin mein eigener Chef«, sagt der Frisör und vergräbt beide Hände in den Kitteltaschen.

»Ach so ist das. Jetzt verstehe ich, warum es hier so verstaubt aussieht. Kein frischer Wind, was? Hier drinnen müsste dringend ausgemistet werden.«

Das Kuhstallwort presst dem Frisör den Atem ab. Er sieht sich um: Kein Stäubchen auf den Ablagen, die Spiegel glänzen, der Fußboden ist frisch gefegt.

»Hier ist nichts aufzuräumen!«

»Ich meine nicht aufräumen, ich meine aus-mis-ten. Raus mit dem Schund. Schauen Sie sich irgendeinen Salon an; jeder ist freundlicher eingerichtet. Bei Ihnen ist der Kunde«, der Gentleman mustert den Frisör, »Bittsteller und Sie lassen sich dazu herab, ihn zu frisieren.«

Den Frisör würgt die Wut.

Der Gentleman dreht sich um und sieht direkt zum Schaufenster heraus. »Naja, mir persönlich ist das egal.«

Wie ein Reflex ergreift der Frisör mit der linken Hand die Schneideschere, mit seiner rechten dreht er das Gesicht des Gentlemans zurück zum Spiegel.

Der lässt es geschehen.

Der Frisör kürzt die Nackenhaare um zwei Millimeter. Die Spitze seiner Schere zittert, schwüle Lust schlägt ihm aus dem Kundenschädel entgegen. Er spürt erneut in die Seele hinein, die Rosafärbung hat das gesamte Gehirn überzogen. Und wie die Hirnanhangdrüse pocht. Dieser Kerl ist maximal erregt, sein Trieb steht vor dem Ausbruch. Den hält nichts mehr. Zu dem passt kein Façon. Auf seinen Kopf gehört eine Lockenpracht.

Der Frisör schnippelt sich am Hinterkopf hoch. Sein Hass verschmilzt mit der Schere zu purer Feindseligkeit. Warum die Scherenspitzen vibrieren? Er presst die Scherengriffe zusammen, doch beide Scherenschneiden zittern haltlos.

Ohne diesen Kunden wird die Welt eine bessere sein.

Spricht jemand? Mitten in seinem Salon. Der Frisör sieht sich um. Niemand ist da; nur der Gentleman und er und die Schere. Sonst niemand.

Eine große Hitze steigt dem Frisör in den Kopf, seine Wangen glühen; die Schere zittert in seiner Hand und verschwimmt vor seinen Augen. Vorsicht! Nicht dass er mit den Scherenspitzen eine Zacke in die Haare schneidet. Bei diesem Façon ist jede Unregelmäßigkeit zu sehen. Das wäre ein Verstoß gegen das Erste Gebot: Frisiere achtsam.

Der Frisör legt die vibrierende Schere auf die Ablage und löst seine verkrampften Finger aus den Metallgriffen.

»Schon fertig?«, fragt der Gentleman.

Ungewollt springen Worte aus dem Frisörmund: »Façon steht ihnen nicht.«

Walters Rückenteil knarrt, als der Gentleman sich aufrichtet: »Sie spinnen«, sagt er so bedächtig, als würde er die Uhrzeit aussprechen. »Façon steht mir perfekt. Und ist sehr wichtig. Warum? Das geht Sie gar nichts an. Haare schneiden sollen Sie, mehr nicht.«

Er sieht zum Schaufenster hinaus: »Ah, ich muss los.«

Er schaut in den Spiegel, ein feines Lächeln umspielt seinen Mund. »Bitte extra viel von Ihrem Duftwässerchen. Das riecht so verführerisch. Ist übrigens das einzig Gute in Ihrem Salon.«

Mit wutzitternden Fingern gehorcht der Frisör.

3 Im Gala-Salon

Die Grazie strebte mit langen Schritten in der Hüfte wiegend an Rita vorbei, als ob sie im Rampenlicht flanierte.

»Morgen wird das Publikum Sie feiern, Verehrteste«, der Gala-Coiffeur – Rita hatte ihn mehrmals durch das Schaufenster beobachtet – hielt einen Schirm über die Glamourfrisur und wieselte neben der Grazie zum Taxi. Sie verstaute sich auf dem Rücksitz, indem sie mit einem Bein zuerst einstieg, sich wie ein Fragezeichen ablegte und den Kopf - bloß kein Haarkontakt mit dem Polster - hochreckte. Rita wusste: Die wird diese Nacht im Sitzen schlafen.

Der Gala-Coiffeur drückte die Autotür zu, beschirmte seine Silbermähne und stand stramm, bis die Rücklichter hinter der nächsten Ecke verschwunden waren.

Rita atmete nicht.

Der Haarkünstler hatte keine stahlblauen Augen, sie waren braun-grau-meliert.

Rita war hin und weg.

Der Gala-Coiffeur kam näher. Er trug einen hellgrauen taillierten Friseurkasack mit breiten Silberknöpfen und schräg angesetzten Taschen. Ein Stirnband aus schwarzem Samt bändigte die Haare: silbergrau, stramm zurückgekämmt, die Ohren bedeckt, im Nacken ein Zopf. Über seiner rechten Schläfe thronte ein Haarwirbel. Oder war das Haar an der Stelle gegelt? Diese Unwucht störte Rita nicht. Was ihr missfiel? Seine mit roten Pickeln übersäte Nase. Und die Klunker-Ringe an den Fingern.

Rita klebte am teuersten Kölner Friseursalon. Sie klebte fest und der Kölner Dom schwieg dazu. Dies war die letzte Gelegenheit zur Flucht, aber ihr großer Bruder warnte sie nicht.

Rita Rae zappelte nicht, im Gegenteil; dem Gala-Coiffeur fehlten zehn Schritte zum Salon, da stemmte sie die Silbertür auf und stürmte hinein. Ihr rechter Absatz blieb am Fußgitter hängen und ihr Fuß glitt aus ihrem Schuh heraus.

Rita stolperte in den Salon hinein, hielt sich am Empfangspult fest, richtete sich auf und stand auf dem linken Bein, den rechten Fuß hochgereckt, mitten im Paradies: Polsterbänke an den Wänden, Polstersessel um Nierentische gruppiert, azurblaue Frisierstühle vor silbernen Ornamentspiegeln, im Hintergrund ein rotes Kanapee. Dieser Salon war hell ausgeleuchtet, es gab keinen schummrigen Winkel; kein Vergleich mit dem Kellersalon.

Der Gala-Coiffeur trug ihr den rechten Schuh hinterher.

Rita schaute zu seinem Kinn. Das war glatt rasiert. Das war ihr aus der Eifel nicht geläufig, dass ein Männerkinn am Abend rasiert war. Am Morgen, ja, frisch nach der Rasur, da trug sogar der Schweinebauer ein glattes Kinn. Aber nicht am Abend.

Rita war hin und weg von seinem Parfüm. Dieser Herrenduft wühlte sich opulent in ihre Nase, er redete sie französisch an, mit »Madame« und »oui«. Sie fühlte sich auf Händen getragen und seufzte; innerlich, dass der Coiffeur nichts merkte.

Draußen prasselte der Regen.

War sie schon mittendrin oder hatte ihre Schicksalsbegegnung noch nicht begonnen?

Irgendwo rief irgendjemand irgendetwas.

»Zwanzig Mark«, sagte Rita unvermittelt.

Jedem wäre das spanisch vorgekommen. Portugiesisch. Thailändisch. Unverständlich und extrem befremdlich.

Der Coiffeur runzelte seine Stirn.

Rita wusste nicht, dass im Gala-Salon die Kundinnen zuerst ihre Wünsche und nicht den Preis äußerten. Da sie aufgeregt war, bewegte sie sich instinktiv in sicheren Gefilden und in Preisen kannte sie sich aus, denn sie hatte in Köln viele Friseur-Schaufenster betrachtet und die ausgestellten Preislisten inspiziert.

»Ich habe Feierabend«, der Gala-Coiffeur sprach bedächtig, mit einem dunklen Timbre. Seine Silberhaare und Klunker-Ringe glänzten.

»Zwanzig Mark«, wiederholte Rita.

Der Gala-Coiffeur taxierte sie.

Diese Nacht ist der Frisör spät eingeschlafen und zweimal erwacht. Er hat lange wachgelegen, der Hass auf den Gentleman schwang in ihm nach. Unverschämter Kerl.

Der Frisör ist nicht aus seinem Bett gekrochen, um sich zu den Perücken zu setzen. Auch am Morgen nicht.

Punkt Neun betritt er den Salon.

Er wartet im Stehen. Bedient ein Rentnerehepaar. Die kommen in den warmen Monaten, die dunkle Jahreszeit verbringen sie in Sizilien. Beide reden gerne. Der Frisör hört zu, kassiert, verabschiedet sie und lässt die Tür halboffen: Kein Kunde betritt den Salon, obwohl viele Passanten vorübergehen.

Er sieht sich um: Es ist aufgeräumt, die Haare des Rentnerpaares hat er aufgefegt. Liegt es an seiner Frisur? Er betrachtet seine Haare im Spiegel: Sie verdecken jene Schande, die er von Vater geerbt hat.

Seinen Vater hat der Frisör nie kennengelernt. Mutter sagte nur: »Der ist im Berg geblieben.« Mehr nicht.

In welchem Berg? War das die Wahrheit?

Mutter schaute in die Ferne, wenn sie von Vater sprach und strich ihm übers Haar. Ob an Vaters Kopf die gleichen rotfleckigen Pickel wuchsen? Der Frisör hasst die ekligen Ausstülpungen, die wie rotgeäderte Warzen seine Gehörgänge umwuchern und die Mutter penibel verbarg; in der Schule war Amadé auf sich alleine gestellt. Einmal hatte eine Mitschülerin seine Badehaube während des Schulschwimmens heruntergezogen, er konnte sich nicht über Wasser halten, hatte reichlich Wasser geschluckt, mit letzter Kraft den Beckenrand erreicht und war zur Umkleide gespurtet. Noch Tage später hatten Mitschüler ihn wegen seiner verkrüppelten Ohren verspottet.

Eine Operation hat der Frisör nie erwogen. War das sein Lebensfehler? Hätte er mit ansehnlichen

Ohrmuscheln mehr erreicht? Verursachen diese Stummelknorpel, mit denen Vater ihn geschlagen hat, sein Unglück?

Der Frisör kennt die Antwort nicht. Er weiß, dass seine Ohren monströs aussehen und dass er ihre Hässlichkeit verstecken muss, damit niemand diese Ekelpickel enthüllt. Er kann mit seinen Ohrstummeln gut hören; nur extrem leise Geräusche dringen nicht in seinen Gehörgang ein.

Er kämmt die Seitenhaare über seine Schande und nimmt sich vor, die Deckhaare zu kürzen und die Stirnlocken neu zu legen. Die schwarze Farbe wird er auffrischen; dann wirkt seine Frisur künstlerisch und solide zugleich.

Zu künstlerisch?

Nein, er hat schon andere Frisuren getragen, ohne dass seine Kundenzahl angestiegen wäre.

Der Frisör staubt einen Glasrahmen ab, darin glänzt sein ganzer Stolz: eine Haarnadel, achtunddreißig Zentimeter lang. Die hat der Rokoko-Friseur Leonard Autiér für die Hochfrisuren des Adels verwendet und damals ein Segelschiff auf Marie-Antoinettes Kopf frisiert. Man denke nur, ein Segelschiff. Am französischen Hof bekleideten Friseure hohe Posten, sie waren geschätzte Ratgeber; alle Schranzen und Minister katzbuckelten vor dem Hoffriseur.

Leider sind diese goldenen Haarzeiten vorüber.

Heute kann der Frisör nicht ruhig stehen. Er wandert los. Sieben Schritte zum Schaufenster, sieben Schritte zur Hintertür; mehrmals durchquert er seinen Salon und bleibt dann vor einem gerahmten Dokument stehen: eine schwungvolle Urkunde mit Wachssiegel und einer Haarsträhne statt der üblichen Schnur. Mit diesem Meisterbrief endete die Gesellenzeit. Die Kollegen wollten ihn loswerden, denn sie neideten ihm den Erfolg. Die Kundinnen verfielen seinen Händen, genossen das Tasten seiner Finger in ihren Haaren. Ihr Höhepunkt kam, wenn er den letzten Volumenwickler herausdrehte, die letzte

Haarwelle anschmiegte, den letzten Glanz auf den Kopf sprayte und sie die fertige Frisur im Spiegel erblickten. Die Verzückten wären in Ohnmacht gefallen, hätten sie nicht im Bedienstuhl gelegen.

Vergangene Zeiten.

Neben der gerahmten Meisterurkunde hängt eine Fotografie. Der Frisör erinnert sich – automatisch, wie ein Schalter, der sich in seinem Kopf umlegt – an jenen heißen Augusttag im Jahre 1981, der sein Leben aus den Gleisen hob: Mit acht topmodisch frisierten Frauen und drei Männern stand er – schwarzer Anzug, Krawatte, polierte Schuhe und toupierte Haare – auf der Treppe der Handwerkskammer zu Köln, einem ehrwürdigen Gebäude mit eingravierten Schriftzeichen, und lächelte auf Zuruf, während der Fotograf die Aufnahme wiederholte. Im Anschluss wurden im großen Saal Reden gedroschen, die geladenen Gäste applaudierten höflich, nur er spähte – möglichst unauffällig, aber immer wieder – in den Sitzreihen nach einer kleinen Frau.

Kam Mutter endlich?

Nach der Abschlussrede, dem Händedruck und der Überreichung der Urkunde – nun war er ein staatlich anerkannter Friseurmeister mit Brief und Siegel – stand er alleine, seine frischgebackenen Meisterkollegen hatten sich zu ihren Familien gesellt. Was blieb ihm? Er wand sich durch die Menge Richtung Toilette, änderte im letzten Moment seinen Kurs und strebte dem Ausgang zu.

Mutter kam nicht.

Die Sonne stach auf seinen schwarzen Anzug, er schwitzte entsetzlich auf dem Weg zur Straßenbahnhaltestelle, die Winterschuhe drückten. Das war ihm egal, er lockerte nicht mal seine Krawatte; Mutter sollte ihn genau so sehen, sein Meisterbrief war ihr Erfolg. Er fuhr die bekannten Stationen mit der Straßenbahn, trottete den altvertrauten Weg zur Siedlungswohnung und spürte am zähen Widerstand der heißen Luft: Etwas stimmte nicht. Die Stufen zum vierten Stock rannte er herauf, durch Essig- und Bratengerüche, bis zur Wohnungstür und klopfte heftig. Sein Herz schlug im Hals.

Mutter öffnete nicht.

Er kramte den Schlüssel hervor, schloss die Wohnungstür auf, rief in den Wohnungsflur hinein und wartete darauf, dass sich ein Wunder ereignete. Von der Decke fiel, aus den Wänden trat, aus dem Fußboden kroch. Aber es fiel kein Wunder vom Himmel in Mutters Wohnung hinein, diese Gnade geschah nicht. Nicht mal eine respektvolle Stille heiligte den Moment, das auf- und abschwellende Brummen einer Hummel dröhnte in seinen Ohren. Die hatte sich verirrt. Dieses Geräusch irritierte ihn. Und wie er sich nach Mutters Stimme sehnte? Er rief in den leeren Wohnungsflur, aber traute sich keinen Schritt in die Wohnung hinein.

Mutter antwortete nicht.

Er schlich in die Lautlosigkeit, in die helle Wirklichkeit der Wohnküche hinein. Er sieht sie heute, wie gestern, wie damals, auf dem weißen Küchenstuhl sitzen: Ihr Rücken ihm zugewandt, ihr Oberkörper gegen die Wand gelehnt, ihr Kopf widernatürlich nach vorn abgekippt, ihre rechte Hand hängt schlaff herab.

Mutter regte sich nicht.

Er hat sich neben sie gesetzt – drei Stunden lang. Er hat nicht gesprochen. Er hat nur dagesessen – neben ihr. Als die Sonnenstrahlen durch das Küchenfenster fielen und die Hitze unerträglich wurde, hat er eine eiskalte Cola getrunken und sich von der Rindfleischsuppe genommen, die Mutter an Festtagen bereitete.

Mutter atmete nicht.

Ihre Haare lebten. Das beruhigte ihn. Ihre Strähnen fielen in parallelen Wellen von ihrem Kopf. Bei Bratgerichten hätte Mutter ihre Haare hochgesteckt, aber nicht bei der Zubereitung der Rindfleischsuppe. Er war aufgestanden, hatte ihre Haare durchgebürstet, einzelne Strähnen mit dem Lockenstab nachgedreht und den

Spitzenspliss herausgeschnitten. Die Haarspitzen versiegeln konnte er in der Küche nicht. Damit ihre Haare glänzten, gab er einen Spritzer Apfelessig in einen Liter lauwarmes Wasser, wusch ihr Haar damit, spülte nach, föhnte es trocken und kämmte es sorgfältig in parallelen Linien aus.

Mutters Haare glänzten.

Am vierten Tag fragte die Nachbarin. Er ließ die Neugierige in die Wohnung und wies auf die Küchentür. Die Nachbarin zögerte. Roch Mutters Körper? Er folgte der Nachbarin nicht in die Küche, sondern drehte sich im Flur um und spurtete aus der Wohnung hinaus die vier Etagen hinab. Bis auf die Straße; er benötigte dringend frische Luft. Aber es gab keine frische Luft; es war stickig zwischen den zusammengepferchten Siedlungshäusern. Und gespenstisch still. Er schaute zur Wohnung hoch.

Mutter sah er nicht.

Dabei hatte Mutter in den letzten Jahren oft auf dem Balkon gewartet. Sie hatte gewunken und er zurückgewunken. Dann war sie in die Wohnung gestürzt, um das Essen fertigzukochen.

Hätte er doch in der Nacht vor der Meisterfeier einen Notarzt gerufen. Wenigstens Dr. Schmidt alarmiert. Mutter hatte gekeucht und über Schmerzen in der Brust geklagt, aber ihm verboten, einen Arzt zu rufen: »Das ist die Aufregung, weil mein Sohn seinen Meisterbrief erhält.« Er hätte widersprechen müssen. Den Notarzt informieren. Sofort handeln. Aber er hatte abgewartet. Weil Widerspruch bei Mutter nichts bewirkte.

Wie sehr er Mutter liebte?

Er spürte seine Liebe anschwellen. Unten auf der Straße. In dem Moment, als die schwarze Limousine mit den blickdichten Gardinen vorfuhr, brach seine Liebe auf. In seiner Brust. Als die schwarzen Männer mit der Trage im Hauseingang verschwanden, stand er begossen da. Die Liebe tropfte von seiner Kleidung auf die Straße und verlief sich zwischen dem grauen Siedlungshaus und dem grünen Rasen.

Mutter wurde fortgetragen.

Das letzte Mal sah er sie in der Kapelle, wo der Bestatter sie auf Margeriten gebettet hatte; dabei hasste Mutter Margeriten. Er wartete ab, bis alle Nachbarn gegangen waren; der Gala-Coiffeur erschien nicht, Freunde hatte sie nicht gehabt. Er schor ihr den Kopf kahl und packte ihre mittelbraunen Haare, mit einer Spur Mahagoni drin, in Alufolie ein: tote Haare, von der Wurzel bis zur Spitze erschlafft. Kein Leben drin.

Nach der Beerdigung war er auf die Suche gegangen. Ein lustiger Grieche mit buschigen Augenbrauen und Lockenkopf veräußerte seinen Salon. Dem Frisör gefiel der Kirchplatz mit den alten Linden und die Lage in Köln-Ehrenfeld. Der Grieche kümmerte sich um die Kredite, erklärte ihm die Buchhaltung, vermittelte ihm einen Steuerberater. Als der Frisör den ersten Kunden in seinem eigenen Damen- und Herrensalon bediente, war der Grieche nach Griechenland gezogen.

5 Der Handel

Was sah der Gala-Coiffeur, als er Rita taxierte? Rote Stöckelschuhe, Nylonstrümpfe, unförmiges Kostüm, gerötete Wangen und mittelbraune Haare, mit einer Spur Mahagoni drin. Toupierte Haare. Die geröteten Wangen störten ihn: eine Landpomeranze.

Der Gala-Coiffeur hielt auf sich, denn er stammte aus einer Kölner Friseurdynastie und führte diesen Salon in der sechsten Generation. Seine Brust schwoll an, wenn er davon erzählte: Sein Ururgroßvater hatte Napoleon die Revolutionsfrisur geschnitten; lange Zottelhaare mit schrägen Fransen. Mit dieser zerzausten Frisur hatten Napoleons Männer leichtes Spiel gegen die kaiserlichen Pomadenzopfsoldaten. Die Revolutionsfrisur war solange ein wirksamer Schutz gegen die Guillotine, bis die Revolution anfing, ihre eigenen Kinder zu fressen. Napoleon hatte diese Phase überlebt und war mit wachsender Machtfülle zum Cäsarenschnitt gewechselt. Mit dieser Frisur hatte er seinen eigenen Untergang herbeigeführt. Die europäische Geschichte wäre anders verlaufen, wenn …

Rita verstand sein Schweigen falsch, deswegen führte sie ihr stärkstes Argument in die Schlacht: »Ich hab nur zwanzig Mark.«

Für Rita war eine Preisverhandlung ein Gefeilsche um die Sau oder die Pacht oder um was man sonst schacherte. Dabei führte man alle gültigen Gründe an, um etwas günstiger zu erstehen. Das funktionierte in Geschäften mit Preisschildern nicht, aber sonst hatten ihre Eltern bei jeder Gelegenheit geschachert – dies schien eine solche Gelegenheit zu sein.

Der Gala-Coiffeur befühlte Ritas Haar, strich über ihre Wange; ihre weiche Haut zog ihn an. Er neigte den Kopf hin und her: »Vierzig Mark.«

Das dauerte eine Weile, bis Rita sein Gebot verstand, denn als der Gala-Coiffeur ihre Wange berührte, konnte sie schlagartig nicht denken und ihren spontanen Impuls, die Männerhand wegzuschlagen, hielt sie unterdrückt. Innerlich triumphierte Rita: Sie war akzeptiert. Er handelte mit ihr. Sie mussten sich auf einen Preis einigen, keine Frage, aber sie war als Kundin im Gala-Salon akzeptiert.

Die Aussicht, dass sie eine Gala-Frisur tragen würde, begeisterte Rita. Sofort schossen ihre Augen durch den Salon, sie suchte die EINE Frisur. Mit der EINEN Frisur werden die Menschen sie bewundern. Nicht die schwarze Perücke, Rita wollte stärker beeindrucken, Dame von Welt sein. London, New York und Paris. Die Einschlagfrisur in brünett? Zu altbacken. Eine blonde Perücke fiel ihr auf: Glattes Deckhaar, an den Seiten breite Außenwelle, von denen einige Strähnen in Papilloten ausliefen.

Dann dämmerte ihr: Sie waren nicht handelseinig.

Rita stülpte ihre Lippen vor: »Zwanzig Mark.«

Der Gala-Coiffeur stülpte seine Lippen ebenfalls vor und sein dunkles Timbre klang verheißungsvoll: »Den Rest dienst du ab.«

Sein Wechsel auf »Du« gefiel Rita; ein vertrauter Duft im Paradies. Warum der Coiffeur bei diesen Worten auf ein rotes Kanapee wies? Es hatte einen edlen Schwung, ein derartig geformtes Kanapee hatte sie noch nie gesehen.

Rita freute sich: Der Gala-Coiffeur wird sie frisieren. Die Freude vernebelte ihren Verstand und sie merkte nicht, wie sein Blick ihre Bluse durchdrang, ihren Busen entblößte und sich in ihren Schoß bohrte.

Wie oft sie vor seinem Salon gebetet und sich aus ganzem Herzen eine Gala-Frisur gewünscht hatte? In der Kirche, sie ging in Köln jeden Sonntag hin, beichtete sie regelmäßig, aber vor dem Gala-Salon hatte sie ihr Herz geöffnet: »Bitte, Allmächtiger, schenk mir eine Gala-Frisur.«

Zwanzig Mark und ihr Dienst auf dem Kanapee.

6 Gelehrte Haare

Der Sonnenschein treibt Langeweile in seinen Salon, der Frisör wartet im Stehen; obwohl er jede halbe Stunde durch den Salon spaziert, schmerzen seine Füße.

Punkt Sechs schließt er die Eingangstür ab, zieht die Vorhänge zu und verspürt einen großen Appetit auf Milchreis mit Zucker, Zimt und heißen Kirschen.

Bevor er die Hintertür erreicht, kribbelt es in seinem Nacken. Ein großer Mann – abgewetzte Lodenjacke, graue Haare, runde Nickelbrille – steht vor dem Salon und sieht durch den schmalen Spalt zwischen Türvorhang und Türrahmen hinein.

Schnell tritt der Frisör in den Hausflur, stellt sich so an die Wand, dass er nicht gesehen werden kann, zählt bis zehn und späht in den Salon.

Der Mann tippelt mit den Fingern gegen das Glas und drückt die Türklinke herunter.

Der Frisör zählt bis zwanzig, späht erneut in den Salon.

Der Mann drückt die Türklinke herunter.

Es ist drei nach Sechs, als der Frisör seinen Salon durchquert und die Eingangstür aufschließt.

»Bin ich zu spät?«, fragt der Mann und kneift die Augen hinter den runden Brillengläsern zusammen; breite Falten lächeln den Frisör an.

»Ja, der Herr.«

»Ich habe hier einen Termin.«

»Das ist ein Irrtum.«

»Doch, ich habe einen ...«

»Bitte nein, Sie haben keinen Termin.«

»Sollte ich mich so vertun?«

Der Frisör ist sicher, aber blättert im Terminbuch, um den Kunden zu beruhigen. Fährt demonstrativ mit dem Finger zum 13. April 1994: »Hier ist kein Eintrag. Schauen Sie, bitte schön.«

Der Mann sieht nicht hin: »Ich hatte doch ...«

»Bitte, was hatten Sie?« Den Frisör irritiert, dass dieser Kunde die Sätze nicht beendet; er sieht wie ein Sechzigjähriger aus, aber seine Haare wirken älter. Sollte er verwirrt sein?

»Angerufen.«

»Bei mir nicht.«

»Vielleicht in einem anderen Salon. Das kann sein. Es ist bestimmt mein Versehen, ich entschuldige mich. Können sie mich trotzdem …?«

»Verehrter Herr, es ist nach Sechs.«

»Eine Ausnahme, ich bitte darum. Morgen früh halte ich den Eröffnungsvortrag auf einem Kongress. Es ist wichtig, wie ich aussehe, denn neunzig Prozent der Kommunikation sind nichtsprachlicher Natur. Das wissen Sie natürlich längst, das ist ja das Grundprinzip ihres Berufes. Wegen der nichtsprachlichen Kommunikation gehen die Menschen hauptsächlich zum Friseur. Oder nicht?«

Der spricht so gelehrt, das ist ein Professor; der ist nicht verwirrt, aber der Frisör versteht seine Frage nicht und verschränkt seine Arme: »Kommen Sie bitte morgen um Neun, der Herr. Ich nehme sie gleich als Erster dran.«

»Das geht nicht«, wieder lächelt der Professor ihn mit entwaffnenden Falten an, »mein Vortrag beginnt Punkt Neun. Aber ich fühle ihre Müdigkeit«, er tritt einen Schritt zur Tür, »und will Sie auf keinen Fall um ihren verdienten Feierabend bringen.«

Als der Professor den Kopf dreht, reiben seine Haarspitzen am Lodenstoff; mechanische Reize fördern Spliss und Haarbruch.

»Ich entschuldige mich für die Störung; Sie haben den ganzen Tag hart gearbeitet, sind jetzt hungrig und erschöpft. Ich Depp hätte auch eher kommen können. Das ist unaufmerksam von mir«, sagt der Professor und tritt auf den Bürgersteig.

Der letzte Satz und der drohende Spitzenspliss berühren den Frisör: »Ich könnte vielleicht …«, sagt er, aber der Professor geht bereits auf den Randstein zu, um die Straße zu überqueren.

»Bitte sehr, ich frisiere Sie«, ruft der Frisör. »Treten Sie ein und nehmen Sie Platz. Bitte schön, der Herr.«

»Sehr nett«, der Professor kommt lächelnd zurück. »Vielen Dank. Sie sind sehr freundlich.«

Er betritt den Salon und setzt sich, wie alle älteren Kunden, auf Marianne; der Professor ist nicht nur im Stehen groß, im Sitzen überragen seine Schultern die Nackenstütze. Seine runde Brille legt er auf die Spiegelablage, die Lodenjacke lässt der Professor an und der Frisör interveniert nicht, denn er möchte möglichst schnell seine Füße hochlegen.

Der Frisör lässt die Vorhänge zugezogen und schaltet das Licht an. Dann inspiziert er die gelehrten Haare: »Bitte schön, der Herr, möchten Sie wieder Seitenscheitel tragen; das Deckhaar länger, die Ohrenpartien gestuft und die Schläfen frei?«

»Sie überraschen mich. Erst ihre Freundlichkeit, dann erkennen Sie sofort, welche Frisur ich bisher trug. Jetzt bin ich neugierig: Was empfehlen Sie mir?«

Der Frisör zieht den Frisierkittel über, berührt die Haare: Dünn und mäßig elastisch. Leicht ovaler Querschnitt. Diese Haare sind zwischen 71 Jahre alt.

Der Frisör fühlt in den Kundenkopf hinein: Das ist ein Mensch, der sich verschenkt. Dem das Wohl seiner Mitmenschen am Herzen liegt.

»Und?«

»Dünne Haar mit intakter Struktur; nur Ihre Spitzen leiden. Ein Kurzhaarschnitt ist also notwendig. Ihre Haare neigen zu welligem Verlauf. Ich empfehle Ihnen gelockte Haare, vom Nacken bis zur Stirn. Eine klassisch-römische Frisur: Der Tituskopf.«

»Oh, wie originell. Seriös und lebenslustig. Das entspricht meinem Lebensstil. Sie verstehen ihr Handwerk, das merke ich sofort. Ich sollte regelmäßig kommen, aber mein Tag ist zu voll; ich brauche einen Privatfriseur, der in meine Wohnung …«

»Ich frisiere nie außerhalb meines Salons«, unterbricht der Frisör, wirft den Umhang über, bindet das Band und das Krauspapier um den Hals, ergreift Kamm und Schere und kämmt das Haar durch. Dann imaginiert er die Schnitthöhe.

Der Alte beobachtet ihn im Spiegel: »Wie geht es Ihnen?«.

»Mir?« Der Frisör schneidet die ersten Nackenhaare.

»Ja, Ihnen. Ich habe Sie um ihren Feierabend gebracht, nun möchte ich gerne wissen, wie Sie sich fühlen?«

»Ich?« Eine Hitze steigt dem Frisör in den Kopf.

»Ja. Wie fühlen Sie sich?«

Kann der Frisör dem Professor anvertrauen, wie er sich fühlt? Niemand respektiert sein Talent, niemand will seine Frisuren. Die Menschen missachten ihn, dabei kann er mehr als nur frisieren.

»Wie geht es Ihnen jetzt?«, fragt der Professor mit einer Betonung, die dem Frisör signalisiert: Dieser Kunde ist ernsthaft an seinem Befinden interessiert.

»Ich möchte nicht beliebige Frisuren auf Kundenköpfe zimmern«, gesteht der Frisör, »wie viele meiner Kollegen es tun. Ich möchte meinen Kunden den passenden Ausdruck frisieren. Der mit ihrem Charakter übereinstimmt.«

Dann presst er seine Kiefer zusammen. Hat er zu viel preisgegeben? Der Frisör bückt sich so tief, dass der Professor ihn nicht im Spiegel sieht, und kürzt die Nackenlinie.

»Oh, das interessiert mich; das interessiert mich sehr«, der Kunde blinzelt mit den Augen. »Darf ich mich vorstellen: Karl Roth. Ich bin Psychologieprofessor und studiere seit 44 Jahren … ja was denn? Nennen Sie es Psyche, Seele, Charakter. Das menschliche Wesen. Warum es mich interessiert? Ärzte, Pfarrer, Verkäufer, eigentlich alle Berufsgruppen haben ihre eigene Sicht auf die Seele, aber wie ein Friseur die Menschen betrachtet, auf diesen Blickwinkel bin ich noch nicht gekommen. Dieser Aspekt wurde nach meiner Kenntnis noch nie systematisch untersucht. Da bin ich sehr dran interessiert.« Er blinzelt wiederholt. »Sie machen mich neugierig.«

Wie schnell die Professorenpupillen hin- und her wandern; diese Begeisterung rührt den Frisör. Er richtet sich auf, sieht den Kunden via Spiegel an und sagt: »Ich bin kein normaler Friseur, ich verfüge über ein besonderes Talent: Ich kann den Charakter des Kunden erspüren.«

Der Professor sieht ihn an: »Alle Achtung, das ist ambitioniert. Sind Sie ein Ausnahmetalent? Ich kann das nicht einschätzen, ich habe keine Erfahrung mit Friseuren. Diesen Zusammenhang müsste man prüfen. Eine Feldstudie, vielleicht ein Pilotprojekt …«

Der Frisör ärgert sich. Er will nicht studiert und schon gar nicht überprüft werden. Hastig schnippelt er die linke Seitenpartie.

»Wie gefallen den Kunden Ihre – ich bezeichne sie einfach so, verzeihen sie mir – Charakterfrisuren?«

Sie gefallen ihnen nicht, schreit es im Frisör. Er schweigt und schnippelt weiter.

»Lassen Sie mich bitte nicht schmoren, was halten die Kunden von Ihren Charakterfrisuren?«

Der Frisör schneidet um das linke Ohr herum.

»Was vermuten Sie?«

Er schneidet die linke Schläfenpartie.

»Ist es Ihnen unangenehm, darüber zu sprechen?«

»Ja«, stößt der Frisör hervor.

»Dann sollten wir das nicht tun. Nebenbei bemerkt, sie arbeiten sehr geschickt. Ihr Kamm und ihre Schere tanzen auf meinen Haaren; es ist ein Genuss, von Ihnen frisiert …«

»Vielen Dank.«

»Vielleicht übersehen viele Menschen ihr Geschick. Vielleicht respektieren die Menschen ihr Können nicht.«

Tränen schießen dem Frisör in die Augen, tausend Jahre Respektlosigkeit schlagen in ihm hoch. Der Kamm, die Schere und die grauen Haare verschwimmen; der Frisör legt sein Handwerkszeug auf die Ablage, putzt seine Nase und Augen trocken.

»Ja, ich kann mit Ihnen fühlen, wie traurig das ist. Ich kann es in ihrem Gesicht lesen«, der Professor spricht bedächtig, fast meditativ. »Die Menschen respektieren Ihr Talent nicht. Die Menschen achten Ihre gute Absicht nicht. Die Menschen würdigen Ihre Mühen nicht.«

Da bricht es aus dem Frisör hervor: »Niemand ist an meinen Frisuren interessiert, dabei erkenne ich genau, welcher Haarschnitt zu dem Kundencharakter passt.«

»Sie glauben an das Gute«, wieder die meditative Professorenstimme. »Das ist schön. Und sehr wichtig. Glauben Sie mir, nur die Idealisten verbessern die Welt. Im Kleinen wie im Großen. Aber leider ist es unendlich schwer, die Menschen von ihren Gewohnheiten abzubringen. Gewohnheiten sind die Gleise der menschlichen Kultur.«

Seine Worte brennen dem Frisör in der Brust; er fühlt sich seit vielen Jahren eingesperrt. Passt sein Talent nicht in diese Welt? Neue Tränen quellen aus seinen Augen hervor.

»Ess geht Ihnen nahe. Das ist gut. Weinen Sie ruhig, Tränen sind die Kläranlagen der Seele.«

Da weint der Frisör ohne Hemmungen los; frische Tränen quellen aus beiden Augenwinkeln hervor und laufen über sein Gesicht.

Die breiten Professorenfalten lächeln ihn an.

Als der Frisör sein Gesicht trockentupft, lächeln die Falten immer noch: »Ich verstehe sie. Es tut mir leid, dass Sie so sehr verletzt wurden. Viele Jahre lang. Ich kann Ihnen helfen. Ich kann es jetzt tun.« Seine meditative Stimme verlangsamt sich. »Mit einer einfachen Technik: Stellen sie sich einen unangenehmen Kunden vor. Nicht gleich den Schlimmsten, nein, man soll sich seinen Problemen langsam nähern. Können Sie das?«

»Kann ich versuchen«, sagt der Frisör. Er fühlt sich vom Professor verstanden.

»Gut. Bei dieser Technik ist es vorteilhaft, wenn wir uns duzen. Die direkte Ansprache verstärkt den Effekt. Ich heiße Karl.«

»Professor Karl?«, fragt der Frisör.

»Ja, ich bin Professor, aber das lassen wir weg. Bitte nenne mich Karl. Wie heißt du?«

»Kreutz ... äh ... Amadé.«

»Gut, Amadé. Bei dieser Technik schließt du die Augen und stellst dir existierende Kunden vor; aus dieser Woche, diesem Monat, aus der letzten Zeit. Nicht lange überlegen - wer dir gerade einfällt. Das kann ein Kunde sein. Das können zwei Kunden sein. Das können junge Kunden sein. Das können alte Kunden sein. Das können gepflegte Kunden sein. Das können ungepflegte Kunden sein. Schließ deine Augen und stell dir unangenehme Kunden vor.«

Die monotone Stimme zieht den Frisör in den Bann; er schließt die Augen. Offensichtlich lauerten hinter seinen Lidern viele Kunden, sofort drängt eine Horde heran und skandiert Schimpfworte: Zwischen unbekannten Gesichtern erkennt der Frisör den Soldaten, einen Verkäufer des benachbarten Reisebüros und den Gentleman. Der Soldat drängt vor, reißt die Arme hoch und brüllt gemeine Worte.

Der Frisör öffnet die Augen; sofort ist die Horde verschwunden.

»Stell dir einen unangenehmen Kunden vor. Schau ihn an.«

Wie zur Abwehr packt der Frisör die lange scharfgeschliffene Schere und sticht mit ihr in die Luft. Dann schneidet er – obwohl die langen Schneiden sich wenig zum Haareschneiden eignet – die grauen Haare.

Scherenschärfe durchtrennt Keratinfasern, von der rechten Kopfseite des Professors regnen Haarstücke herab.

»Was fürchtest du? Schau dir einen unangenehmen Kunden in Ruhe an. Sieh ihn an. Betrachte ihn in aller Ruhe.«

Wieder zieht die monotone Stimme den Frisör in den Bann. Er schließt die Augen, presst die Finger tief in die Scherengriffe hinein; seine starke Linke verwandelt sich zur Scherenhand. Er tritt der Horde mit der Schere entgegen, der Soldat brüllt, der Gentleman klatscht dazu. Der Frisör öffnet seine Augenlider einen Spalt, manövriert um das rechte Ohr herum. Scherenschärfe trennt Haare von ihrer Wurzel, ganze Strähnen fallen herab.

Schneide schneller!

Rasend schneidet er gegen die Horde an, die vordere Reihe weicht zurück, er schnippelt weiter.

»Stell dir zwei unangenehme Kunden vor. Stelle sie nebeneinander vor dich hin. Was siehst du? Was fällt dir auf? Was haben beide gemeinsam, was unterscheidet sie?«

Die Scherenspitze zittert, die Finger zittern mit – dabei hatte Chef seine sichere Hand gelobt. Der Frisör schnippelt sich zum Hinterkopf; die grauen Haare verschwimmen im Tränenmeer, aber seine linke Hand schnippelt weiter. Strähnen fallen herab.

Schneller schneiden.

Der Kopf verschwimmt, die Sicht zerfließt, Haarstücke rieseln herab. Hat die Schere sich an die Kopfhaut gezittert?

Der Frisör kann sie nicht kontrollieren, die Scherenspitzen zittern sich eigenmächtig an die Kopfhaut heran.

Der Frisör blinzelt, sieht verschwommen, schneidet, blinzelt, sieht unscharf. Schnippelt schneller. In seiner verschwommenen Welt leuchtet etwas Weißes.

»Lass dir Zeit. Schau dir beide unangenehme Kunden in Ruhe an«, die meditative Stimme verlangsamt sich. »Was fürchtest du? Lass dir Zeit. Schaue hin.«

Was leuchtet da? Ist ein Papierfetzen auf Karls Schädel gefallen? Leuchtet weißes Papier so hell?

Der Frisör blinzelt das Verschwommene weg: Das ist kein Papierfetzen.

Er stoppt die Schere, tritt zurück und senkt seine Scherenhand.

Zu spät.

Rita setzte sich in einen Bedienstuhl.

»Ich möchte … Ich weiß nicht. Ich glaube … diese Frisur«, sie war auf eine Lockenfrisur umgeschwenkt, aber fühlte sich unsicher bei dieser Wahl. Wie sollte sie sich entscheiden? Sie sah zum Gala-Coiffeur, doch der sah sie nicht an, sondern sortierte seine Utensilien und spulte einen Sermon ab: »Diese Glamour-Extra-Lockenwelle ist neu im Programm. Sie ist ammoniakfrei und hält bei richtiger Pflege zwei Monate. Nie ausbürsten, nur mit den Fingern oder einem Grobzinkenkamm auflockern.«

»Wird sie mir stehen?« Rita hob ihre Haare an und setzte ein Lächeln auf, ihr Spiegelbild lächelte zurück. Wird mit dieser Glamourfrisur ihr großer Traum gelingen?

»Sicher doch«, der Gala-Coiffeur schien ihre Gedanken zu kennen. Sie sah zu ihm hoch; seine Augenbrauen zuckten.

»Steh auf!«

Warum klang seine Stimme so hart? Kein dunkles Timbre mehr, das silbergraue Haar glänzte wie sperriger Draht, sein schwarzes Stirnband war ein Henkerszeichen. Rita hatte nur eine Erklärung: Der Gala-Coiffeur hatte die Landpomeranze in ihr erkannt. Deswegen warf er sie hinaus, sie gehörte nicht in seinen Salon. Was tat sie hier, was tat sie in Köln? Ihr Wille zerbrach, ihre Selbstzweifel und ihre alten Demütigungen stürzten auf sie ein.

Rita senkte den Kopf: Schuldig. Dem Eifelgeruch entkomme ich nicht. Schuldig. Sie gehörte nicht nach Köln.

Sie wartete auf die harte Hand, die sie schlug und die Treppe hinab in den Keller trieb, aber der Gala-Coiffeur zupfte bloß an ihren Schultern herum. Das schmerzte nicht. Was beabsichtigte er?

Er zupfte an ihrer Jacke; das verwirrte Rita, bis sie erinnerte, was sie in Filmen gesehen hatte: Die Damen ließen sich aus ihrer Kostümjacke helfen. Brav streckte Rita ihre Arme zurück und sank, während der Gala-Coiffeur ihre Jacke forttrug, in den Frisierstuhl, die Knie züchtig vom Rocksaum bedeckt.

»Wohnst du in Köln?«, fragte er und betrachte ihre Haare.

»Ja.«

»In der Innenstadt?« Er hob eine Strähne an.

»Ja. Nicht weit. Eine kleine Mansarde.«

»Ach so.«

War er enttäuscht? Er ließ die Strähne fallen, warf ihr einen Waschumhang über und sie spürte seine Hand an ihrem Nacken. Das war angenehm. Wie sie es genoss, als er - plötzlich stand ein Waschbecken unter ihrem Kopf - ihre Haare wusch, mit einem Handtuch abtupfte und Wohlgeruch in ihr Haar massierte. Er strich mit einem vieleckigen flachen Noppenplastik durch ihr Haar, dann wechselte er auf eine breite Bürste.

Ein Wonnegefühl überkam sie: kribbelig und angenehm zugleich.

Rita schloss die Augen, um intensiver zu fühlen; dann musste sie schauen, weil der Gala-Coiffeur an ihren Haaren zog: Mit einem Stielkamm teilte er Strähnen ab, rollte sie auf XXL-Wickler, so dicke hatte sie nie gesehen. Wie flott seine Hände ihre Haare verwandelten? Ihr Kopf versank unter den Lockenwicklern, sie wirkte ein Stück größer und wuchtiger. Das gefiel Rita nicht, ihre Zweifel schlugen auf sie ein: War die Superlockenwelle die richtige Wahl?

Der Gala-Coiffeur schob - wieder aus dem Nirgendwo kommend - eine Trockenhaube über ihren Kopf. Während es brummte, tippte Rita mit beiden Zeigefingern die Sekunden herunter. Es dauerte länger als eine Ewigkeit, dann hörte das Brummen auf.

Die Trockenhaube rührte sich nicht.

Durfte sie sich selbst befreien?

Bloß keinen Fehler machen, das war Rita äußerst wichtig. Im besten Kölner Frisiersalon wollte sie mit Bravour bestehen. Nicht unangenehm auffallen. Nicht abgelehnt werden.

Mit diesem Entschluss unterlag Rita einer Täuschung, denn im Gala-Salon war der Kundenwunsch oberstes Gesetz; als einzige Kundin war Rita zu dieser vorgerückten Stunde sogar die alleinige Herrscherin. Ihr Wunsch war sein Befehl, er war nur für sie da, aber Rita wusste das nicht: Sie wollte dem Gala-Coiffeur gehorchen. Sie wollte es ihm recht machen.

Rita nahm sich vor, alles für den Gala-Coiffeur zu tun.

So lag sie bewegungslos unter der Trockenhaube und wartete ab; hörte und sah nichts; konnte nicht einmal den Uhrzeiger verfolgen; wartete gespannt darauf, wie der Gala-Coiffeur handelte. Sie war überzeugt: Er wird das Richtige tun.

So verfiel Rita auf dem Frisierstuhl unter der stummen Trockenhaube ihren Tagträumen: Schwebte über einen roten Teppich, der vom Gala-Salon über die Einkaufsstraße bis zur Hautevolee reichte; schritt – eleganter als die Grazie zum Taxi gegangen war – über den roten Teppich zum Empfang, aber bei Rita schien die Sonne und der Gala-Coiffeur schritt in gebührendem Abstand hinter ihr her. Alle verbeugten sich: Die Frauen vollführten einen tiefen Hofknicks, die Männer nickten mit dem Kinn und salutierten.

In der Hautevolee werden die Kölner eine Rita Rae feiern, die die neuesten Modeschöpfungen – von Parisern und Italienern auf ihren Leib geschneidert – präsentiert. Nicht bloß zeigt, nein, Rita wird die Menschen mit ihrer Schönheit verführen: Sie wird auf einen Balkon treten, ihre Lieblingsposen einnehmen, im Blitzlichtgewitter und Beifall baden. Mit allen Sinnen ihren Erfolg genießen. Die Menge wird jubeln. Toben. Die Menschen werden sie mit ihrem Jubel dem Alltag entreißen.

Die Trockenhaube fuhr zur Seite.

Sie sah auf seine mit roten Pickeln übersäte Nase; der Gala-Coiffeur lächelte Rita an und sie lächelte zurück.

Im Gala-Salon sah sie sich nicht um.

Im hinteren Bereich wartete das rote Kanapee.

Nackte Kopfhaut springt den Frisör an: Ein kahler Fleck prangt rechtsseitlich-hinten-oben auf dem Professorenkopf; auf seinem behaarten Schädel, zwischen dem rechten Ohr und dem höchsten Scheitelpunkt. Zum Hinterkopf hin.

Leuchtet weit.

Leuchtet breit.

Der Frisör stiert auf den weißen Fleck, der weiße Fleck auf den Frisör: Welche Schande! Gegen seine Berufsehre. Gegen das Erste Friseurgebot: Frisiere achtsam.

Die Leute werden das Loch bemerken und fragen: Welcher Friseur hat diese kahle Stelle verbrochen? Sie werden über ihn tratschen.

»Konzentrier dich auf einen unangenehmen Kunden. Sieh ihn an«, wiederholt Karl.

Der Professor ist schuld: Er hat sich mit einer Lüge Zutritt verschafft. Er hatte keinen Termin, den Anruf hat er sich ausgedacht. Hätte der Frisör diesen Lügner nicht eingelassen, würde er jetzt dem Milchreis beim Köcheln zusehen. Stattdessen starrt er kahle Kopfhaut an. Zum Glück sieht der Professor das Haarloch nicht, denn es prangt am rechten hinteren Schädel über dem Ohr.

»Benenne, wovor du dich fürchtest. Spreche es aus.«

Dieser Schwätzer ist schuld; er hat den Hass des Frisörs nach oben gespült; er hat diese kahle Stelle provoziert. Der Frisör zappelt im Morast und der Professor genießt seinen Sieg. Wie selbstzufrieden der in den Spiegel sieht.

Das ist kein Missgeschick; es gilt keine Ausrede und keine Entschuldigung. Dem Frisör drohen Berufsverbot und Entzug der Salonerlaubnis; das Ordnungsamt, die Handwerkskammer, die Innung und andere Behörden werden handeln. Er wird Salon und Meisterbrief verlieren und darf nie mehr frisieren.

Der Frisör fixiert die kahle Stelle: Sie muss getilgt werden; fort von dieser Welt; ausgelöscht. Geschehenes ungeschehen machen.

Was werden die Leute sagen?

»Was ist so unangenehm an dem Kunden? Spreche es aus.«

Der Professor darf den Salon – mit dem Haarloch auf keinen Fall – nicht verlassen. Der Frisör muss die kahle Stelle vernichten.

Aber wie?

Da befällt den Frisör ein ungeheuerlicher Gedanke: Wie gern würde er die Schere … am ausgestreckten Arm … die scharfgeschliffenen Scherenschneiden … in die kahle Stelle … versenken.

Das darf nicht geschehen. Ein Scherenstich in den Kopf hinein verstößt gegen das Sechste Friseurgebot: Füge Kunden keine Schmerzen zu.

Aber er muss dieses Haarloch zerstören. Ausradieren. Dies ist sein Salon und der Schwätzer hat sich mit einer Lüge Zutritt verschafft. Dieser Schwätzer ist schuld.

»Du siehst aufgeregt aus. Spreche aus, was du an deinen Kunden nicht magst. Sprechen hilft.«

Wie freundlich dieser Lügner ihn ansieht. Der Frisör sieht zum Schaufenster: Die Schaufenstervorhänge sind zugezogen, draußen stürmt es. Durch den schmalen Spalt am Türvorhang sieht er zwei Fußgänger mit eingezogenen Köpfen, die Augen auf den Boden gerichtet, den Kirchplatz überqueren. Sie streben von seinem Salon fort. Die Straße wirkt leer, der Bürgersteig verwaist.

Schweißperlen treten auf seine Stirn.

Der Frisör richtet sich zur vollen Körpergröße auf, hält die lange scharfgeschliffene Schere in seiner starken Linken, presst die Scherengriffe in sein Fleisch und richtet den Scherenkörper waagerecht aus. Die Schere wippt in seiner Hand; sie will fliegen. Er hebt den linken Arm bis zur Decke, drückt den Oberarm im Schultergelenk nach hinten durch.

Ein wenig mehr zurücktreten, ein wenig mehr nach links. Keinesfalls stößt sein Arm herab, nein, die Erde springt aus der Umlaufbahn, macht einen Satz; eine tektonische Verschiebung passiert, etwas Gigantisches geschieht. Jedenfalls bewegt sich der Fußboden mit Marianne und dem Professor auf seine linke Hand zu – natürlich verfehlt die Schere nicht ihr Ziel. Die Metallspitze trifft die kahle Stelle, rechts über und hinter dem Ohr gelegen; durchstößt die Schädeldecke; gleitet mit Wucht in den Knochen hinein; schrammt am Gehirn entlang.

Seine Hand versenkt die lange scharfgeschliffene Schere bis zum Anschlag in den Kundenkopf hinein.

Die Augenlider des Professors flattern, sein Mund öffnet sich, er gluckert, dann fällt seine Unterlippe herab, der lange Körper erschlafft und rutscht in Marianne hinein. Den Kopf hält der Professor aufrecht und verdreht die Augen: Die rechte Pupille schielt nach oben, die linke nach unten.

Der stöhnt und gurgelt.

Lebt der noch?

Der lebt.

Der atmet.

Der schaut die Decke und den Fußboden gleichzeitig an; sein linker Arm zuckt – wie ein Untoter.

Der lebt.

Der Frisör zieht die lange scharfgeschliffene Schere aus dem Schädel heraus, hebt seinen linken Arm in die Höhe und stößt die Schere ein zweites Mal hinab. Diesmal zielt der Frisör – warum nicht gleich so? – auf einen imaginären Mittelscheitel. Den Mittelpunkt des Mittelscheitels. Zwischen Stirn und höchstem Schädelpunkt. Das Metall gleitet durch den Knochen und das Gehirn in eine Hirnwasserkammer hinein.

Karls Mund öffnet sich, als würde er gähnen. Es ist kein Gähnen, denn die Kiefer schließen sich nie mehr.

Karls Kinn fällt herab; sein Kopf erschlafft, ein Gurgeln strömt aus seiner Kehle heraus. Dann stirbt sein Atem.

Karls Kopf und Körper stürzen in Marianne hinein.

Der zweite Stich versetzt den Frisör in einen Rausch: Er möchte ein drittes Mal in Karls Schädel hineinstechen, die Knochenplatte durchlöchern. Und wieder hineinstechen. Er fühlt sich beschwingt, von einer Zentnerlast befreit – wie oft haben Kunden ihn gedemütigt? Wie viele Jahre Knechtschaft? Wie viele Male ist er bloß Handlanger gewesen? Fette Haare, ungepflegte Haare, nur nachschneiden, keine Zeit, keine andere Frisur.

Frei sein, endlich frei sein!

Die Schere sprengt nicht nur einen Schädel, sie sprengt auch ein Verlies. Nicht mehr Mutters Auftrag befolgen und die »wahre« Frisur auf den Kopf modellieren. Das grenzenlose Frisuren-Universum lockt: Beschwingt losfrisieren. Sein Talent, sein Fingergeschick und seine Phantasie austoben.

Der Frisör könnte die Schere drehen und das Loch erweitern, Knochenknirschen würde diesen Spaß begleiten, Gehirnbrei, Hirnwasser und Blut auslaufen. Das tut er nicht: Vermische Haare nicht mit Körperflüssigkeiten, so lautet das Dritte Gebot.

Da bricht sich im Frisör eine Erkenntnis ihre Bahn: Die Schere hat einen Menschen getötet!

Sie hat es getan.

Und seine starke Linke.

Die Schere, die der Frisör in seiner Hand hält, ist es gewesen. Die Schere, die mit ihm verbunden ist. Der Scherengriff ruht in seiner Hand, die Scherenspitze in Karls Gehirn. Auf diese enge Weise war der Frisör noch mit keinem Kunden verbunden. Er umklammert den glatten Scherengriff und spürt, wie eine Kraft aus Karls Gehirn in seine Hand übertritt. Aus Karls Hirn heraus- und in den Frisör hineinfließt. In seinen Körper eintritt.

Aus dem ersten Scherenloch sickern gelbes Hirnwasser, rotes Blut und weiße Klümpchen, das zweite Loch wird von der Schere abgedichtet. Tropft es auf den Boden? Der Frisör bückt sich: Unter Marianne bildet sich eine Lache. Mit Fettaugen und roten Streifen.

Plötzlich durchweht ein kalter Windzug den Salon. Hastig wirft der Frisör ein Handtuch über den Scherenkopf, dreht sich um, tritt dem Eindringling entgegen. Verstellt ihm den Blick auf Karl: »Tut mir leid, der Herr.«

»Bitte, Sie müssen mich frisieren.«

»Mein Salon ist geschlossen.«

»Aber die Tür …«

»War nicht verschlossen, ich weiß. Bitte entschuldigen Sie vielmals dieses Versehen«, sagt der Frisör. Sein Herz bubbert, seine Hände zittern heftig. Er steckt sie in die Kitteltaschen. »Ich hab Feierabend.«

»Aber ich bin verabredet«, der kleine Mann lüftet seine Schirmmütze: lange wirre Strähnen, abstehende Seitenhaare, der Hemdkragen ist von Haaren verdeckt.

»Bitte gehen Sie! Ich hab Feierabend.«

»Bitte. Bitte!« Der kleine Mann versucht, an ihm vorbei zu spähen.

»Nein, der Herr. Es ist geschlossen.«

Da trippelt der kleine Mann drei schnelle Schritte zur Seite: »Ist da jemand?«

Erneut versperrt der Frisör ihm die Sicht auf den toten Karl: »Das geht Sie nichts an.«

»Da ist jemand, ich hab ihn gesehen.«

»Das geht Sie nichts an!«

»Wieso der und nicht ich? Ist der was Besseres?«

»Nein, der Herr, natürlich nicht«, sagt der Frisör im Brustton der Überzeugung. Jeder Kunde ist ihm gleich wichtig; nur die Haare zählen.

»Oder ist das geheim?«

»Hier ist nichts geheim«, antwortet der Frisör hastig. Bloß keine Gerüchte entstehen lassen. Der kleinste Funke entzündet ein Lauffeuer, der Stadtteil Köln-Ehrenfeld funktioniert wie ein Dorf. »Diesem Kunden blondiere ich die Haare. Die Farbmischung muss einziehen, dabei ist der Kunde eingeschlafen«, redet er bedächtig weiter.

»Bitte, Herr Friseurmeister, wenn Sie sowieso warten müssen: Mir reicht eine einfache Frisur. Für ein Rendezvous heute Abend. Ich bitte Sie. Nur fünfzehn Minuten.«

Der Frisör weist zur Tür, da drängt der Mann sich an ihm vorbei und zeigt auf den toten Karl. »Mit dem stimmt was nicht. Diese Haltung ist unnatürlich. Die muss doch wehtun.«

Tatsächlich liegt Karls Gesäß auf der vorderen Sitzkante und droht, abzurutschen.

»Für einen Yogameister ist diese Position bequem. Nun gehen Sie, sonst hole ich die …«, der Frisör spricht das Wort »Polizei« nicht aus, das wäre ein böses Omen. Und das falsche Stichwort. Er sollte auf keinen Fall die Polizei erwähnen.

Als der kleine Mann ihm beide Hände entgegenstreckt, breitet sich im Frisör eine ungewohnte Regung aus: Er hat heute mehrere Gebote übertreten. Warum den späten Kunden nicht neben dem Toten frisieren?

Er atmet durch, nickt und weist mit der Hand auf Walter.

»Danke schön, danke, vielen herzlichen Dank! Das vergesse ich Ihnen nie.« Der Mann setzt sich auf Walter, aber schaut erneut zu dem verhüllten Scherenkopf hinüber.

Der Frisör schiebt die große Trockenhaube als Sichtschutz zwischen Walter und Marianne. Dann wirft er dem kleinen Mann einen Frisierumhang über und entscheidet sich - ein Blick genügt - für den Standardschnitt. Kürzt mit der Schneidemaschine die Seiten- und Hinterhauptshaare, rasiert den Nacken und die Koteletten aus, kürzt das Deckhaar auf vier Zentimeter, stuft den Übergang zum Seitenhaar ab. Zuletzt schneidet er den Pony, kämmt einen Seitenscheitel, sprüht die Stirnhaare ein und bürstet sie nach rechts: »Fertig.« Zieht den Umhang herunter.

»So schnell?« Der kleine Mann betrachtet sich im Spiegel: »Danke schön. Ich sehe viel besser aus, aber so eine Frisur habe ich noch nie getragen.«

Er drückt dem Frisör einen Zehn-Mark-Schein in die Hand, winkt dem Toten zu und eilt hinaus.

Der Frisör schließt die Salontür zweimal ab, schiebt zusätzlich den Riegel vor, inspiziert die zugezogenen Vorhänge und sieht sich um: Der Professor liegt unverändert mit dem Gesäß auf der vorderen Sitzkante, sein Scherenkopf vom Handtuch verhüllt.

Soll er ihn hochziehen?

»Toten ist die Körperhaltung egal«, murmelt der Frisör. »Sie spüren nichts.«

Während er diese Worte ausspricht, ist er nicht sicher, ob sie stimmen. Wo ist Karls Seele? Stirbt sie mit dem Körper? Ist sie weggeflogen oder steckt sie in ihm drin?

Der Frisör tritt an Marianne heran und streckt seine Hände aus, um das Handtuch zu entfernen und den Scherenkopf zu betasten. Da befällt ihn ein Ekel: Den toten Professor kann er weder berühren noch ansehen.

Bloß raus aus dem Salon.

Der Frisör löscht das Licht, tritt durch die Hintertür in den Hausflur, schließt zweimal ab, steigt die Treppe hinauf, öffnet die Wohnungstür, tritt ein, schließt diese Tür ebenfalls zweimal ab. In der Sicherheit seiner Wohnung kollabiert er nicht und verkriecht sich nicht im Bett; nein, der Frisör erwischt sich dabei, wie er Milch aufsetzt und Reis hineinschüttet. Da er keine Kirschen findet, öffnet er ein Glas Pflaumen, stellt Zucker und Zimt auf den Tisch und isst, als der Milchreis weichgekocht ist, eine große Portion. Mit vorzüglichem Appetit.

Rita konnte nicht länger warten, hob ihren Kopf und sah im Spiegel viele XXL-Wickler auf ihrem Kopf. Mehr war nicht zu erkennen.

»Tut mir leid, meine Dame, ihre Frisur ist nicht fertig. Sie müssen sich gedulden«, sagte der Gala-Coiffeur.

Seine dunkle Stimme beruhigte sie. Wie aufmerksam von ihm. Er hatte ihre Enttäuschung bemerkt und vorbildlich reagiert.

Für den Gala-Coiffeur war dieser Satz reine Routine: Bei neuen Sehnsuchtsfrisuren fürchteten die meisten Kundinnen, dass sie misslangen oder ihnen nicht gefielen. Die Frauen spähten gespannt in den Spiegel und entsetzten sich beim Anblick ihres halbfertigen Kopfes: So hatten sie sich ihre Traumfrisur nicht vorgestellt.

Der Gala-Coiffeur hatte keine Zweifel, nur Rita zweifelte: Wird die Super-Lockenwelle gelingen?

Rita fixierte erneut ihr Spiegelbild, da verstellte sein grauer Friseurkasack mit den Silberknöpfen ihr den Blick. Seine Hände berührten ihren Kopf und lösten Wickler um Wickler; sie schloss ihre Augen und gab sich seinem Fingerspiel hin. Er befreite alle Strähnen, föhnte ihre Locken und stauchte, legte, streichelte sie; krümmte ihre Haare mit einer Bürste, deren Borsten zu allen Seiten abstanden. Wie eine Flaschenbürste in der Molkerei.

Dann sprayte er ihre Lockenwelle tüchtig ein, trat beiseite und gab ihr den ersehnten Blick auf den Spiegel frei.

Rita, mit weiten Augen und keuchendem Atem, betrachtete ihre Pracht: Breite Locken und weiche Wellen umflossen ihr Gesicht; ein Gewoge war das und ein eleganter Schwung, vom Scheitel bis zu ihren Schultern.

»Bien!«

Er föhnte ihr Haar mit einem Diffusoraufsatz, stauchte hier und da mit dieser Flaschenbürste eine Haarwelle nach;

seine Finger berührten ihre Wangen, ihren Hals und tasteten sich in ihren Blusenausschnitt hinein. Seine Hände waren Zauberhände, seine Finger Zauberfinger, seine Worte Zauberworte.

Rita war glücklich, ihre Glamourfrisur wogte in frischem Schwung zu allen Seiten. Jede Haarwelle und jede Locke schien ein Eigenleben zu haben und strebte in eine andere Richtung. Das wärmte ihren Bauch und ihr Herz, sie fühlte sich in Köln völlig angenommen. Sie war anerkannt, jawohl. Das bedeutete: respektiert werden wie die Modelle in den amerikanischen Modejournalen.

Der Gala-Coiffeur hatte sie verwandelt.

Rita war ihm unendlich dankbar, denn er hatte ihre Augen geöffnet. Jetzt erkannte sie die Wahrheit: Ihre Haare waren ihr eigentliches Talent. Sie wollte nicht mehr Schauspielerin, sondern Fotomodell werden. Am liebsten ein Frisurenmodell.

Gab es das?

Egal. Sie hatte sich entschieden: Fotomodell für Glamour-Frisuren.

Ein bewegender Moment. Ritas Augen glänzten und klimperten. Nicht weinen, nein, das würde ihre Schönheit stören.

Ein warmes Glücksgefühl erfüllte ihren Bauch; solch ein intensives Glück hatte sie das letzte Mal am Tag ihrer Flucht verspürt. Die Zugfahrt. Die Ankunft in Köln. Das war bisher ihr glücklichster Tag; der wurde nun vom Thron gestoßen. Ihr glücklichster Tag war heute.

Rita starrte auf ihre Glamour-Extra-Superlockenwelle, während der Gala-Coiffeur die Vorhänge vor die Schaufenster zog, das Licht löschte, sich seiner Hosen entledigte und die Rückenlehne kippte. Sie fühlte seine Hände in ihrem Ausschnitt, auf ihren Brüsten, ihrem Bauch und zwischen ihren Knien. Sie ließ ihn gewähren. Nicht gern und nicht ungern. Es war ihr nicht egal, aber die Super-Lockenwelle hatte sie in eine andere Welt katapultiert. Sie war nicht betäubt, sondern ihr Bewusstsein weilte in ihrer Fotomodellwelt, während der Gala-Coiffeur ihren Körper auf dem Bedienstuhl in Richtung Fußende zog.

Als er an ihrem Rock fummelte, hob Rita ihren Po. Ihr fiel auf, wie geschickt der Gala-Coiffeur ihren Reißverschluss öffnete und ihren Rock herunterzog.

Der Rock landete achtlos auf dem Salonboden, ihre Strümpfe folgten. Jetzt betasteten seine Finger ihre nackten Oberschenkel. Das kribbelte. Das brannte. Das war heiß und kalt zugleich. Schrecklich aufregend und schrecklich schön.

Rita kicherte.

Ihre Haut gebar eine Gänsehaut.

Ihr Rückenmark zitterte mit.

10 Perückentrost

Der Frisör erwacht vor Sonnenaufgang: Ist es geschehen? Ist es wahr, was ihm seine Erinnerung zuruft?

Die frühen Vögel jubilieren, ihr Gesang strömt durch das gekippte Schlafzimmerfenster hinein. Die Welt dreht sich. Die Welt lebt. Jeden Tag sterben Menschen. Einer starb gestern in seinem Salon. Die Leiche liegt unten. Lebt die Seele im toten Menschenkörper weiter? Wenn ja, wie lange? Wenn nein, stirbt sie mit oder fliegt sie woanders hin? In den Himmel oder die Hölle oder an einen anderen Ort?

Er könnte … ja, er könnte … welch ungeheuerlicher Gedanke.

Er könnte das uralte Rätsel, seit der Antike und Jahrhunderte davor, lösen: Lebt die Seele nach dem Tod des Körpers weiter?

Die Menschen haben die Seele als unsterblich verehrt. Stimmt das? Steckt die Seele im toten Professor fest oder ist sie aus ihm herausgetreten?

Der Frisör windet sich gegen den Widerstand seines Körpers aus dem Bett, schlurft ins Bad, duscht warm, wirft einen Bademantel über und betrachtet seine Hände: Die Linke ist kräftiger als die Rechte, der linke Daumenballen ein Muskelpaket.

Seine Linke war´s.

Er reibt die Hände mit einem Bimsstein ab und führt sie an die Nase: Riechen seine Finger?

Nein, seine Finger riechen nicht.

Er inspiziert beide Hände: Kein Makel zu erkennen.

Ist es wahr? Ist es geschehen?

Er irrt durch die Wohnung, verweilt im Wohnzimmer, sieht auf den Kirchplatz herab, lauscht dem Morgenkonzert der Vögel. Etwas Gewaltiges ist geschehen. Nachher ist nicht wie vorher. Ob seine Perücken in dieser neuen Ära gebraucht werden?

Utas Perlennetz, Winoras Haarturm und Fredas Zopf sind eingefroren. Sie schweigen.

Der Frisör schleicht – leise, leise – die Treppe hinab und verharrt vor der hinteren Salontür. Worauf warten? Den Schlüssel umdrehen, die Klinke herunterdrücken und drei schnelle Schritte in den Salon.

Er schafft es nicht.

Der Frisör schleicht den Hausflur entlang und öffnet die Tür zur Straße: Der Kirchplatz liegt verlassen da. Er streckt seinen Kopf vor, sieht nach rechts und nach links. Auf dem Bürgersteig ist niemand zu sehen.

Er schiebt den rechten Fuß auf den Asphalt. Nichts geschieht. Er setzt den linken Fuß, eine Drehung, schon tappt er am Schaufenster entlang. Schritt. Pause. Schritt. Pause. Späht durch den Türvorhangspalt: Sein Salon liegt im Dunkel. Der Frisör erkennt mit Mühe die Polstercouch und die Registrierkasse; von den Frisierstühlen nur den schmalen Walter.

Marianne kann er nicht erspähen.

Ist der Professor fort? Hat dieser Kerl sich in der Nacht aufgemacht? Hat der Frisör sich bei der Todesfeststellung geirrt? War Karl nur bewusstlos, ist mit Kopfschmerzen erwacht, hat die Schere gepackt und herausgezogen und ist fortgeflogen.

Welch ein Blödsinn!

Der Frisör flieht in den Hausflur, knallt die Haustür zu, rennt die Treppe hoch, schlägt die Wohnungstür ins Schloss, schmeißt sich aufs Bett, zieht Bettdecke und Kopfkissen über den Kopf.

Bleibt bewegungslos liegen, bis die Welt sich weiterdreht.

Um sieben Uhr in der Frühe setzt der Frisör sich in seinen Wohnzimmersessel: Utas Papilloten zittern, Fredas Haarzopf hängt, Winora hat sich abgewendet.

»Hallo. Wie geht es euch?« Heute klingt seine Stimme falsch.

Uta schweigt, Winora klimpert, Freda dreht sich weg.

Er will Freda berühren und betrachtet seine Hände. Darf er mit diesen Fingern seine Perücken anfassen? Mit der linken Hand, die die Schere hielt?

Die Linke war´s.

Wieso?

Fragen die Perücken im Dreiklang. Sie haben sich abgesprochen; sie sprechen mit einer Stimme. Sie fühlen sich bedroht und haben sich verbündet. Wer wird sich um sie kümmern, wenn er im Gefängnis einsitzt? Werden sie in seinem Wohnzimmer vertrocknen oder in fremden Schaufenstern ausbleichen?

Der Zeiger der Wohnzimmeruhr kriecht.

Wie ein undichter Luftballon schrumpft der Frisör in sich zusammen: »Dieser Professor ist schuld«, sagt er in die Perückenstille hinein. »Ich wollte ihm die Haare schneiden, aber der bedrängte mich. Ich musste furchtbare Kunden erinnern. Eine schreckliche Horde. Deswegen zitterte die Scherenspitze heftig, ich konnte sie nicht kontrollieren. Der Professor hat das Haarloch verursacht.«

Unisono nicken die Perücken: *Der Professor ist schuld.*

»Und die Schere ist schuld. Sie hat zugestochen«, sagt der Frisör.

Die Perücken nicken: *Die Schere ist schuld. Die Schere war´s.* »Der Professor hat sich mit einer Lüge Zutritt verschafft. Das war nicht recht«, sagt der Frisör.

Die Perücken schütteln sich und reden durcheinander. Eine jede spricht: *Ein Lügner. Aufgesetztes Mitgefühl. Das war seine Masche. Der wollte dich verändern. Du bleibst besser, wie du bist. Wir gehören an deine Seite. Wir wollen nicht in fremden Schaufenstern enden.*

»Der wollte mich für seine Zwecke benutzen. Was sollte dieses monotone Gerede vom unangenehmen Kunden? Was wollte …«, der Frisör vollendet diesen Satz nicht.

Lass dich nicht ausnutzen. Dein Geschick und dein Talent sind einzigartig. Glaub an dich.

Sagt Freda. Die bauernschlaue Freda.

Der Frisör fühlt sich getröstet. Die Perücken sind auf seiner Seite. Sie verstehen ihn.

Trotzdem weiß er nicht weiter. Wohin mit dem toten Körper? Er muss ihn möglichst schnell aus dem Salon entfernen, das duldet keinen Aufschub. Wie kann er den Toten entsorgen – mitten in Köln-Ehrenfeld?

In diesem Moment blitzt, wie ein Querschläger aus dem Unbewusstsein, ein uralter Zweifel im Frisör auf: Wäre er besser nicht Friseur geworden? Nach der Hauptschule hatte er partout keine Haare schneiden, sondern Arzt werden wollen. Der weiße Kittel hatte ihn angezogen, bis zum Kinn geschlossen, ein prima Schutzmantel und Thron zugleich, denn zum Arzt sah man auf. Oder Bankkaufmann lernen, denn im Bankgebäude roch es gut. Das Geld sonderte diesen Geruch ab. Amadé hatte stundenlang am Stehpult Überweisungen ausgefüllt, aber nie abgegeben, um die bedächtige Atmosphäre und den Geldgeruch zu genießen.

Mutter hatte ihn zum Friseurberuf getrieben. Er hatte unter einer Bedingung zugestimmt: Beim Gala-Coiffeur lernen. Der beste Kölner Haarsalon. Amadé hatte Angst vor diesem Choleriker, wie alle Angestellten, denn Chef war zutiefst ungerecht. Waren Kundinnen unzufrieden, grillte er die Angestellte – schuldig oder unschuldig, das war dem Gala-Coiffeur egal – im Lagerraum. Nach zehn Lagerminuten kündigten viele.

Mutter wollte Chef nicht fragen, Amadé wollte Chef nicht fragen, das war Patt. Da half Amadé kein Betteln, denn Mutter war Beton. Also stand er vor dem Gala-Coiffeur und krächzte Unverständliches, aber der Angesprochene schrieb stoisch weiter. Da rannte Amadé zu Mutter, die genauso stoisch ein Waschbecken schrubbte.

Bei der nächsten Gelegenheit beschimpfte Chef einen Anzugtypen, dass dieses Chemiezeugs ein ausgezeichnetes Gift sei, das nach zwei Anwendungen die Haarstruktur zerstörte. In diesem ungünstigen Moment traute Amadé sich nicht, Chef zu fragen.

Am Tag vor den Sommerferien bürstete Amadé verbissen einen Perückenkopf, bis die letzte Kundin gegangen war, Chef Kasse machte und Mutter die Bedienstühle wienerte. Sein Herz hämmerte im Schädel, seine Finger krampften, er bürstete wie ein Wilder. Umso länger er bürstete, umso eher würde Chef ihn einstellen. Als Chef das Kassenbuch zuklappte, sprach Amadé seinen Wunsch aus: »Ich-Will-Friseur-Lernen.«

Chef reagierte nicht, also schrie Amadé: »HIER!«

Chef zog die Augenbrauen hoch, weil Amadé zu laut gesprochen hatte. Dann schob er das Kassenbuch in die Schublade, marschierte durch den Gala-Salon, inspizierte die Ablagen, öffnete Schranktüren, sah und roch hinein, marschierte weiter, hauchte jeden Spiegel an. Urplötzlich eilte er auf Amadé zu und polterte los: »Du bist ein verstockter Kerl. Das Frisieren wirst du lernen. Du bist geschickt und hast einen guten Blick, aus dir könnte ein echter Meisterfriseur werden. Doch du redest nicht, nicht um alles in der Welt. Du redest nicht. Du fragst nicht. Du schweigst. Dabei kommt das Reden noch vor dem Frisieren, jawohl. Merke dir das, schreib dir das auf ewig hinter deine Ohren: Die Kundschaft benötigt freundliche Worte.«

Eine Woche später lag eine Postkarte im Briefkasten: Chiemsee-Wellen im Abendlicht, ein Ruderboot am Steg; in steilen Lettern stand die Adresse eines Frisiersalons im Kölner Norden geschrieben. »Sofort vorsprechen, die suchen einen Lehrling. Bewirb dich dort. Gruß. Chef.«

Amadé bewarb sich im Kölner Norden nicht. Kein langweiliger Vorortsalon, nein; der Gala-Coiffeur betrieb den besten Kölner Frisiersalon in der Innenstadt. Wer-was-auf-sich-hielt buchte regelmäßig einen Termin im Gala-Salon. Um dort frisiert und gesehen zu werden.

11 Der Gala-Sturm

Seine Hände strichen über ihre Oberschenkel und sendeten Hitze an ihre Haut. Seine Finger berührten – das gehörte sich nicht, das überschritt den Anstand und die Regeln des Erlaubten, das war vor der Heirat verboten – ihr Höschen. Sie erfassten den Gummizug und nicht nur das: Sie drangen zwischen Gummizug und Unterbauchhaut ein. Ihre feinen Hauthärchen stellten sich auf, wie Palisaden, um die angreifenden Barbaren aufzuhalten.

Waren das Barbarenhände?

Nein, der Gala-Coiffeur war kein Barbar, sondern ein selbstverliebter Schönling. Jetzt ein angreifender Schönling. Mit einem Ziel. Das unter ihm lag. Er brauchte nur zugreifen.

Rita fühlte sich leicht. Der Gala-Coiffeur hatte sie mit der Glamour-Super-Extralockenwelle entrückt. Sie war ihm unendlich dankbar. Darum floh nicht sie. Bewegte sich nicht. Aber sie half ihm nicht. Hob nicht ihren Po an. Nicht bei ihrem Höschen. Das gehörte sich nicht.

Der Gala-Coiffeur zog an ihrem Gummizug, zuerst rechts, dann links; er zog das Höschen zentimeterweise über ihre Hüftknochen herunter. Rechts, dann links. Wieder rechts, wieder links. Das macht der nicht zum ersten Mal, dachte Rita und wollte ihn fragen, aber der Gala-Coiffeur sah sie nicht an. Der sah durch sie hindurch auf einen Punkt hinter ihr. Als wäre sie eine Puppe und nicht von Belang; hinter ihr spielte seine Musik.

Ritas Blick schweifte durch den Salon, bis sie sich in einem Spiegel verfing. Kein Zweifel, diese Superlockenwelle war die richtige Wahl. Wie eine Diva sah sie aus, frisch und von Welt, elegant und lebensfroh. Eine Dame mit Niveau und Esprit. Die was auf sich hielt.

Sie strampelte nicht, als seine Hände – ihr Höschen lag auf dem Salonboden, das hatte sie nicht bemerkt – von beiden Innenknöcheln zu ihren nackten Waden stiegen und zu den Knien hoch wanderten. Wie sanft ihre Knie von seinen Händen auseinandergedrückt wurden? Sie genoss es, als seine Finger ihre Oberschenkel berührten. Das prickelte und brannte auf ihrer Haut. Dieses Gefühl hatte sie noch nie gespürt, das war eine aufregende Sensation, als seine Handflächen ihre Schenkelhaut berührten. Seine Wärme steigerte ihre Hitze und ihre Schenkel kribbelten stärker. Wie langsam seine Hände höher drangen. Trotzdem erreichten seine Finger recht schnell ihren Unterleib.

Rita hatte die Kontrolle über die Situation verloren; sie kannte sich nicht aus und war aus der Zeit herausgefallen. Die Salonuhr tickte gewöhnlich weiter, aber ihre Erlebniszeit stand still. Wenige Sekunden Maschinenzeit dehnten sich zu einer Stunde Erlebniszeit. Sie fühlte seine Handflächen auf ihrem Oberschenkel als einen langsamen Marsch in einen glühenden Vulkan hinein. Ihre Beine standen in Flammen; als seine Hände höher wanderten, dehnte sich die Hitze aus und ihr Körper stand in Flammen.

Sie schloss ihre Augen, aber öffnete sie im selben Moment, denn sein silbergrauer Blick, auch wenn er durch sie hindurchsah, hielt Rita gefangen.

Ihre Schenkel auseinanderdrücken und hochstürmen war eine Bewegung des Gala-Coiffeurs; seine Hände drangen vor und glühende Lava ergoss sich aus Ritas Scham, strömte die Wirbelsäule hinauf und gleichzeitig ihre Beine hinunter. Ihr ganzer Körper stand in Flammen.

Waren zwei Sekunden vergangen oder zwei Stunden? Rita spürte nicht, wie schnell seine Hände ihre Scham erreichten. Sie war obenherum bekleidet und untenherum nackt, das spürte Rita. Die Salonuhr tickte die Sekunden herunter, während seine Hände minutenlang ihre nackte Scham berührten. Ihr Intimstes. Ihr Weichstes. Ihr Behütetes und Verborgenes. Sie hatte ihre Vagina nie verachtet; im Gegenteil, sie mochte ihre Scheide. Sie war gerne ein Mädchen gewesen; ein Junge wollte sie nie gewesen sein.

Warum sie dem Gala-Coiffeur ihren Unterleib überließ?

12 Zwei Haarwirbel

Zum Frühstück schlürft der Frisör in der Sicherheit seiner Küche einen Kaffee. Er verspürt keinen Appetit: Etwas Gewaltiges ist geschehen. Die Kunden liegen wehrlos unter seinen Händen. Ausgeliefert. Das war schon immer so, aber nun ist es vollbracht, in der ganzen Herrlichkeit vollbracht: Er ist zum allmächtigen Herrscher aufgestiegen.

Wer den Tod verteilt, der herrscht über die Lebenden.

Eine Ohrwurm-Melodie steigt dem Frisör in die Ohren; zuerst brummt er mit, dann singt er in seiner Küche: Ach, wie schön, Friseur zu sein. Er wiederholt den Refrain immer lauter, bis er aus vollem Hals gegen die Küchenwand brüllt.

Er bricht ab. Wohin mit der Leiche?

Er schaut auf die Uhr. Gleich halb Neun. Wie langsam der Zeiger vorrückt. Die Zeit ist nicht linear, sie dehnt und verkürzt sich. Sie springt voran. Manchmal bleibt sie fast stehen. Die tickende Zeit, die gleichmäßig voranschreitet, ist ein Technikprodukt. Maschinenzeit. Keine Erlebniszeit.

Er braucht Maschinenzeit zum Überlegen.

Hektisch bekritzelt er einen Zettel: Salon umständehalber geschlossen. Zerreißt den Zettel. Umstände erregen Verdacht, die Leute werden fragen: Was ist beim Frisör geschehen? Die Leute tratschen, jeder packt eine Schippe drauf; aus Gartenzwergen werden Giganten, das Wort »Umstände« erregt Verdacht und schürt Phantasien.

Wohin mit der Leiche?

Zeit gewinnen. Den Scherenstich hinter Alltäglichem verbergen. Das schreiben, was die Menschen erwarten. Kein Wort darf Zweifel auslösen. Fremdes ängstigt, Bekanntes beruhigt.

Der Frisör grübelt, dann fällt es ihm ein: Krankheit ist vertraut. Jeder Mensch erkrankt ab und an.

Er holt sein bestes Briefpapier und schreibt in großen Lettern: »Heute wegen Krankheit geschlossen.« Auf das Wort »Heute« ist er besonders stolz, denn die Bedeutung dieses Wortes verschiebt sich Punkt Mitternacht auf den nächsten Tag: Der morgige Tag wird nach Mitternacht zum heute, der übermorgige Tag nach zwei Nächten. »Heute wegen Krankheit geschlossen« bleibt aktuell, beschreibt den heutigen Tag, aber auch jeden Tag, der kommt: heute, morgen, übermorgen. Jeder zukünftige Tag wird zum Heute, wir leben im Heute, sind Sklaven des Heute, die endlose Reihe von Heute-Tagen beherrscht uns.

Jetzt muss der Zettel an die Salontür, aber der Frisör traut sich nicht in seinen Salon hinein. Er schleicht durchs Treppenhaus, öffnet die Haustür einen Spalt und späht hinaus: Autos und Passanten strömen vorüber, um die Büros und Geschäfte zu bevölkern. Das Leben pulsiert an seinem Salon vorbei.

Der Frisör gibt sich einen Ruck und pulsiert unauffällig mit: Streckt seinen Rücken, setzt einen Fuß auf den Bürgersteig, dann den nächsten. Dreht sich und marschiert zur Salontür. Klebt die Krankmeldung an das Türglas. Späht durch den Türvorhangspalt in den dunklen Salon und erkennt, außer Kassentresen, Polstercouch und dem Bedienstuhl Walter, kein Einrichtungsstück. Gnädig schirmen die zugezogenen Vorhänge den Toten vom Tageslicht ab.

Dann bubbert sein Herz gewaltig los; den Frisör verlässt der Mut, er flieht die Straße, rennt durch die Haustür in den Hausflur, die Treppe hinauf, die Wohnungstür aufgeschlossen, zugeworfen, abgeschlossen; den ganzen Vormittag liegt er auf der Wohnzimmercouch und lauscht seinem Herzschlag. Es stimmt, was er auf den Zettel geschrieben hat: Eine Krankheit hat ihn befallen. Er ist unpässlich und seine Brust brennt, wie damals, in der Schule: Die erste Doppelstunde war Deutsch, in der Pause mussten alle Kinder auf den Schulhof. Dort wurde er herumgestoßen und getreten und konnte sich nicht in eine Spielgruppe retten, denn Mutter hatte ihm Ballspielen und Dosenkicken verboten. »Bereite dich in der Pause auf die nächste Stunde vor«, verlangte sie. Ihr Befehl funktionierte nicht, denn die nächste Stunde war Sport. Ballspielen und Dosenkicken wären eine gute Vorbereitung gewesen.

Im Klassenzimmer saß Amadé neben einem Fenster, vor dem ein Baum stand. Im Sommer schwirrten Insekten zwischen den Blättern, die zählte er nach vier Sorten: Bienen, Fliegen, Käfer, sonstige Wesen. Im Winter reckten sich die Zweige in den Himmel und Amadé phantasierte in dieses Astgewirr Ritter, die in die Schlacht zogen, mit Kanonen und Fußtruppen. Den ganzen Winter über tobte die Schlacht, die Frühlingsknospen waren ihm verhasst, weil das frische Grün das Labyrinth der Äste verbarg.

Religion war sein Lieblingsfach; Amadé konnte alle frühchristlichen Päpste aufsagen. In den anderen Fächern war er schlecht und schaffte mit Mühe die achte Klasse. Während des Unterrichtes sah er aus dem Fenster, auf dem Schulhof saß er bei den Mädchen und hoffte, die Pause unbeschadet zu überstehen.

Bis eines Morgens ein neuer Schüler eintraf; ein schwarzhaariger Junge mit Pickelgesicht, er gleich am ersten Tag auf dem Lehrerstuhl wippte, seine nassen Schuhe auf das Klassenbuch legte und ihn angrinste: »Hey du Muttersöhnchen. Hast dich wohl verlaufen.«

Amadé lief rot an. Das Pickelgesicht grinste, seine zwei Haarwirbel an beiden Stirnecken zwirbelten nach oben; diese Wirbel waren böse, das spürte Amadé; ihre Bosheit nahm ihm den Atem. Als er sich nach dem Hausaufgabenheft bückte, knallte sein Kopf gegen ein Tischbein, sein Ranzen flog durch den Raum, Stifte rollten, Hefte flatterten, ein nasser Schuh zertrat seinen Füller.

Von nun an halfen Amadé keine Tricks. Manchmal gelang es ihm, sich im Klo einzuschließen, da konnten sie nur durch das Deckengitter auf ihn spucken. Meist versperrten sie diese Zuflucht. Dann raste Amadé die

Treppe herunter, wo das Teufelsjunge ihn abfing. An seinen Haarwirbeln konnte Amadé ablesen, was ihn erwartete: Schwangen sie bei jeder Bewegung mit, kam Amadé mit einem Schlag ins Gesicht und dem Verlust seines Pausenbrotes davon. Klebten die Haarwirbel wie Pomade, dann wurde er auf den Boden geschubst und getreten. Klumpten die Haarwirbel, herrschte höchste Alarmstufe: Sie trieben ihn auf den Schulhof, zerrten Amadé in eine versteckte Ecke, schlugen ihn und räumten seine Taschen leer. Einmal pisste der Teufel auf Amadé; ein anderes Mal zogen sie seine Hose aus und warfen sie in eine Pfütze.

Am Ende der neunten Klasse – auf seinem Baum war der Sommer mit unzähligen Mücken und Brummerhummeln ausgebrochen – gab es eine Epidemie: Haarläuse. Der Direktor verfasste ein Rundschreiben, innerhalb von drei Tagen waren alle Schüler geschoren, die Mädchen verbargen ihre geschorenen Schädel unter Kopftüchern.

Der Teufel war ohne Haarwirbel nicht wiederzuerkennen: Er wippte nicht am Lehrerpult, sondern saß auf seinem Platz. Er pfiff nicht, als Amadé hereinkam. In der Pause schubste er Amadé einmal. Mehr passierte nicht.

Am Nachmittag sieht der Frisör durch das Wohnzimmerfenster auf den Kirchplatz und beobachtet die Passanten. Nichts Verdächtiges geschieht. Das wird nicht so bleiben. Der Professor ist verschwunden, seine Familie, Freunde und Bekannte werden ihn suchen. Heute Morgen wurde er bereits auf dem Kongress vermisst, welch ein Skandal: Der Eröffnungsredner fehlt. Sie haben einen Eilboten losgeschickt, der hat ihn nicht gefunden. Wurde sein Verschwinden schon gemeldet? Wo werden die Polizisten den Professor suchen?

Seinen Salon werden sie nicht durchstöbern, da ist der Frisör plötzlich sicher: Der Professor war zufällig gekommen. Er ist kein Stammkunde. Der hatte in einem anderen Salon angerufen.

Was tun, wenn die Polizisten alle Kölner Frisiersalons durchsuchen?

Dann kippt seine Meinung: Was geschieht, wenn jemand beobachtet hat, dass der Professor seinen Salon betreten hat? Dann werden die Uniformierten seinen Salon zuerst durchsuchen und den Körper im Garderobenschrank finden.

Er muss den Toten entsorgen. Das duldet keinen Aufschub.

Eine Sirene schreckt den Frisör auf. Eilen die Polizisten bereits herbei? Horden von Uniformierten rasen in schnellen Autos heran, quellen wie Ratten aus den Autotüren hervor, zertrümmern die Eingangstür und stürmen in seinen Salon. Phantasiert er? Wird er verrückt? Erträgt er die Anspannung nicht mehr?

Der Frisör sieht die Straße herauf und herunter. Kein verdächtiges Auto nähert sich, kein Blaulicht beleuchtet die Häuserwände oder den gegenüberliegenden Kirchplatz.

Ein junger Mann bleibt vor seinem Schaufenster stehen.

Der Frisör hält den Atem an.

Der junge Mann schlendert weiter.

Mitten in der Nacht schleicht der Frisör im dunklen Hausflur die Treppe hinunter, schließt ohne Zögern die Hintertür auf, tritt in den Salon und schließt hinter sich ab: Trübes Straßenlaternenlicht fällt zwischen Vorhang und Decke in den Salon. Ihn stören die Haarreste auf dem Fußboden und die unaufgeräumten Ablagen. So hinterlässt man keinen Salon.

Seine Augen tasten sich durch die Dunkelheit und erkennen Walter. Von Walter wandert sein Blick zu Freddy, von Freddy zu Marianne.

Etwas liegt auf Marianne!

Er nähert sich nicht, sondern schaut genauer hin. Aus der Dunkelheit schälen sich bekannte Formen: Schuhe, Hose, Hemd, den Kopf verdeckt ein Handtuch. In der Hose stecken Beine. Gehören diese Beine zu einem Körper? Bestimmt gehören diese Beine zu einem Körper, weil Beine immer an einen Körper gehören. Kindergartenkinder kritzeln einen Körper aus Beinen, Armen und einem Kopf und malen diese Figur mit Farben aus: Zwei Arme, zwei Beine, ein Kopf.

Das Etwas auf Marianne ist nicht rund wie eine Kugel, und nicht eckig wie eine Kiste. Es ist länglich, mit flachen Erhebungen. Es kann eine Strohpuppe sein. Eine Schaufensterpuppe? Eine entlaufene Wachsfigur? Eine Mumie aus Glas?

Gibt es Glasmumien?

Unter dem Frisierumhang zeichnet sich Menschenähnliches ab.

Warum stehen die Schultern vor?

Bei Büroarbeitern wachsen die Schultern nach vorn.

Er tritt näher: Über dem Kopf schlägt das Handtuch Falten.

Kann ein Menschenkopf so lang sein?

Das Wort »Scherenkopf« gefriert in seinem Gehirn.

Der Frisör schließt die Augen, zählt bis Dreißig, öffnet sie: Das längliche Etwas auf Marianne hat sich nicht in Luft aufgelöst. Das Ding liegt, von einem Frisierumhang und einem Handtuch bedeckt, auf Marianne.

Für einen Moment meint er, den Professor zu sehen. Mit grauen Haaren.

Der Frisör schüttelt sich: höchste Zeit, aus diesem Alp zu erwachen. Er schließt die Augen, zählt bis Hundert. Öffnet die Augenlider einen Augenblick für einen Augenspalt und, weil die Gestalt unverändert auf Marianne liegt, schließt er seine Lider wieder und zählt bis zweihundert. Bis dreihundert. Langsam weiter bis vierhundert. Öffnet die Lider erneut: Wildlederschuhe, schwarze Socken, braune Cordhose, Lodenjacke. In den Hosen stecken Beine, die Beine gehören zu einem Körper.

Möge der Tote sich in Luft auflösen, wünscht der Frisör, doch selbst zu Weihnachten pflegten seine Wünsche nicht in Erfüllung zu gehen. Als Kind verfasste er lange Listen, zuoberst seinen Lieblingswunsch, aber keiner erfüllte sich.

Stakkato-Schritte dröhnen heran. Doppelschritte – laute Schritte und leise Schritte; beide Schritte verstummen, eine Stimme spricht, eine zweite antwortet. Genau vor der Eingangstür des Salons.

Der Frisör mutiert zur Statue, die wie zufällig – ach, wie bin ich hierhin geraten? – neben einem Toten steht. Er atmet nicht.

Eine Frau spricht. Sie ist jung, das hört der Frisör.

Ein Mann antwortet.

Etwas bewegt sich.

Im Türvorhangspalt erscheint ein heller Streifen: ein weiß geschminktes Frauengesicht, dick schwarz umrandete Augenlider und blonde Haare.

Die Frauenstimme spricht lauter.

Was macht eine junge Frau mitten in der Nacht vor seinem Salon?

Es riecht nach …

Der Frisör atmet unhörbar durch den Mund aus und atmet durch die Nase ebenso unhörbar wieder ein; dies wiederholt er mehrere Male: Flieder, Veilchen und ein unbekannter Geruch erinnern ihn an …

Mit Wucht trifft ihn die Erkenntnis: Die Zeitungsbotin steht vor seinem Salon. Mitten in der Nacht.

13 Die Vereinigung

Rita ließ seinen Ansturm auf ihren Unterleib geschehen, weil sie mit dem Gala-Coiffeur eine Vereinbarung geschlossen hatte: Zwanzig Mark und ein Dienst auf dem Kanapee. Top, die Absprache gilt. Handschlag war Gesetz.

Jetzt lösten sich seine Finger von ihren Schamhaaren, wanderten weiter hinauf; das war ein heißes Kribbeln in ihrem Unterleib. Sein Kopf schwebte über ihr und seine Silberhaare, vom Haarband gebändigt, fielen auf ihren Körper herab.

Sie reckte ihren Kopf erneut hoch und schaute, diesmal kritischer, in den Spiegel. Was sie sah, überzeugte sie und hätte jeden überzeugt. Sie hegte keinen Zweifel, dass der Gala-Coiffeur seinen Teil der Vereinbarung erfüllt hatte. Ihre Haare jubilierten. Ihre Haare tanzten Boogie-Woogie auf ihrem Kopf. Ein Haartraum, eine Superlockenwellenpracht.

Sie war niemals, nicht in ihrer ältesten Erinnerung und nicht in ihrem glücklichsten Traum, so schön gewesen.

Zwanzig Mark und ihr Dienst auf dem Kanapee. Oder auf dem Frisierstuhl, das war ihr recht. Dieser Frisierstuhl war durchaus bequem.

Rita spannte ihre Nackenmuskeln an und streckte ihren Kopf höher; sie hob ihre Haarpracht von der Rückenlehne, damit keine Lockenwelle zerdrückt wurde. Es war soweit, sie spürte seine wilde Entschlossenheit. Sein Angriff. Seinen Drang in sie hinein. Der Sturm zog auf und Rita war bereit.

Vom Spiegel kommend drückte der Gala-Coiffeur ihre nackten Knie mit seinen Beinen auseinander, hob ihre Schenkel mit beiden Händen – etwas grob fasste er sie an – auf die Seitenlehnen und bückte sich so tief, dass seine herabhängenden Haare den Frisierumhang berührten. Dann spürte sie, wie etwas Weiches und Hartes zugleich,

Pulsierendes und Drängendes, Warmes und Rundliches gegen ihre Scham zwängte. Stieß. Drängte. Anrannte. Stur drückte der Gala-Coiffeur nach vorn, rammte sein hartes Weiches gegen ihren Unterleib. Mit seinem herandrängenden Körper spreizte er ihre Beine weiter auseinander und da geschah es: Er glitt in sie hinein; etwas glitt in sie hinein. Er bewegte sich in ihr; etwas bewegte sich in ihr.

Rita zuckte innerlich und äußerlich zurück, ihr Rücken schob sich die Lehne hinauf und sie reckte ihren Kopf höher, aber der Gala-Coiffeur drängte vor, folgte ihrem Körper, immer weiter vor, glitt tiefer in ihren Unterleib hinein – ihre Scham und seine Scham unterm Frisierumhang verborgen.

Rita ließ es geschehen. Nicht weil sie hilflos war. Sie war nicht hilflos. Nicht, weil sie gelähmt war. Sie war nicht gelähmt. Sie ließ es geschehen, weil es ihr Teil der Vereinbarung war. Und weil der Gala-Coiffeur ihr imponierte. Er war ein Besessener. Der Schönheit verpflichtet. Er war kompromisslos, was die Kundenfrisuren anging. Das hatte sie dem Gala-Salon angesehen, als sie das erste Mal vor seinem Schaufenster gestanden hatte. Ein selbstverliebter Schönling, hatte Rita beim damals festgestellt, aber ein besessener Schönling. Den Frisuren verpflichtet. Das entschuldigte ihn.

Da der Gala-Coiffeur ihren Leib tiefer in das Sitz- und Rückenpolster hineinpresste, reckte sie ihren Kopf höher, so dass seine Stöße ihre Lockenwelle nicht gegen die Rückenlehne quetschten.

Und wie er sich anstrengte!

Der Gala-Coiffeur stierte auf die Nackenstütze, presste die Zähne aufeinander, zog die Mundwinkel breit, grimassierte und keuchte und tropfte; sie leckte sein Salz von ihren Lippen. Die roten Pickel auf seiner Nase leuchteten, sein Kopf ruckte vor, ruckte zurück, ruckte wieder vor. Unwillkürlich musste Rita an einen Specht denken, der gegen einen Baumstamm hämmerte; den hatte sie in der Eifel von ihrem Waldversteck gelegentlich beobachtet.

Wieso sie in diesem Moment an die Eifel dachte?

Der Gala-Coiffeur stieß heftiger in sie hinein, keuchte schneller, tropfte mehr Salz auf ihre Lippen. Seine Atemstöße gingen ineinander über und verschmolzen zu einem tierischen Schrei – er warf seinen Kopf weit zurück, weiter als bisher und stieß in sie hinein, tiefer als bisher. Sein Stirnband löste sich, fiel auf ihr Gesicht, sein orgastisch zuckender Kopf schüttelte sich, dass seine Silberhaare zu allen Seiten flogen.

Da sah Rita es: Der Gala-Coiffeur besaß keine Ohrmuscheln, stattdessen prangten verkümmerte knorpelige Stummel, deformierte Anhängsel, wildes Fleisch an beiden Seiten seines Schädels. Sie erschrak: Das passte nicht zu diesem Schönling, das passte nicht in den Gala-Salon. Das war animalisches Fleisch, war missgebildetes Fleisch, abstoßend und eklig. Das schneidet man ab, vergräbt und vergisst es; in der Eifel hätte man diese Schande längst eliminiert.

Dann sah sie nichts mehr, denn der Gala-Coiffeur brach auf ihr zusammen; sie spürte nur sein Herz – gegen ihre Brust wummern.

Was will die Zeitungsbotin mitten in der Nacht vor seinem Salon?

Der Mann spricht.

Die Zeitungsbotin kichert, bricht ab, kichert erneut. Mitten in der Nacht vor seinem Salon mit einem fremden Mann.

Das schmerzt den Frisör. Das zerreißt ihn: ihre Haare, von einem anderen Mann berührt. Ihre nordischblonden Haare von ungewaschenen Pranken mit schwarzen Fingernagelrändern und Hornhautschwielen begrapscht.

Der Mann spricht, sie kichert.

Ihr Duft verhöhnt ihn, ihr Kichern überschüttet ihn mit Eiswasser: Sie macht sich über ihn lustig. Über seinen Salon. Nachts vor seinem Schaufenster redet sie verächtlich über ihn.

Ist das ihre Nase, die gegen die Scheibe drückt?

Hat sie geklopft?

Der Frisör reagiert nicht.

Kann sie den Toten sehen?

Der Mann spricht.

Sie kichert lauter, ihr Lachen stagniert auf einer Höhe. Wie nach einer durchzechten Nacht. Ohne Melodie.

Eine abgesoffene Frauenstimme ist das.

Der Frisör atmet unhörbar durch seinen geöffneten Mund.

Ihr weiß geschminktes Gesicht löst sich von der Scheibe, etwas bewegt sich. Ihr Kichern versiegt.

Laute Schritte, leise Schritte.

Die Schritte verklingen in der Ferne.

Stille.

Die Stille hält an.

Als sein Herz langsamer bubbert, haben seine Augen sich an die Dunkelheit im Salon gewöhnt. Er späht durch den Türvorhangspalt auf die Straße: menschenleer. Er wird der Zeitungsbotin Hausverbot erteilen, jawohl. Diese unverschämte Person darf seinen Salon nie wieder betreten.

Der Frisör sieht sich um: Was für ein Chaos. Er fegt den Boden, räumt die Ablagen auf und wischt sie feucht ab. Die runde Brille des Professors wirft er in den Papierkorb. Dann poliert er die Spiegel, bis seine Muskeln ermüden.

Die Zeitungsbotin ist kein Umgang für dich.

Spricht die Stimme. Erklingt die Stimme in seinem Kopf oder von der Salondecke? Sprechen die Perücken zu ihm?

Er nickt und lässt den schweren Arm sinken.

Ist ihm der Scherenstich gelungen?

Er nähert sich Marianne. Fasst einen Zipfel.

»Bitte nicht erschrecken, verehrter Herr«, spricht er in die Lautlosigkeit seines Salons hinein und zieht das Handtuch herunter, bis der Scherengriff erscheint; dann langsam weiter, bis der Scherenkörper zu sehen ist; dann das Scherenscharnier und die Ansätze der Scherenschneiden. Etwas Krustiges, Rotgelbes klebt am Scherenmetall und an Karls grauen Haaren.

Ruck-Zack!

Der Frisör reißt das Handtuch herunter: Karl schaut mit weitgeöffnetem Mund, herabgefallenem Kinn und aufgeklappten Augenlidern in unterschiedliche Richtungen. Die Schere steckt - der Frisör beugt sich vor - im Professorenkopf drin. Volltreffer. Im höchsten Scheitelpunkt. Eine braunrote Kruste, mit gelbem Sekret überzogen, kriecht das Scherenmetall hinauf. Die erste Einstichstelle im Haarloch ist ebenfalls mit einer rotbraunen Kruste bedeckt; sie hat sich selbst verschlossen.

Wird die Erde sich weiterdrehen?

Jetzt, wo er den toten Professor anschaut, erschrickt der Frisör Amadé. Wie konnte das geschehen? Hier in seinem Salon. Warum hat er das getan?

Diese Fragen stürzen auf ihn ein und er steht mit leeren Händen da: ohne Antwort. Es gibt keine befriedigende Erklärung.

Mehr als die Tat beunruhigt den Frisör das Ergebnis: Ein toter Kunde liegt in seinem Salon.

Tief im Frisör breitet sich ein unbekanntes Gefühl aus, steigt in ihm hoch, beklemmt seine Brust, seinen Hals und seinen Kopf: Er hat versagt. Es war sein Fehler. Nicht die Schere ist schuld, nicht seine linke Hand. Er hat versagt: Dies Haarloch durfte nicht passieren. Er ist schuld, er musste die Schere jederzeit kontrollieren. Keine Ausrede und keine Flucht in Erklärungen. Er ist schuld.

Der Frisör will das Handtuch auf den Scherenkopf werfen und hochrennen: Seine Perücken werden ihn trösten. Sie sind sein sicherer Hort.

Er zwingt sich, vor dem Toten zu verharren und den Körper zu betrachten. Das unbewegte Professorengesicht mit den breiten Falten. Warum die Augen in unterschiedliche Richtungen schauen? Ob seine Seele noch lebt?

Das kann nicht sein!

Aber sie ist unsterblich. Oder nicht?

Stirbt die Seele mit?

Die Seele ist mit dem Körper verbunden, das hat er schon viele Male gespürt. Sie lebt in den Gehirnkammern, die mit Hirnwasser gefüllt sind.

Stirbt die Seele mit dem Körper oder fliegt sie an einen anderen Ort?

Der Frisör beugt sich vor und dringt mit gespreizten Fingern in die grauen Haare hinein; meidet die Schere; erreicht die Haarbasis und betastet die Kopfhaut; fühlt in den Professor hinein.

Nichts.

Er verschiebt seine Fingerspitzen zur Stirn. Fühlt in den Kopf hinein. Verschiebt seine Fingerspitzen zum rechten Ohr. Zum linken Ohr. Schließt die Augen. Spürt in diesen Kopf hinein. Kneift die Augenlider zusammen. Konzentriert sich; seine Fingerspitzen konzentrieren sich mit.

Der Frisör findet kein Signal. Kein einziger Funke strömt aus dem Professorenkopf in seine Finger hinein.

Dieses Gehirn ist tot. Da steckt kein Leben drin.

Keine Seele im toten Kopf.

Keine Seele drin.

Es fühlt sich an, als würde er einen Kürbiskopf betasten.

Der Frisör löst seine Hände vom Professorenkopf und tritt zurück. Ist die Seele tot oder ist sie fortgeflogen? Tot, schreit es in ihm, aber mit hundertprozentiger Sicherheit weiß er es nicht und im nächsten Augenblick ist ihm diese Frage völlig egal, weil vor seinen Augen ein schwergewichtiges Problem liegt: Was geschieht mit dem Körper? Die Leiche blockiert den Salon. Die muss fort. Aber wie?

Unlösbare Probleme gibt es nicht, beruhigt sich der Frisör, bevor Panik in ihm hochsteigt. Wohin mit der Leiche, wie transportiert er sie fort? Er weiß keinen Rat, sein Herz beschleunigt: Mitten in seinem Salon liegt ein Toter und droht, von Marianne herabzurutschen. Was kann er tun?

Mit der Leiche will er nichts zu tun haben; er will in seiner Wohnung Tee trinken. Diese Nacht abwarten. Den nächsten Tag. Die nächste Nacht. Den übernächsten Tag.

Aber die Leiche verwest. Sie wird üble Gerüche verbreiten.

Was kann er tun?

Er grübelt eine Zeitlang vor sich hin, dann hat er eine gute Idee: Erst mal die Haare waschen.

Der Frisör rollt das Waschbecken unter den Scherenkopf, bedeckt Karls Schultern mit einem

Spritzschutz, braust lauwarmes Wasser um die Schere herum, verteilt einen Klecks Shampoo, wäscht die Haare durch, spült reichlich nach, tupft das Scherenmetall mit einem Handtuch trocken.

Der Professor sieht mit offenem Mund und schielenden Augen verblödet aus. Das hat er nicht verdient. Reflexartig entscheidet der Frisör: Er wird ihm die Haare frisieren. Warum nicht? Sie hatten sich auf einen Haarschnitt geeinigt; er wird das graue Haarchaos, mit der Schere drin, in eine Titusfrisur verwandeln.

Der Frisör föhnt die Haare auf mittlerer Stufe leicht an, kämmt sie durch, wobei er mit dem Kamm um die Schere und das Haarloch manövriert; trimmt die Haare auf die passende Länge; wickelt, an den Schläfen beginnend, Haarsträhnen auf kleine Lockenwickler – nur der Scherengriff ragt aus dem Wicklerchaos hervor. Dann föhnt der Frisör, weil die Haube nicht über den Scherenkopf passt, mit dem Handföhn die Haare trocken, wickelt die Lockenwickler raus, staucht die Locken und besprüht die Haare mit Fixierspray.

Fertig.

Er betrachtet den Professor aus einiger Distanz: Wie ein silberner Blitz ragt der Scherengriff aus der Titusfrisur. Dieser Kontrast gefällt dem Frisör: Hart stemmt sich gegen weich, silberfarben gegen grau. Etwas Gewaltiges ist geschehen. Die Welt nach dem Scherenstich ist nicht die Welt vor dem Scherenstich. Ein Quantensprung. Der Frisör spürt: Er hat sich von Mutters Zwang befreit, die »wahre« Frisur auf den Kopf zu modellieren.

»Ich will das nicht, Mutter«, ruft er in den leeren Salon hinein und erwartet, dass die Decke herabstürzt oder das Schaufensterglas zerspringt.

Nichts geschieht.

Die frische Titusfrisur – die Haare voller Spannkraft, wie bei einem Lebenden – gefällt dem Frisör, aber er weiß genau: Die beste Frisur hält den körperlichen Zerfall einer Leiche nicht auf. Tote verwesen. Tote riechen.

Leichengerüche breiten sich aus. Trainierte Hunde wittern Tote über Kilometer, schlagen an und zerren ihr Herrchen zur Quelle des Geruches.

Die Leiche muss fort!

Der Frisör schleicht in den dunklen Innenhof, die Fenster der umliegenden Mietshäuser sind dunkel. Tiefste Nacht in Köln-Ehrenfeld. Vor ihm steht der Müllcontainer, rechter Hand einige Garagen. Er stellt sich auf die Zehenspitzen und sieht hinein: Frisch entleert. In zwei Wochen wird er abgeholt. Das ist eine lange Zeit.

Egal. Nicht aufschieben. Jetzt handeln.

Der Frisör zwingt sich zurück in den Salon, legt vier saubere Frisierumhänge auf den Boden vor Marianne und zieht den Toten an den Füßen. Sobald das Gesäß vom Polstersitz rutscht, beschleunigt der Körper und gleitet selbstständig auf den Boden herab; ein brauner Umschlag fällt aus der Lodenjacke, der Kopf schrammt an Mariannes Hydraulik entlang und knallt auf den Boden. Der Frisör erschrickt: Nachts verbreiten sich Geräusche sehr weit. Diesen Knall könnte ein entfernter Passant gehört haben. Der könnte erschrecken und sich fragen: Was ist mitten in der Nacht im Frisiersalon los?

Der Frisör lauscht: Stille. Keine Schritte. Die Lichtbänder der Straßenlaternen verändern sich nicht. Kein Motorgeräusch.

Den braunen Umschlag, der aus der Lodenjacke gefallen ist, steckt der Frisör achtlos in eine Schublade. Dann sieht er es: Die Kruste hat sich von der ersten Einstichstelle gelöst, es blutet aus dem Professorenkopf heraus: rotbraunes Sekret, durchmischt mit gelbgrauen Bröckchen.

Der Frisör klammert sich an Mariannes Armlehnen. Jetzt würde er sich am liebsten in seiner Wohnung verbergen; er kann Blut sehen, er kann Blut wegputzen, er kann mit Blut umgehen, aber nicht mit diesem gelbrotbraunen Schmand. Das ist ein ekliges Gemisch – wie bei einem Rattenbiss. Diese Tiere wühlen sich mit den

Zähnen voran in die Wunden hinein, gelbes Fett und rotes Blut und helle Sehnen quellen heraus.

Er zwingt sich, erneut hinzusehen: Eine rotgelbe Lache, mit dunklen Einsprengseln, bildet sich unter dem Scherenkopf. Die Einstichstelle blutet weiter, hellrot mit grauen Brocken. Das ist Gehirnwasser, denkt der Frisör, mit Blut vermischt. Das Gehirn läuft aus.

Dieser Fleck wird ihn verraten.

Der Frisör ist versucht, sofort zu putzen. Oder das Loch stopfen? Oder Karl entsorgen?

Der Frisör verharrt neben der Leiche und bewegt sich nicht. Innerlich kämpft er gegen den Impuls, in seine Wohnung zu fliehen. Seine sichere Burg. Das wäre keine Lösung, sondern nur eine Sicherheit auf Zeit.

»Jetzt nicht«, murmelt der Frisör zu sich selbst. Den Stier bei den Hörnern packen. Nicht ausweichen. Der Tote muss aus dem Salon entfernt werden. Kein Aufschub. Jetzt wird er es tun.

Der Frisör zwingt seinen Oberkörper, sich vorzubeugen. Zwingt seine Knie herunter. Seine Hände wickeln den Leichnam in vier Frisierumhänge und ziehen den Körper durch die hintere Salontür in den Hausflur. Das Gewicht des großen Körpers über den Boden zu schleifen fällt dem Frisör schwer; er muss seine Beine kräftig gegen den Fußboden stemmen.

Im Hausflur verschnauft der Frisör: Der halbe Weg ist geschafft. Wie er den toten Körper in den Container hievt? Diese Sorge drängt er beiseite: Erstmal den Innenhof erreichen.

Als er sich umsieht, erschrickt der Frisör: Eine Schmierspur, von Marianne bis in den Hausflur hinein, glänzt auf dem Fußboden und das eklige Sekret sickert weiter aus dem Professorenkopf heraus.

Es ist höchste Zeit, dieses Loch zu verschließen. Aber sein Wunsch, den Toten aus dem Salon zu entfernen, ist übermächtig; in einem Schwung zieht der Frisör den Körper durch den Hausflur und über die Pflastersteine des

Innenhofes bis an den Container heran; die glänzende Schmierspur folgt.

Jetzt gilt es: Der Frisör fasst Karl unter den Achseln und wuchtet sein Hinterteil auf eine niedrige Mauer.

Geschafft!

Er steigt auf die Mauer; von hier aus wirkt der Container weniger hoch. Er wuchtet Karl in einem Schwung mit dem Gesäß auf die Containerwand; drückt den Oberkörper über den Container, bis die Leiche fällt. Im Sturz schleudert der Scherenkopf Blut und Hirnwasser und gelbweißliche Brocken in alle Richtungen.

Da braucht es keinen ausgebildeten Spürhund, diese Sauerei riecht jeder Köter kilometerweit.

Die ganze Nacht schrubbt der Frisör mit Bürste, Lappen, heißem Wasser und reichlich Scheuerpulver den Boden im Salon, im Hausflur, im Hinterhof und auf der Mauer. Mit einer spitzen Schere pult er feuchten Dreck aus den Fugen und spült mit heißem Wasser nach. Sogar die Containerwände schrubbt er gründlich ab. Als er in den Container hineinsteigt, dringt ihm ein dumpfer Geruch in die Nase: Unter dem Scherenkopf hat sich eine Pfütze gebildet, weil die erste Einstichstelle immer noch leckt. Die zweite Einstichstelle ist durch die Schere verschlossen, aber das erste Loch gehört abgedichtet.

Dieser Fehler greift mit Schlingen nach seinem Hals.

Ruhe bewahren. Durchatmen.

Was hätte Mutter in seiner Situation getan? Augen auf, Ärmel hochgekrempelt und durch.

Mit frischer Energie wuchtet der Frisör den Toten aus dem Container heraus, legt ihn auf den Pflastersteinboden im Innenhof, wickelt ihn aus den verschmierten Frisierumhängen, wischt den Scherenkopf trocken und verschließt die tropfende Einstichstelle mit einem Pfropfen Haarwachs. Die Schere lässt er stecken. Dann bereut er es.

Soll seine eisgehärtete kobaltgeschliffene Schere im Müll verschwinden?

Spontan zieht er die Schere aus dem Kopf heraus und presst Haarwachs in das Schädelloch; kein Tropfen Hirnwasser entweicht, beide Einstichstellen sind vollständig abgedichtet.

Als der Frisör sich aufrichtet, schießt ein Schmerz in seinen unteren Rücken. Wird er jetzt bewegungsunfähig? Kein Hexenschuss, bitte nicht. Er dreht seinen Oberkörper vorsichtig, überstreckt ihn, beugt sich vor und streckt sich zurück. Der Schmerz lässt nach.

Langsam stakst er in seinen Salon, wäscht die blutige Schere gründlich ab und poliert sie. Bis sie glänzt. Wie neu aussieht. Diese Schere kann er benutzen. Er legt sie auf die Ablage.

Wenn es mit dem Toten auch so einfach wäre.

Der Frisör verpackt die Leiche in acht Müllsäcken; vier stülpt er über den Kopf, vier über die Füße. Die Plastiksäcke überlappen an Karls Rumpf. Er schnürt den Körper mit den Müllsackbändern ein. Prima gelungen, ein vierfacher Schutz; da wandert kein Geruchsmolekül durch. Hinter vier Plastikschichten erschnuppert keine Hundenase den Tod.

Am Containerboden hat das blutige Hirnwasser, mit Müllresten und Rost, eine fingerdicke Schicht gebildet, die der Frisör mit einer Nagelfeile ablöst, mit Papiertüchern aufsaugt und mit Scheuerpulver so lange abreibt, bis der Containerboden glänzt. Damit der Container austrocknen kann, schleift er die Leiche in den Salon, öffnet den Garderobenschrank, nimmt die Kleiderbügel heraus und stemmt den Toten, die Füße zuerst, in den Schrank. Der Körper passt haargenau hinein und klemmt fest; der Tote sackt weder in sich zusammen noch fällt er heraus.

Der Frisör drückt die Garderobentür ins Schloss, dreht den Schlüssel um, zieht ihn heraus und legt ihn auf den Schrank:

Geschafft.

DRITTES KAPITEL

DER FRISÖR ERWACHT

1 Ihre Zweifel

Rita taumelte nach Hause. Wie sie sich fühlte? Ein Chaos tobte in ihrem Kopf, unterschiedliche Gedanken poppten in ihrem Bewusstsein auf: Wütete in der Eifel ein heftiges Gewitter? Was würde Mutter sagen? Wie lang hielt die Superlockenwelle ihren Schwung? Hätte sie den Gala-Salon besser nicht betreten?

Sein Geruch steckte in ihrer Nase und ihr Unterleib brannte. Was hatte der Gala-Coiffeur beim Abschied genuschelt? »Au revoir, du Pomeranze. Auf Nimmerwiedersehen.« Kein dunkles Timbre mehr, kein verführerischer Blick, kein Streicheln in ihren Ausschnitt hinein. Halb angezogen hatte er sie durch die Tür geschoben; sie hatte keine Zeit gehabt, ihn zu bezahlen.

Der 20-Mark-Schein steckte in ihrer Börse.

Das war erfreulich, aber sie fühlte sich merkwürdig. Wie benutzt. Als wäre sie in ihrem Körper nicht zu Hause. Etwas Grundsätzliches war anders. Ihre Unschuld war fort, klar. War ihr das wichtig? War das besser? Schlechter? Rita spürte: Das war nichts, was sie willentlich entscheiden konnte. Sie musste es fühlen und in diesem Moment fühlte sich ihr Körper fremd an; als wohnte sie mit einer zweiten Person unter ihrer eigenen Haut.

Wer war sie?

Ein Mädchen aus der Eifel oder eine Dame in Köln?

Ein Mann war in sie eingedrungen. War sie dadurch zu einer Frau gereift?

Sie war nicht stolz darauf, im Gegenteil: Sie fühlte sich benutzt und weggestoßen. Das wurde Rita mit zunehmender Entfernung zum Gala-Salon klar: Der hatte das geplant und durchgezogen. Er war zu seinem Vergnügen in sie eingedrungen. Genommen und fortgeschickt.

Ihr Unterleib schmerzte. Dass der Gala-Coiffeur sie aus dem Salon herausgeworfen hatte, schmerzte sie mehr. Die Art und Weise, wie er sie durch die Salontür auf die Straße geschubst hatte, würde Rita ihm nie vergeben. Dieser Moment hatte sich in ihr Gedächtnis eingebrannt; tiefer als der Geschlechtsakt. Der Gala-Coiffeur war kein anständiger Mensch, soviel stand fest.

Sie hasste sich dafür, dass sie es zugelassen hatte: Ihn in sich eindringen. Sie hasste sich dafür und wollte es vergessen, aber gleich poppte der gegensätzliche Gedanke – mein erster Beischlaf geschah im besten Kölner Frisiersalon – in ihr hoch und erfüllte sie mit Befriedigung: Sie war eine Frau. Eine richtige Frau. Mit dieser Lockenwellenpracht sogar eine Dame von Welt.

Dann erinnerte sie seine Scham und ihre Scham, aneinander und ineinander gepresst. Während sie auf dem Frisierstuhl lag, war er von ihr heruntergestiegen, hatte sich schnell angekleidet, sie auf ihre Füße gezogen und angeherrscht: »Zieh dich an!« Ihr entblößter Unterleib. So hatte sie vor ihm gestanden. Sie mit nacktem Unterleib und er mit bedecktem Unterleib.

Sie hätte es gewusst: kein Kavalier, sondern ein selbstverliebter und egoistischer Schönling.

Ihr Blick fiel in die reizend drapierten Auslagen eines Damenoberbekleidungsgeschäftes. Erfreut registrierte Rita die Spiegelung ihre Superlockenwelle in der Schaufensterscheibe. Das war doch was! Ihre Frisur machte was her.

Ein Mittvierziger mit grauen Schläfen blieb neben ihr stehen. Sah er ins Schaufenster oder betrachtete er ihre Spiegelung? Der trat einen Schritt an Rita heran.

Sie wendete sich ab und stöckelte fort. Männer waren gefährlich, auch in Köln, das hatte sie am ersten Tag erlebt: der Dieb; der Hausmeister. Gleich zwei waren auf sie losgestürzt. Warum war sie nach Köln geflohen? Wäre sie doch in der Eifel geblieben. Hier war sie ein Nichts. Benutzt und weggeworfen – mehr nicht. Niemand wollte sie anstellen. Sie gehörte nicht nach Köln. Ihr Traum war zerplatzt; es war sinnlos, länger zu verweilen.

Das Leben in Köln ergab keinen Sinn.

Ihre Stakkato-Schritte klangen von den Häuserwänden wieder. Rita hörte außer ihrem Echo fremde Schritte. Folgte ihr der Schaufenster-Mann? Sie beschleunigte und lief trotz der Stöckelschuhe bis zur nächsten Kreuzung, indem sie nur die Fußballen belastete. Rein in die Straße rechter Hand und quer über einen Parkplatz rannte Rita weiter durch die Innenstadt. Dank ihres Orientierungsvermögens fand sie den kürzesten Weg zu ihrem Mietshaus.

Sie sah nicht einmal zurück.

Die Fenster der Hausmeisterwohnung waren erleuchtet, das bedrückte sie aus der Ferne. Sie schloss die Haustür leise auf und schlich mit angehaltenem Atem an seiner Wohnungstür vorbei. Dann stürmte sie, jede zweite Stufe überspringend, die Treppe in einem langen Spurt bis in die fünfte Etage hoch: Sie wollte nicht dem Hausmeister, auch keinem anderen Mieter, begegnen.

In ihrer Mansarde warf sie sich aufs Bett, nur ihren Kopf hielt Rita aufrecht: Wegen der Superlockenwellenpracht. Die neue Frisur sollte nicht unter ihrer Stimmung leiden.

Ihre Füße schmerzten, ihr Unterleib und ihre Augen brannten. Sie flennte. Benutzt und weggeworfen. Wie ein gebrauchtes Handtuch kam sie sich vor. Dieser unanständige und egoistische Schönling. Überhaupt, was tat sie in Köln? Keine Anstellung. Keine Freundin. Die Kellerfriseurin war ihre einzige Bekannte. So war das in Köln.

Als Rita, nach zwei Stunden oder so, in den Spiegel schaute, schwang ihr Stolz hoch: Diese Superlockenwelle machte was her. Eine Dame von Welt, mit dieser Haarpracht würde sie erfolgreich sein. Eine Meisterfrisur, ihre Haare fielen locker und weit, sie wirkte größer und imposanter. Mit dieser Frisur würde sie den Menschen beweisen: Eine Rita Rae gab nicht auf.

Als sie im Schlafanzug gegen die Mansardenwand stierte, fiel ihr Mut erneut in sich zusammen: Sie konnte nicht in Köln bleiben. Dem Überlebenskampf in dieser Stadt war sie nicht gewachsen. Morgen würde sie packen.

Wo gehörte sie hin?

Am nächsten Morgen um Punkt Neun entfernt der Frisör das Schild an der Tür und wartet in seinem Salon auf Kundschaft; es ist ihm unmöglich, das Fünfte Friseurgebot zu befolgen. Er geht langsam auf und ab, meidet aber die Nähe des Garderobenschranks.

Was hat er getan?

Kein Friseur ist Herr über das Leben, kein Friseur entscheidet über den Tod.

Was hat er getan?

Er bereut zutiefst, dass er seine Schande – das Haarloch musste getilgt werden – auf diese Weise ausgelöscht hat.

Der Frisör hebt die Haare an und betrachtet im Spiegel seine missgebildeten Ohren. Er ist ein Monster. Ein Ausgestoßener. Wegen dieser Missbildung, die seit der Geburt an ihm klebt.

Er schließt seine Augen und wünscht sich fort. Er gehört nicht in diese Zeit. Wäre er im Barock besser aufgehoben? Die langen Männerperücken bei Hof hätten seine Stummelohren geschützt.

Er lässt die Haare fallen, krümmt den Rücken und zieht die Schultern hoch, als sei das Türgeräusch ein Peitschenhieb: Die Polizei! Sie finden den Toten im Garderobenschrank und tragen ihn fort. Und alle Scheren. Um das Tatwerkzeug zu finden. Das ultimative Beweisstück. Mit mikroskopischen Blutspuren dran.

Dann fällt die Panik von ihm ab: Die alte Dame steht in der Tür, ihre fettigen Haare fallen schwer herab; zwischen ihren Strähnen leuchtet die Kopfhaut hervor. Von der Marlene-Dietrich-Welle ist nicht mal der Seitenscheitel geblieben.

»Mir ist kalt«, sagt die Alte.

Sein Herz pocht langsamer. »Hereinspaziert, die Dame. Ich freue mich, dass Sie wieder kommen. Eine frische Frisur gefällig? Bitte. Sehr gerne.«

Vergiss den Scherenmord. Nimmt der Frisör sich vor. Vor dem Scherenmord ist nach dem Scherenmord. Haare schneiden und legen. Verhalte dich, als hätte der Professor den Salon nie betreten.

Der Frisör will seine Augen vor der Wirklichkeit – ein Toter steht im Garderobenschrank – verschließen. Diesen Gedanken wird er jedem, gefragt oder ungefragt, aufdrängen: Der Professor Karl Roth hat meinen Salon niemals betreten.

»Mir ist so kalt.«

»Treten Sie doch ein, die Dame. Ich frisiere Ihnen eine Wasserwelle. Noch schöner als beim letzten Mal. Das verspreche ich. Bitte sehr«, er zeigt auf Marianne, »setzen Sie sich.«

Die Alte bleibt in der Tür stehen.

»Vertrauen Sie mir. Ich werde Sie recht hübsch frisieren. Es wird Ihnen guttun, ganz bestimmt. Das verspreche ich.«

»Ich muss nach Hause«, sagt die Alte.

Der Frisör erfasst ihren Arm und zieht sie in den Salon. »Es ist nötig, ganz bestimmt. Es wird Ihnen gefallen. Wie beim letzten Mal. Setzen Sie sich.«

Halb zieht er sie, halb folgt sie ihm; zwischen ihrer Ferse und dem Schuhrand klafft ein fingerbreiter Spalt. Sie lässt sich auf Marianne bugsieren, aber klammert mit beiden Händen die Handtasche, als wäre diese ihr Rettungsring. Schaut in den Spiegel. Sieht ihn an. Drückt die Handtasche an ihren Körper.

»Die gleiche Marlene-Dietrich-Frisur?«

Er nimmt ihr Schweigen als Zustimmung, bindet den Umhang um ihren Hals.

»Meine Tochter fährt mich nach Hause.«

»Ach so ist das. Prima ist das. Ihre Tochter kommt bald. Kein Problem, ich frisiere schnell. Bitte schön, die Dame, schon geht es los.«

Die Alte kramt unter dem Umhang, es klackert. Kramt die in ihrer Handtasche herum?

Er betastet ihren Kopf. Dünne Haare, aber elastisch. Sie hat ihre Haare zeitlebens gepflegt, denn die ausgedünnten Haarsträhnen wirken vital.

Als der Frisör mit ihrer Seele Kontakt aufnehmen will, ruckt die Alte ihren Kopf nach vorn und kramt intensiver unter dem Umhang.

»Kann ich ihnen helfen?«

»Ich brauch ein Taschentuch.«

Er reicht ihr ein frisches Papiertuch, aber sie zuckt zurück.

»Nein, das ist schmutzig. Hier ist es schmutzig.«

Erschrocken schaut der Frisör sich um. Der Boden ist frisch gefegt, der Glastisch glänzt, in der Verkaufsvitrine stehen die Shampooflaschen, Tönungspackungen und Haarspraydosen wohlgeordnet, jede Sorte auf einer Glasebene; die Düsen der Spraydosen zeigen wie die Gewehrläufe exerzierender Soldaten in eine Richtung.

Meint die Alte den Besen und das Kehrblech, die am Garderobenschrank lehnen?

»Ich will nach Hause.«

Sie drückt sich von der Rückenlehne ab und rutscht zum Fußende.

»Nicht, sie werden sich noch verletzen.«

Die alte Frau schaut angestrengt nach vorne, umklammert ihre Tasche und rutscht weiter zum Fußende. Er packt ihre Schultern, zieht sie zurück.

»Bitte, bleiben Sie sitzen.«

»Ich will nach Hause.«

»Noch nicht!« Er erschrickt vor seiner eigene Stimme: Er spricht zu laut. Gedämpft fügt er hinzu: »Bitte, erst werde ich Sie frisieren, die Dame.«

Sie rutscht trotz seines Griffes zum Fußende, ihre Handtasche fällt auf den Fußboden.

Was soll das?

Die nervt. Kann sie nicht still sitzen?

Er packt zu und zieht sie erneut an den Schultern zurück: »Bleib sitzen, Alte!« Diesmal erschreckt ihn seine laute Stimme nicht. Er packt fester zu.

Die alte Dame gibt kurz nach, dann schüttelt sie seinen Griff ab und rutscht erneut zum Fußende; er greift zu und drückt ihre Schultern wieder zurück.

Mit erstaunlicher Kraft stemmt sie ihren Oberkörper gegen seinen Griff.

»Hilfe! Überfall, Hilfe!«

Er greift sich ein Frotteehandtuch. Als die Alte ihren Kiefer aufsperrt, um erneut zu kreischen, stopft er das Handtuch zwischen ihre Zähne.

Sie windet sich, wirft ihren Kopf hin und her.

Mit einer Hand drückt er das Handtuch in ihren Mund, mit der anderen tastet er auf der Ablage nach einem Band, um die Alte festzubinden. Lust steigt in ihm auf, sie an den Stuhl zu fesseln, um in aller Ruhe ihren Kopf zu frisieren. Bis ihre Frisur perfekt sitzt. Mehr will er nicht erreichen. In jedem beliebigen Land bedienen Heerscharen von Friseuren unendliche Kundenkolonnen, Millionen Menschen werden an jedem Tag frisiert. Das Normalste der Welt: Sich die Haare ruhig schneiden und legen lassen.

»Halt still, Alte!«

In einer Bewegung versteift sie ihren Körper, dreht sich aus seinem Griff heraus und rutscht zum Fußende. Bevor er mit beiden Händen erneut zupacken kann, fällt sie von Mariannes Sitzfläche auf den Fußboden; sitzt platt auf ihrem Hinterteil auf dem Boden und spuckt das Handtuch aus.

»Ich will nach Hause.«

Ihre dünnen Haare zittern; seine Lust zittert mit. Wie seine Hände glühen? Er erträgt ihre klagende Stimme nicht, er muss dieser wehrhaften Alten das Handtuch in den Mund stopfen und sie auf Marianne schnallen: Kein störendes Geschrei, kein Ruckeln mit der Schulter. Der Kopf soll dort bleiben, wo er hingehört: unter seinen Händen.

Fettige Haare gehören sich nicht.

Wer hat gesprochen? Der Frisör sieht sich um: Sonst ist niemand da. Die Stimme hat recht! Lass die Alte strampeln und sich wehren – unfrisiert wird sie seinen Salon auf keinen Fall verlassen.

Entschlossen geht er auf die Alte zu.

»Ich will nach Hause.«

Der Frisör packt sie an den Schultern, zerrt sie vom Fußboden hoch und zwingt sie mit einem festen Klammergriff auf Mariannes Polstersitz.

Die Alte strampelt und ruft leiser als vorhin: »Hilfe! Überfall!«

Wird sie müde?

Er zieht die Alte auf den Sitz, bis ihr Hinterkopf die Nackenstütze berührt. Daran wird er ihren Hals so festbinden, dass sie ihren Kopf keinen Millimeter bewegen kann.

»Sie tun mir weh. Hilfe!«

Ruckartig – mit erstaunlicher Kraft, dabei macht sie ihre Schultern schmal – löst sich die Alte aus seinem Griff, rutscht nach vorn und stellt sich auf ihre Füße: schweißnasse Haare, lilablaue Gesichtsflecken, zwischen ihren Strähnen leuchtet die helle Kopfhaut hervor.

In seinem Herzen lodert der blanke Hass.

3 Die Dame von Welt

Diese Nacht schlief Rita nicht, die Nackenrolle war reichlich unbequem, doch sie zerdrückte keine einzige Locke. Am Morgen thronte ihre Superlockenwelle, nach vorsichtigem Auflockern mit einer Gabel, jungfräulich auf ihrem Kopf.

Sie liebte ihre neue Frisur, die bereute sie nicht. Was tat der Gala-Coiffeur? Sie hatte die ganze Nacht an ihn gedacht und wollte keinen Gedanken mehr an diesen Egoisten verschwenden. Gleich stand der Schönling in seinem Salon und frisierte Frauen, das gab Rita einen Stich: Gestern hatte er sie benutzt und hinausgeworfen, heute machte er weiter, als wäre nichts geschehen. Ein Schönling und Egoist.

Ihre Füße, ihr Unterleib und ihre Augen brannten nicht mehr, stattdessen war sie komplett erschöpft. Weder der Getreidekaffee belebte sie noch die frische Luft, die durch das geöffnete Mansardenfenster eindrang.

War Köln der richtige Ort?

Zurück in die Eifel wollte Rita nicht. Mit dieser Frisur eine andere Stadt gewinnen? Düsseldorf war nicht weit und sollte modischer und weltstädtischer sein.

Eine zweite Flucht? Oder war das keine Flucht? Ein Umzug verursachte Arbeit und Kosten.

Ein Blick in den Spiegel verpasste Rita einen frischen Schub Energie: Mit dieser Frisur wird es gelingen. Warum nicht nach Düsseldorf ziehen? Den üblen Hausmeister wäre sie dann los. Warum nicht mit dieser Frisur ein neues Leben in einer anderen Stadt beginnen? Sie zog ihren Riesenkoffer unter dem Bett hervor und begann zu packen; zuerst legte sie die ollen Anziehsachen rein.

Ernsthaft?

Rita wog zwei Pullis in der Hand und zwang sich, weiter zu packen. Sie wollte vorbereitet sein. Diese Woche würde sie die Mansarde nicht aufgeben. Zuerst würde sie

Düsseldorf erkunden. Dort eine Anstellung suchen? Mit der neuen Frisur, sie sah wiederholt in den Spiegel, wird es gelingen.

Wie ihre Superlockenwelle auf die Kölner wirkte?

Zweimal schaute sie aus dem Mansardenfenster, aber der Kölner Dom reagierte nicht.

Dann kam ihr eine Idee. Sie trat an die Tür. Traute sich nicht, die Klinke zu drücken. Sah in den Spiegel. Öffnete die Tür. Trat an den Spiegel heran, bauschte ihre Haare hoch. Dann trat sie in den Hausflur, aber schritt gleich wieder in die Sicherheit der Mansarde zurück.

Warum nicht?

Ein letzter Blick in den Spiegel, dann stolzierte Rita die fünf Etagen hinunter und klingelte, es war sieben Uhr vierzig, beim Hausmeister. Sie wollte die Wirkung ihrer Superlockenwellen an ihm testen. Sie riskierte nichts: Das Haus war um diese Zeit bevölkert, ihr Schrei würde viele Wohnungstüren öffnen.

Es dauerte eine Zeit, bis die Tür sich öffnete. Dann stand der Hausmeister verschlafen im Unterhemd vor ihr und kratzte seinen Bauch.

»Meine Heizung tropft.«

»Ich komme, meine Dame«, er katzbuckelte und zog seinen Bauch ein, »sofort oder gleich, wie Sie es wünschen. Um welche Wohnung handelt es sich?«

Ihr Herz setzte aus. Sie warf ihren Kopf in den Nacken und fuhr sich durch ihr Superlockenwellenhaar: »Ich wohne in der Mansarde.«

»Ach, sind Sie es? Frau Rae? T´schuldigung, Fräulein Rae. Ich hatte Sie gar nicht erkannt. Na so was von anders, wie Sie aussehen … wie eine echte Filmschauspielerin.«

Rita lächelte gnädig: »Können Sie jetzt?«

»Wenn es Ihre werte Zeit erlaubt, gerne. Ich ziehe mir etwas über und bin in zwei Minuten bei Ihnen. Höchstens drei.«

Nachdem der Hausmeister, im blauen Overall gekleidet und bis oben zugeknöpft, eine Schraube angezogen und ihren Mülleimer heruntergetragen hatte, schenkte Rita sich einen freien Tag und spazierte durch Köln. Den Plan mit Düsseldorf hatte sie nach dem Erfolg mit dem Hausmeister verschoben: Keine anzügliche Bemerkung oder körperliche Annäherung, er hatte sie respektvoll und mit ausgesuchter Höflichkeit behandelt.

Mit dieser Superlockenwelle war sie eine Dame von Welt. Der Umzug war zurückgestellt, der wäre umständlich und teuer. Ihr Geld schmolz dahin, sie musste eine Anstellung finden. Morgen, dank der Glamourfrisur, wird es gelingen. Heute war ihr freier Tag.

Rita bummelte durch die Innenstadt. Zum Kölner Dom ging sie nicht. Als sie, vom Rhein kommend, den Heumarkt erreichte, bemerkte sie nicht, dass sie in die Straße einbog, die zum Gala-Salon führte. Gleich das zweite Geschäft war eine Damenboutique für gehobene Ansprüche. Rita stellte sich so, dass ihre Frisur mal über einem Nerzmantel, mal über einer Seidenbluse, mal über einem Kostüm thronte. Blau passte am besten.

Dann spazierte sie weiter, blieb vor dem nächsten Modegeschäft stehen und betastete ihre Haare: Ihr Traum – ehrlich und wahrhaftig – hatte sich erfüllt. Sie betrachtete ihre Haarpracht von allen Seiten im Schaufenster und berührte sie, ohne ein Haar zu krümmen. Sie trug eine echte Gala-Frisur auf ihrem Kopf, die Glamour-Extra-Superlockenwelle des besten Kölner Haarsalons.

Vor einem Hutgeschäft bückte sie sich so tief und streckte sich so hoch, bis ihre Schaufensterspiegelung jeden Hut aufgesetzt hatte. Ein eleganter Sommerhut mit Schmetterlingsmotiv gefiel ihr am besten.

Dann sah sie den Gala-Salon. Keine hundert Meter entfernt. Ihr Ärger über den unanständigen, arroganten und rücksichtslosen Gala-Coiffeur brach in ihr auf.

Gleichzeitig brannte sie darauf, ihm ihre Frisur zu präsentieren. Wie würde er reagieren?

Sie schloss ihre Augen, da sah sie sein Gesicht über sich und schmeckte sein Salz auf ihren Lippen. Auf dem Absatz drehte sie um und hastete zurück: Diesem Schönling wollte sie nicht begegnen.

Vor einem Juweliergeschäft stoppte sie, betrachtete die Auslagen und flanierte weiter bis zum Heumarkt, dann durch die kleinen Gassen zum Kölner Dom. Ihr großer Bruder grüßte sie und Rita verstand: Sie war in Köln willkommen. Morgen würde es gelingen.

Sie bummelte über die Hohe Straße und Schildergasse zum Neumarkt und spürte die Blicke der Passanten auf ihren Haaren: eine Dame von Welt. Als sie eine Drogerie betrat, diente die Verkäuferin ihr nur die besten Haarbürsten an, ein Kunde ließ ihr an der Kasse respektvoll den Vortritt.

Ihr Ärger über den unanständigen, arroganten und rücksichtslosen Gala-Coiffeur verflog. Seine Frisur hatte sich gelohnt, kein Zweifel, diese Superlockenwelle beeindruckte die Menschen.

Am nächsten Morgen unternahm Rita Rae einen neuen Anlauf. Gleich der erste Chef, ein dickbäuchiger Personalleiter, wollte sie näher kennenlernen: »Warum wollen Sie in einem Büro arbeiten? Was Sie hier in einer Woche verdienen, kassieren Sie, bei ihrem Aussehen, an einem Abend«, sagte er und tätschelte, sie hatte seine rechte Hand nicht gesehen, mit den Fingern ihren Ellenbogen: »Zwanzig Uhr?«

»Nein!«

Sie packte ihre Unterlagen ein und kehrte auf dem Absatz um.

»Du wirst noch klein beigeben, du arrogantes Weib«, rief er Rita hinterher.

Ohne Kommentar stolzierte sie mit hochgereckter Superlockenwelle aus seinem Büro, aber ihr Herz schlug im Hals: Er hatte sie »Weib« genannt. Sie war, ihrer neuen Frisur sei Dank, eine richtige Frau.

Die Absagen prasselten auf Rita ein. Von den Chef-Frauen kamen sie immer sofort: »Die Stelle ist schon besetzt.« Die Chef-Männer lasen ihre Papiere und schwafelten über ihre Firma, während ihre Augen über Rita herfielen; manche zogen sie mit ihren Blicken aus.

Rita wurde unbehaglich, sie pochte auf eine Entscheidung; die meisten lehnten ab, die anderen sendeten das gleiche Angebot: Es wäre notwendig, sich näher kennenzulernen. Passte es heute Abend bei Kerzenschein? Ein gemeinsames Wochenende im Hotel oder in einer Datscha am Rhein? Einer lud sie sogar in die Eifel ein. Ihr Drängen auf eine Anstellung, ohne vorheriges Kennenlernen, lehnten die Chef-Männer ab: »Nein, nein, Sie sind zu schön. Wir müssen den Betriebsfrieden wahren.«

Jede Nacht leckte Rita seinen Schweiß von ihren Lippen und spürte seine heftigen Stöße in ihrem Unterleib. Ihre Superlockenwelle verlor an Volumen und die Kellerfriseurin bekam den breiten Schwung nicht hin. Rita erwischte sich dabei, wie sie mehrmals den Heumarkt ansteuerte, in die Seitenstraße zum Gala-Salon einbog und vor dem benachbarten Fahrradgeschäft stehenblieb. Dann traute sie sich nicht weiter; sein »Nimmer-Wiedersehen« klang in ihren Ohren, als letzte Handlung hatte der Gala-Coiffeur ihr die zerknüllte Kostümjacke durch die Salontür gereicht.

Dieser Abschied marterte ihr Hirn: kein zärtlicher Händedruck. Kein Abschiedskuss. Sie war herausgeworfen worden.

Ein einziges Mal wagte Rita sich an die Gala-Schaufensterfront heran: Angestellte scherzten mit Kundinnen, Haare wurden gewaschen, geschnitten, geföhnt und toupiert. Ein kalter Wind blies. Der Gala-Coiffeur beugte sich über eine Blondine, sein silbergraues

Haar, vom Stirnband gebändigt, fiel lang herab. Sie spürte sein grausames Haar bis auf den Bürgersteig hinaus, drehte sich um und rannte in einem langen Spurt durch die Altstadt bis in den Kölner Dom hinein.

Die Alte steht zwischen Marianne und dem Spiegel. Sein Hass bedrängt den Frisör: Sie auf den Polstersitz wuchten und ihren Oberkörper an die Rückenlehne binden, aber die Alte weicht zurück.

Was tust du?

Die laute Stimme von der Salondecke bohrt sich in seinen Kopf und bändigt seinen Hass.

»Bitte, die Dame«, er spricht betont langsam, »setzen Sie sich, die Dame.«

Er fixiert sie mit den Augen: »Bitte schön.«

Sie weicht weiter zurück: »Ich will nicht.«

Ihre dünne Stimme klagt ihn an. Sie steht mit dem Rücken zur Wand, zwischen zwei Ablagen eingeklemmt. Sie kann nicht entkommen.

»Sie sind in einem Frisier-Salon«, sein letzter Überredungsversuch, er betont jede Silbe, »bitte, die Dame.«

Er zeigt auf Marianne und geht auf sie zu.

Die Alte schreit los: »Hilfe. Nach Hause. Hilfe!«

Sein Hass lodert hoch, seine Arme strecken sich nach der Alten; mit beiden Händen umgreift er ihre Gurgel.

»Hilfe! Überfall!«

Er drückt seine Finger zusammen; ihre klagende Stimme erträgt er nicht. Ohne recht zu wissen, was er tut, drückt er zu. Bis sie still ist.

Sein Hass auf die Welt bündelt sich in diesem Griff um ihren Hals. Niemand beachtet ihn. Die Menschen hasten an seinem Salon vorbei, mit ihren Nichtigkeiten beschäftigt. Belanglose Dinge halt. Was sie von ihm verlangen? Eine schicke, eine ordentliche, eine auffällige, eine praktische, eine modische Frisur; niemand will seinen Charakter offenbaren. Dabei wäre die Welt ein besserer Ort, wenn der Charakter an der Frisur zu erkennen ist.

Den eigenen Charakter entwickeln: Ihn zeigen.

Wer redet in seinem Salon?

Er sieht sich um: Niemand sonst ist hier drinnen, keiner schaut von draußen rein. Er ist mit der verwirrten Dame alleine und umklammert ihren Hals.

Da durchzuckt den Frisör ein Gedanke: Er ist allmächtig. Der Herr über Leben und Tod. Der Allmächtige ist gütig. Gnade über Gerechtigkeit, Vergebung und Verzeihung sind sein tägliches Brot.

Der Frisör lockert seinen Griff.

»Wwwrrrggg«, krächzt die Alte, hebt ihre Arme, erfasst seine Haare und reißt mit erstaunlicher Kraft daran. Sofort drückt er fester zu. Dass sie seine missgebildeten Ohrmuscheln nicht entblößt. Nur das nicht!

Der Frisör presst ihre Gurgel mit aller Kraft zusammen, bis die Alte seine Haare loslässt und ihr Körper erschlafft. Wie schwer sie plötzlich ist! Bevor sie völlig in sich zusammensackt, fasst er sie unter den Schultern und legt ihren Körper auf Marianne.

Die Alte bewegt sich nicht. Endlich kann er sie ordentlich frisieren.

Mutter hätte das nicht gewollt.

Wer hat gesprochen? Er sieht sich um: Niemand steht in der Tür, keiner schaut zum Schaufenster rein.

Die Alte keucht los, dreht ihren Kopf und hustet einen Klumpen Schleim auf seinen Ärmel. Eklig! Er greift sich ein Papiertuch, tupft und reibt den Stoff, aber der glitschige Fleck klebt auf seinem Kittel.

Die Alte schlägt ihre Augen auf und sieht ihn an.

»Ich möchte Sie frisieren, meine Dame«, sagt er, obwohl es nicht mehr stimmt. Er fühlt sich ausgebrannt und in seinen Grundfesten erschüttert.

Die Alte liegt auf Marianne, sieht sich in seinem Salon um und sagt: »Hier ist es schmutzig.«

Da flammt der Hass in ihm erneut auf, mit Mühe beruhigt ihn ein Gedanke: Der Allmächtige ist gnädig.

»Ich will nach Hause. Ich will nach Hause«, klagt sie mit monotoner Jammerstimme.

Nein, er will ihr nichts antun. Der Frisör tritt drei Schritte zurück und betrachtet die alte Dame aus dieser Distanz. Ihn befällt eine Vision: ihr Elternhaus mit einer Bank davor. Im tiefen Schwarzwald schlenkert die Göre mit den Füßen, schlägt die Absätze gegen das Holz und wartet auf die Mutter. So war das damals; die Kinder warteten, bis die Eltern von der Feldarbeit heimkehrten. Der Frisör hat Ähnliches erlebt. Er hat viele Stunden allein auf dem Balkon ausgeharrt, bis Mutter nach Hause kam.

Die Alte rutscht – zuerst eine geringe Bewegung der Arme, dann bewegt sie ihren Oberkörper, ihr Gesäß und ihre Beine – zum Fußende.

Der Frisör rührt sich nicht.

Die Alte rutscht von Marianne herunter, stellt sich auf den Fußboden. Sie schwankt, als sie sich nach ihrer Handtasche bückt, die auf dem Boden liegt. Keuchend richtet sie sich auf und schlurft zur Tür.

»Bleiben Sie«, sagt der Frisör, aber er folgt ihr nicht. Sieht mit hängenden Armen zu, wie sie die Klinke berührt.

Was hat er getan?

»Ich muss nach Hause, junger Mann«, spricht die Alte ihren Sermon. In diesem Moment fällt ein heller Schein, wahrscheinlich scheint die Sonne zwischen Wolkenlücken hindurch, auf ihren Schädel und der Frisör sieht die Marlene-Dietrich-Welle auf ihrem Kopf. Zweifelsohne eine Fehlleistung seiner Augen, denn er hat sie nicht frisiert, aber er sieht eine perfekte Wasserwelle auf ihrem alten Schädel.

Was hat er getan?

Er sieht der Alten nach, wie sie vornübergebeugt seinen Salon verlässt, die Tür offen stehen lässt und am Schaufenster entlang trottet.

Fast hätte er sie getötet. Das darf nicht geschehen. Niemals! Er ist kein Mörder und schon gar kein Massenmörder, nein, auf keinen Fall.

Warum hat er sie so hart angefasst?

Er schämt sich doppelt: Für seinen Hass und dass eine Kundin den Salon mit unfrisierten Haaren verlässt. Er betrachtet seine Finger: Sie zittern. Er greift sich eine Schere: Die zittert mit.

Er wirft die Schere auf die Ablage, als wäre sie glühend heiß und schreitet von der Tür zu Marianne, zur Registrierkasse, zu Walter, zur Polstercouch. Diese Räumlichkeiten hat er nach Mutters Tod bezogen, seit zwölf Jahren ist dieser Salon sein Reich und das Haus – der Salon im Erdgeschoss, seine Privatwohnung im ersten Stock, das zweite Stockwerk steht leer – seine Burg.

Wohin soll er fliehen, wenn die Alte ihn bei der Polizei anzeigt? Wenn der Tote im Garderobenschrank entdeckt wird?

Hier ist er zu Haus.

Er wollte der alten Dame eine Wasserwelle legen. Mehr nicht. Es wäre nicht passiert, hätte die Alte sich frisieren lassen; wie jede Kundin in jedem beliebigen Frisiersalon.

Seine Finger zittern und sein Hass kreist in ihm nach: Die Alte auf den Stuhl festbinden. Ihr den geifernden Mund stopfen. Ihre Gurgel …

Der Frisör schämt sich. Für seine Gedanken und was er der alten Dame angetan hat. Er muss sich beruhigen.

Er schließt die Eingangstür ab und zieht die Vorhänge zu, obwohl es erst elf Uhr am Vormittag ist. Sollen die Leute tratschen: Wieso arbeitet der Frisör nicht? Hat er seinen Salon aufgegeben?

Er klappt Mariannes Rückenlehne herunter und legt sich auf seinen Lieblingsstuhl. Sein Herz pocht. Der Hass tobt in ihm nach, aber er nimmt sich vor: Er wird keinem Kunden schaden. Nie wieder wird er es tun.

Wie lautet das Sechste Friseurgebot?

Füge Kunden keine Schmerzen zu.

5 Die Beichte

Ihr Geldvorrat schmolz.

Rita saß erschöpft im Kellersalon und vertraute der Kellerfriseurin an, dass ihr von dem billigen Essen übel sei. Am Morgen hatte sie sich übergeben.

»Ist dein Zyklus durcheinander?«

»Ich hab keinen Haarausfall«, antwortete Rita.

»Ich meine nicht deine Haare, sondern deine Hormone. Was ist mit deiner Monatsblutung?«, fragte die Kellerfriseurin.

Ritas Gesicht errötete fleckig. Sie antwortete nicht.

»Sei nicht so verstockt. Was ist los? Wann hattest du zuletzt deine Periode?«

Wie ein Verhör kam Rita dieses Gespräch vor, sie fühlte sich in die Ecke getrieben. Was ging die Kellerfriseurin ihre Monatsblutung an? Gar nichts. In der Eifel hatte Mutter nie nach ihrer Periode gefragt.

Beim Gedanken an ihre Mutter wurde Rita übel, sie rannte zum Handwaschbecken und erbrach sich.

»Hm, ich seh schon: Du bist schwanger.«

Die Kellerfriseurin stand auf, wandte sich einem vollen Wäschekorb zu, nahm ein Handtuch und faltete es. Für sie schien die Sache erledigt. Für Rita war es das nicht. Sie spülte ihren Mund aus, bis der nicht mehr säuerlich schmeckte.

Es war ihr peinlich. Sie hätte die Vereinigung mit dem Gala-Coiffeur längst beichten müssen, aber sie hatte dieses hochpeinliche Geständnis jeden Sonntag auf den nächsten Kirchgang verschoben – zwei Monate lang. Sie wusste genau: Gott musste ihre Todsünde zuerst erfahren, ansonsten drohte ihr ewige Verdammnis. In den unteren Ebenen der Hölle.

Die Kellerfriseurin legte das Handtuch ins Regal und sah herüber: »Wer hat´s mit dir getrieben? Kannst mir ruhig sagen, ich verrat dich nicht.«

Rita schüttelte vehement den Kopf.

Die Kellerfriseurin schaute sie weiter an, da brannten Ritas Wangen: »Was meinst du, was für Eine ich bin?«

»Ein Dummerchen vom Land. Dir verspricht Einer ´nen Job, schon machst du die Beine breit.«

»Nein«, Ritas Wangen glühten wie Herdplatten.

»Na, du musst es ja wissen.«

Diese Nacht schlief Rita keine Minute: War sie schwanger? Sie tastete ihren Unterleib ab, bis sie blaue Flecken bekam. Ja, sie hatte nicht mehr geblutet, seit neun Wochen nicht – oder waren es zehn? Das war ungewöhnlich, ihre Periode kam immer pünktlich, oft im unpassenden Moment.

Das erste Mal in ihrem Leben sehnte sie sich nach ihrer Monatsblutung.

Vor Sonnenaufgang stand Rita auf und eilte, als die Kirchenglocken tönten, zur Frühmesse und beichtete dem Allmächtigen; nicht im Beichtstuhl, nein, sie kniete hinten links auf einer Kirchenbank und murmelte: »Ich habe bei einem Mann gelegen. Eine Todsünde. Ich wollte unbedingt eine Gala-Frisur haben. Zwei Todsünden. Ich habe mein Vergehen vor dir verheimlicht. Drei Todsünden.«

»Können Sie nicht still sein?«, zischte eine Frau hinter ihr.

Rita brach in Tränen aus.

An diesem Morgen bekam sie nur Brot herunter, das sie in Pfefferminztee tunkte. Punkt acht Uhr verließ sie ihre Mansarde. Der Hausmeister sah sie im Hausflur mit weiten Augen an: »Ach Fräulein Rae. Sie sehen so blass aus. Kann ich Ihnen auf irgendeine Weise helfen?« Mitleid schwang in seiner Stimme, das trieb Rita Tränen in die Augen. Sie drehte ihr Gesicht weg, beschleunigte ihre Schritte und stürmte am ihm vorbei.

Sah sie so leidend aus?

Rita fiel der Kellerfriseurin in die Arme und weinte hemmungslos. Die kleine Frau streichelte Rita über den Kopf, aber ihre Haare waren Rita schon lange kein Trost mehr. Schwunglos fielen die Strähnen herab, wegen ihrer Übelkeit und dem ständigen Erbrechen.

Ihr Gesicht im Kittel der Kellerfriseurin vergraben – die Tränen flossen reichlich – erzählte Rita, wie sehr sie sich eine Gala-Frisur gewünscht und gar nicht auf den ausgehandelten Preis geachtet hatte: Zwanzig Mark und ein Dienst auf dem Kanapee. Dass der Gala-Coiffeur in sie eingedrungen war, hatte sie zwar überrascht, aber sie hatte es geduldet. Die Superlockenwelle hatte sie entrückt und es war so schnell gegangen, wie bei den Eifelkühen auf der Weide oder den Schafen. Rita hatte oft Begattungen gesehen, das Eindringen des Gala-Coiffeurs war ihr nicht erstaunlich vorgekommen. So war eben die männliche Natur.

Die Kellerfriseurin streichelte Ritas Haare.

Bedauerlich war, dass sie, trotz der Gala-Frisur, keinen Erfolg hatte und niemand sie einstellte. Sie war ein Nichts. Schluchz, schluchz. Bald würde sie pleite sein. Sie schluchzte. Diese Tage war sie völlig erschöpft, weil sie ständig erbrach. Sie ging nicht einkaufen. Spülte nicht. Putzte nicht. Ihre Mansarde war ein Tohuwabohu. Ihre Wäsche wusch sie nicht. Beim morgendlichen Erwachen fühlte sie sich ermattet und das veränderte sich bis zum Abend nicht.

Ihr blieb nur …

Was ihr blieb, sagte Rita nicht, aber der Gedanke an einen möglichen Selbstmord füllte den Kellersalon.

»Du wirst nicht ins Wasser gehen«, schimpfte die Kellerfriseurin los. »So eine Unvernunft. Das wirst du nicht. Versprich es mir.«

Die Kellerfriseurin packte Ritas Schultern und drückte ihr verheultes Gesicht auf Abstand, aber Rita sah sie nicht an und antwortete nicht. Heulte weiter.

»Das ist typisch, so eine Gefühlsschwäche. Ganz typisch, das sage ich dir: Du bist schwanger.«

»Glaub ich nicht.« Rita schniefte durch die Nase.

»Behalt deinen Glauben für die Kirche«, herrschte die Kellerfriseurin sie an. Da schluchzte Rita wieder los, krümmte ihre Schultern und vergrub ihr Gesicht erneut in den tränenfeuchten Kittel.

Die Kellerfriseurin drückte Rita an sich: »Mein Kind, wir kriegen das hin.«

Sie hielt Rita recht lange in ihren Armen, bis die Tränen versiegten; allmählich kam die Kellerfriseurin auf eine Möglichkeit zu sprechen. Rita hörte zu, wie ein kleines Kind auf dem Schoß seiner Mutter, was die Kellerfriseurin empfahl. Eine Engelmacherin, das ungewünschte Blag, es war ja nur eine Winzigkeit, ein Stückchen fremdes Fleisch, geradewegs aus dem Bauch herausspülen.

»Ich bin nicht schwanger.«

Ritas Widerspruchsgeist war geweckt, sie wusch ihr Gesicht, trocknete es ab und glaubte nicht, was die Kellerfriseurin ihr einredete. Sie war nicht schwanger, das stand für Rita fest. Sie konnte nicht schwanger sein; doch nicht beim ersten Mal.

Was Rita verunsicherte: Warum war die Kellerfriseurin so gewiss?

»Geh doch zum Arzt.« Die Kellerfriseurin wandte sich ihrem Wäschekorb zu.

Rita kannte in Köln keinen Arzt und sie wollte keinen Arzt aufsuchen. Sie stampfte die Kellertreppe hoch, die Straße entlang und dann, das fiel ihr schon schwer, in die fünfte Etage hinauf.

In ihrer Mansarde betrachtete sie ihre derangierten Haare: fade und ohne Schwung. Sie wünschte sich eine andere Frisur: einen Pagenschnitt mit harten Linien, aus glattem Panzerhaar.

Dann beugte sie sich über das Waschbecken und erbrach eine Säure, die auf ihrer Zunge brannte. Ihre

Schuld, sie war die fünf Etagen zu schnell gestiegen. Wegen dieser Anstrengung erbrach sie.

Als sie in den Spiegel schaute, erschrak sie.

Rita hatte die Nacht kaum oder gar nicht geschlafen, sie wusste es nicht einmal genau. Sie hatte viel geweint und am Morgen, wegen der frischen Luft, aus dem Fenster geschaut. Ihr großer Bruder, der Kölner Dom, hatte sie nicht gegrüßt.

Wuchs ein Kind in ihrem Leib?

Ein uneheliches Blag. Ein Bastard vom Gala-Coiffeur. Fleisch von seinem Fleisch.

Nein, das konnte nicht sein. Das stand für Rita fest: Sie war nicht schwanger. Sie wollte es nicht sein. Ein Kind in ihrem Bauch durfte nicht sein. Unmöglich war das nicht, aber sie wollte es auf keinen Fall.

Bis zum Nachmittag war sie sicher: Es wächst kein Baby in ihr. Kein fremdes Fleisch. Das würde sie doch spüren.

Dann zweifelte sie: Oder doch?

Ihre Zweifel peinigten sie stärker als die Übelkeit. Die Gedanken bildeten eine Spirale, die sich drehte, wenn sie ihre Augen schloss. Dann sah Rita monströse Fleischbrocken in einer Kreisbahn fliegen. Zerlegte Kadaver. Wie beim Schlachter. Nass-feucht-rot tropfte es aus ihr heraus. Dann riss die Übelkeit sie aus ihrem Traum und sie erbrach.

Gehörte sie nach Köln? Rita zweifelte es an.

Trug sie einen fremden Eindringling unter ihrem Herzen? Sie musste die Wahrheit wissen.

Dieses fremde Fleisch gehörte nicht zu ihr, das sprengte ihr Leben, das passte nicht nach Köln.

Auch die nächste Nacht schlief Rita kaum, sondern weinte und grübelte sich durch die Dunkelheit. Am Morgen besaß sie keine Tränen mehr. Nachdem sie wieder das Frühstück erbrochen hatte, steckte sie einen Ring auf den vierten Finger und ging zwei Straßen weiter zu einem praktischen Arzt und Geburtshelfer. Den hatte sie schon mal besucht, wegen einer Stellenanzeige; der hatte sie abgelehnt, aber auf eine nette Weise.

Dieser Arzt würde ihr helfen.

»Sie sind schwanger.«

Drei Worte rotierten in Ritas Kopf, sie hörte die in einer Endlosschleife. In seinem schleppenden Tonfall. Kam der Arzt aus der Eifel? Der war kein Kölner, das erkannte Rita; als er aufstand und sie hinauskomplimentierte, stürzten hundert Fragen auf sie ein. Aber er verabschiedete sie und verschwand im benachbarten Zimmer, wo er die nächste Patientin begrüßte.

Als Rita sich im Wartezimmer wiederfand, konnte sie nicht klar denken. »Sie sind schwanger«, hallte es in ihrem Kopf nach und jetzt fiel ihr auf: Der nette Arzt hatte ihr, nach einem Blick auf den Ring, frohe Grüße an ihren Ehemann aufgetragen. Sie hatte fest in seine Augen geschaut und sich nichts anmerken lassen. Sie hatte nicht gezittert und er hatte nicht gemerkt, wie in Rita die Welt zusammenbrach. Sie hatte keinen Ehemann und sie wollte keinen Ehemann. Dann war dieser kritische Moment vorüber, er sprach von Haus- und Krankenhausgeburt und gab ihr die Adresse einer Hebamme.

Würde dieser Arzt ihr helfen?

Wobei helfen? Bei der Geburt oder bei der Entfernung des Ungewollten? Wie bekam man dieses fremde Fleisch aus ihr heraus? Sollte sie es tun?

Die Sprechstundenhilfe hatte sie nicht angesehen. Diese Angestellte war verärgert, weil Rita keinen Krankenkassenschein mitgebracht hatte.

Der Frisör wacht auf; ist er doch glatt auf Marianne eingeschlafen. Hat die alte Dame ihn so erschöpft?

Ein Auto hupt. Jemand ruft. Durch die zugezogenen Vorhänge fällt wenig Licht herein.

Er sieht zur Uhr: Vierzehn Uhr. Eine Stunde Mittagspause bleibt ihm. Während er seine Augen reibt, bedrängt ihn sein Gewissen: Wieso hat er solch einen Hass verspürt? Wieso hat er die Alte mit Lust gewürgt? Er wollte sie nicht verletzen, nein, keinen Moment lang wollte er ihr Schaden zufügen.

Es hätte geschehen können, denn sein Hass und seine Lust hatten ihn fortgeschwemmt. Beide gemeinsam sind ein gefährliches Gespann.

Der Frisör rollt sich von Marianne herunter, trottet durch die Hintertür in den Hausflur, die Treppe hoch in den ersten Stock und schließt seine Wohnungstür auf. Es riecht muffig. Dabei hat er gestern die Linoleumböden gewischt. Im Schlafzimmer und in der Küche – beide Räume sind spartanisch eingerichtet – kippt er die Fenster und schnuppert durch den Spalt hinaus: Vom Innenhof weht kein Gestank herein, der Müllcontainer ist geschlossen, keine Müllsäcke stehen herum. Der muffige Geruch muss in seiner Wohnung entspringen.

Im fensterlosen Badezimmer am Ende des Flures riecht es nach Toilettenreiniger. Er betätigt die WC-Spülung, die Kette hakt mal wieder; er steigt auf den Toilettensitz, um sie zu befreien und den Wasserstrom zu stoppen. Dann sieht er in die Waschmaschinentrommel: Handtücher und Unterwäsche liegen darin, aber die riechen nicht.

Das vordere Zimmer hat er seit Monaten nicht gelüftet: sein Lagerraum. Da der Keller feucht ist, sammelt der Frisör hier, was er unter Umständen gebrauchen kann: dunkelrote Plastikstühle, ein Bedienwagen mit gebrochener Querleiste, zwei Heißlufthauben. An den Wänden stapeln sich Modejournale, Kartons mit Frisierutensilien, zwei Spiegel, mehrere Koffer, ein Haarwaschbecken; obendrauf liegen zusammengerollte Teppiche.

Der Frisör bahnt sich einen Weg zum Fenster, zieht die Vorhänge zurück und sieht hinaus: Die Sonne bescheint den Kirchplatz. Er zieht die Vorhänge wieder vor, um seine Besitztümer vor dem schädlichen UV-Licht zu schützen.

Im Wohnzimmer beherrscht Mutters Blumenampel mit ihren ausladenden Plateaus den Raum; auf jedem Plateau steht ein Styroporkopf mit Perücke, nur das oberste Plateau ist frei. Daneben stehen ein Sessel, eine breite Wohnzimmercouch mit niedrigem Tisch und eine Eichenschrankwand mit seiner Bibliothek. Neben Anatomiebüchern vom Kopf und vom Gehirn besitzt er ausschließlich Frisierbücher: von schwarzweißen Haarskizzen bis zu Hochglanzfotografien aufwendiger Frisuren; von kopierten Frisieranleitungen bis zu mehrbändigen Lehrbüchern des Friseurhandwerks. Am liebsten studiert er die Geschichte der Haarmode: Spiralwellen, Kornährenzöpfe, Biedermeierfrisuren. Die Gründe ihres Auf- und Abstieges in der Publikumsgunst interessieren ihn.

Das Fenster zur Straße ist gekippt; im Wohnzimmer sorgt der Frisör ständig für frische Luft.

Er kniet sich vor Mutters Blumenampel und senkt seine Augenlider: Uta sieht auf ihn herunter, ihre Papilloten zeigen zu allen Seiten; Winoras Strähnen bäumen sich auf; Fredas Zopf hat sich verhärtet. Vor seinen Perücken kann er nichts verbergen.

»Ich wollte diese alte Dame nur frisieren … Eine Wasserwelle legen … Bitte.«

Ist das alles?

Uta spricht in seinem Kopf, natürlich. Die Perücken kennen ihn, denn sie lesen seine Gedanken.

»Ja, es stimmt. Ich hätte diese Alte am liebsten festgebunden«, gesteht der Frisör, »und das Handtuch tiefer in ihren geifernden Mund gestopft. Warum hat sie sich gewehrt? Sie sollte ruhig unter meinen Händen liegen. Mehr wollte ich nicht.«

Das Gesicht der Alten erscheint, wie leibhaftig, vor seinen Augen; ihr aufgerissener Mund stimuliert seine Lust, er kann sie nicht unterdrücken: wieder schäumt Lust in ihm hoch. Und sein Hass auf diese Welt.

Das darf nicht sein!

Winora spürt seine Erregung. Ihr Haarturm schwankt. Winora ist Mutter am ähnlichsten.

Der Frisör blinzelt, unter halbgesenkten Lidern, zu Winora hoch: »Ich wollte nur …«

Er schämt sich. Sinkt in sich zusammen.

Erinner dich an Karl!

Sagt Freda. Die bäuerliche Freda. Die mit dem praktischen Perückenverstand. Bei dem Professor hat der Frisör das Sechste Gebot übertreten. Dabei hätte er sich nur konzentrieren müssen. Die Scherenspitze führen. Was jeder Friseur lernt: Kontrolliere jederzeit die Scherenspitze.

Du musst deinen Hass überwinden.

Sagt Uta. Die strenge Uta. Der Frisör setzt sich auf den Wohnzimmersessel, dreht die Hände und begutachtet sie: Kräftige Venen bedecken seinen Handrücken, ihre Ausläufer reichen bis zu den Fingerspitzen; auf beiden Handinnenflächen haben sich tiefe Linien eingegraben. Wie geschmeidig die Sehnen tanzen, wenn er die Finger spreizt. Diese Hände frisieren nicht nur komplizierte Kreationen, sie sind seine Antennen in dieser lieblosen Welt.

Du musst deinen Hass überwinden.

Wiederholt Freda. Die bauernschlaue Freda.

»Aber wie?«, schreit es im Frisör. Zwölf Jahre enttäuschte Einsamkeit. Niemand sieht ihn, wie er ist: empfindsam und höchst talentiert. Deswegen wuchs sein Hass. Wie kann er Menschen lieben, die ihn missachten?

Wer hasst, ist nicht allmächtig.

Sagt Winora. Die impertinente Winora. Sie hat Recht. Der Allmächtige kennt keinen Hass. Der Allmächtige ruht in seiner Güte.

Du bist nicht allmächtig!

Sagt Freda.

Wie ein Blitz trifft den Frisör dieser Satz. Er spürt in sich hinein: Wonach hat er sich immer gesehnt, was hat er in jedem Kundenkopf gesucht? Die Schöne-Seele. Er hat sie nie gefunden; offenbar gibt es sie nicht. Die Schöne-Seele ist ein Ideal, das er anstrebt: eine Vision, ein Ziel, eine Orientierung in dieser komplexen Welt. Ein Mythos aus der Vergangenheit und eine Richtungsangabe: Dorthin will der Frisör, aber dieses Paradies existiert nicht. Er kann die Schöne-Seele nicht finden.

Die Perücken schweigen.

Der Frisör setzt sich auf die Wohnzimmercouch. Schweigt mit seinen Perücken. Wartet im Sitzen.

Nichts geschieht.

Stille.

Du bist nicht allmächtig.

Wiederholt Freda. Sie spricht vor sich hin. Sie ist das Bauernkind, das gerne spielt. Zeit und Ort vergisst. Freda wiederholt Sätze, ohne nachzudenken. Für sie ein Spiel, für andere eine tiefe Wahrheit.

Da kommt dem Frisör ein Gedanke: Wenn er allmächtig wäre, könnte er …

Dieser Gedanke beflügelt ihn.

»Allmächtig«, artikuliert der Frisör so leise, dass seine eigenen Ohren nichts hören. Er will den Geschmack dieses Wortes testen: Wie die Laute im Kehlkopf entstehen, im Rachen von der Zunge geschliffen werden und zwischen den Lippen herausströmen. Er spricht dieses Wort so leise aus, dass es außerhalb seines Mundes verlöscht.

Dieses Wort schmeckt lecker.

»Allmächtig. Allmächtig. Allmächtig«, wiederholt der Frisör, mit jeder Wiederholung spricht er lauter. »Leben schenken. Die Schöne-Seele erschaffen. Da es sie nicht gibt, werde ich die Schöne-Seele erschaffen.«

Dein Entschluss.

Sagen die Perücken unisono und der Frisör hat sich entschieden. Er will – danach sehnt er sich, danach vergeht er – die Schöne-Seele erschaffen.

Er steht auf und hält sich am Wohnzimmerschrank fest. Ein gewaltiger Gedanke, ungeheuerlich, der gehört nicht in diese Welt, aber der Frisör hat ihn geboren: In den Seelen zu lesen, daran hat er sich gewöhnt. Eine fremde Eigenschaft in eine Seele hineinzuschreiben, ist eine neue Dimension. Ein Quantensprung.

Warum nicht? Du bist allmächtig.

Sagen die Perücken und der Frisör spürt in seinem Innersten: Er hat sich verändert. Seit dem Scherenstich ist er ein anderer Mensch. Er hat es nicht wahrhaben wollen, aber es stimmt: Er ist allmächtig. Nicht nur ein Gefühl, nein, in ihm breitet sich eine Kraft aus, die durchdringt jede Haarpapille, infiltriert alle Körperzellen, verändert sein Bewusstsein und seine Sicht auf diese Welt.

»Ich bin allmächtig«, spricht der Frisör laut ins Wohnzimmer hinein. Die Perücken haben recht: Er ist allmächtig und der Allmächtige gnädig. Er wird in die Seelen gute Eigenschaften hinein frisieren und so – hoffentlich wird es gelingen – die Schöne-Seele erschaffen.

Dieser Gedanke erfüllt ihn, er kann nichts anderes denken.

Willst du die Welt retten?

Fragen Freda, Uta und Winora unisono. Die Perücken sind bester Stimmung: Winoras Haarturm ragt in die Höhe, Utas Haarnetz glänzt und Fredas Zopf schwingt locker herab.

Der Frisör antwortet nicht.

Wirst du die Welt retten?

Ihre Worte fallen tief in die Frisörseele hinein. Ja, er wird das Gute in die Seele hinein und das Schlechte heraus frisieren.

»Jawohl, das werde ich tun!« Der Frisör schlägt mit seiner Faust auf den Wohnzimmertisch. »Ich werde den Hass und die Gier und den Neid herausschneiden. Dieses Trio verdirbt die Welt. Weg damit.«

Die Perücken nicken.

»Ich werde Gutes in meine Kunden frisieren. Nichts anderes, nur Güte und Frieden. Ich schwöre es!« Der Frisör hebt beide Hände zum Zimmerdecke und ruft so laut, dass Passanten auf dem Kirchplatz sich umdrehen.

Jetzt geht die Party los: Alle Perücken jubeln, die drei unteren freuen sich auch. Alle sechs Wohnzimmerperücken feiern den Frisör als den frischgebackenen Retter der Welt: das Wunder seiner zweiten Geburt.

Daran zweifelt an diesem Tag niemand in der Wohnung über dem Damen- und Herrensalon HELENA: Der Frisör wird die Welt retten.

Mit der Seelenfrisur. Wird er tun.

»Du hattest recht«, gestand Rita.

Die Kellerfriseurin triumphierte nicht. Das fand Rita angenehm. Stattdessen lamentierte sie gleich los, über die Männer im Allgemeinen und die Friseure im Besonderen. Von beiden Spezies war nichts Gutes zu erwarten. Wer wird Rita und das Baby ernähren? Dringend riet die Kellerfriseurin zur Engelmacherin, während in Rita erneut die Übelkeit hochstieg. Sie würgte und hechelte, dann löste sich der Krampf.

Ihr Mittagessen hatte sie erbrochen.

»Was wird das kosten?«

»Dreihundert musst du rechnen.«

Rita besaß dreihundertachtzig Mark; das reichte für fünf Monate, wenn sie streng wirtschaftete, und für drei Monate, wenn sie sich mal eine Frisur gönnte. Mit Engelmacherin reichte es vier Wochen – ohne Frisur. Das wollte sie auf keinen Fall: einen Monat Köln, danach lebenslänglich Eifel.

»Ich werde nicht abtreiben.«

Rita stampfte fort.

Zwei Wochen später war der Termin und die Kellerfriseurin kam mit. Sie fuhren mit der Straßenbahn, dann mit dem Bus nach Esch und gingen zu Fuß, die Hauptstraße entlang, dann eine schmale Asphaltstraße, zuletzt einen holprigen Feldweg zu einem Bauernhof. Der Gartenzaun war eingefallen, verrostete Gerätschaften lagen im Innenhof und Berge von Reifen; das machte auf Rita keinen guten Eindruck. Mit einem Mal misstraute sie der Kellerfriseurin, die eilig vorwärtsstrebte. Rita kam sich verkauft vor, wie ein Viech, das man zur Schlachtbank führt; die die Leine hält, kassiert das Kopfgeld.

Die Kellerfriseurin läutete. Es regte sich eine Zeitlang nichts, dann knarrte eine Tür, Schritte kamen näher, die

Haustür schwang halb auf; eine ältere Frau im Schürzenkittel, mit einem dicken schwarzen Haar auf der Nasenspitze, fragte nach ihrem Begehren.

Rita konnte nicht antworten; sie fixierte das schwarze Einzelhaar.

»Ende dritter Monat«, sagte die Kellerfriseurin und zeigte auf Rita.

Die Frau nickte und öffnete die Tür weit, das Sonnenlicht fiel auf ihren Kopf. Sie war keine vierzig Jahre alt, das konnte Rita erkennen, aber trug schon eine Scheitelglatze. Das umgebende dünne Haar fiel schlapp herab; auf ihren Schultern lagen Schuppen. Als sie den Kopf vorbeugte, fiel ein Haar herunter, flimmerte im Sonnenlicht und taumelte zu Boden.

»Treten Sie ein.«

Rita drehte sich auf der Stelle um; ihre Beine trommelten los, nur schnell weg von hier. Sie rannte, trotz der Schwangerschaft, über den Hof, den Feldweg entlang, bog in die schmale Asphaltstraße ein, und lief, ohne sich umzudrehen, weiter.

Die Kellerfriseurin holte sie nicht mehr ein.

Rita entschied sich, aus dem Bauch heraus und ohne schlaflose Nächte, für drei Monate mit Frisuren. Das Leben in Köln sollte seine Qualität bewahren.

Ihre tägliche Rennerei nach einer Anstellung war vergebens und überstieg ihre Kräfte. Diese Arbeitssuche verursachte nur Ausgaben: Sie musste sich schick anziehen und eine Straßenbahnkarte kaufen, auch kurze Strecken konnte Rita nicht mehr zu Fuß zurücklegen. Diese Tage erschöpfte sie schnell; stieg sie die fünf Etagen zur Mansarde hoch, pausierte sie auf jedem Treppenabsatz. Eine volle Einkaufstasche hochtragen konnte sie nicht.

Mit der Kellerfriseurin vertrug sie sich bei der nächsten Begegnung. Die kam nie wieder auf die Engelmacherin zu sprechen und blieb Ritas einzige Vertraute im fremden Köln.

Rita ließ sich von der Kellerfriseurin eine Pagenfrisur mit ondulierter Innenwelle und langem Pony schneiden und saß den ganzen Tag auf einem Stuhl auf dem Bürgersteig, unmittelbar neben der Treppe zum Kellersalon; ab und zu schüttelte sie ihren Kopf und strich sich die Haare glatt. Mehr brauchte sie nicht tun.

Ihre Frisur schlug ein. Wie eine Bombe.

»Wurden Sie im Kellersalon frisiert?«

Diese Frage beantwortete sie am ersten Tag fünfzehn Mal, am zweiten Tag schon dreißig Mal. Die Passanten verbreiteten ihre Botschaft: »Im Kellersalon werden Sie hervorragend und günstig frisiert.«

Das Ächtungssiegel fiel – der Kellersalon war früher ein Kohlenlager gewesen –, ehrbare Kölnerinnen stiegen hinab und ließen sich die Haare waschen und schneiden, in Heißwellen und Kaltlocken legen, föhnen, blondieren. Und toupieren, toupieren, toupieren.

Die Kellerfriseurin gab Rita in der ersten Woche täglich eine warme Mahlzeit, in der zweiten Woche zehn Mark, ab der dritten Woche fünfzehn Mark.

Rita war reich, ihre Übelkeit verschwand, sie aß die doppelte Portion, so dass in den nächsten Monaten ihr Bauch anschwoll. Und wie das Blag strampelte.

Das störte Rita nicht. Sie war schwanger und würde …

Was würde sie tun?

Rita hatte keinen Plan. Sie meldete sich nicht bei der Hebamme. Nicht beim Arzt. Sie achtete nicht auf sich, sondern lebte in den Tag hinein; nur die Nächte quälten sie.

Am nächsten Morgen summt der Frisör ein Liedchen. Das hat er viele Jahre nicht getan. Sein Schwur schwingt in ihm nach: Die Welt retten. Gutes in die Seelen frisieren.

Er schreitet von seiner Wohnung die Treppe hinab, öffnet den Salon, zieht die Vorhänge zurück und lauert nicht mehr wie eine Spinne im Netz auf Beute, um sie zu verschlingen, sondern empfängt seine Kunden mit freundlichen Worten: »Wie geht es Ihnen?«, »Wie läuft´s in der Arbeit, was macht die Familie?«, »Noch nicht geschieden und schon wieder verliebt?« Lacht über seinen Scherz und hört den Kunden zu. Hört konzentriert zu. Fragt nach. Interessiert sich. Wie sein Chef, der Gala-Coiffeur, es gepredigt hat: »Sprech die Kundschaft an. Sei freundlich und lächle dich durch den Tag.«

Das Einzige, was seine Zufriedenheit stört: Der tote Professor steht im Garderobenschrank. Den muss der Frisör entsorgen. In der kommenden Nacht wird er den plastikverhüllten Toten zum Container transportieren. Nimmt der Frisör sich vor und schnüffelt am Garderobenschrank. Er riecht nichts Auffälliges, aber es ist höchste Zeit.

Am Nachmittag stürmt Herr Wolters in den Salon: »Es ist soweit. Es ist soweit.« Er fährt sich durch die Haare, seine normalerweise hochgeschlossene Windjacke steht offen; so aufgeregt ist dieser Pedant.

»Was ist passiert?«

»Das Treffen mit der Oberfinanzdirektion findet übermorgen statt. Bitte. Ich brauche meine Koordinate. Sie müssen mich frisieren. Ich meine jetzt sofort. Supersymmetrische Konturfrisur. Sie wissen schon.«

»Bitte schön.«

Herr Wolters zieht die Windjacke aus und setzt sich auf Freddy. Der Frisör spürt beim Durchkämmen seine große

Nervosität: Herr Wolters hält nicht still, sondern rutscht auf dem Sitz hin und her.

Der ist aus seinem Lebenstakt geraten.

Der Frisör spürt in den Kopf hinein. Die Hirnwindungen glänzen, die Hirnnervenkerne feuern und vibrieren, die Hirnsubstanz rund um den Mandelkern flimmert. Wolters Seele, sonst ein scharfkantiges Polygon, liegt regungslos in einem Winkel des Vierten Ventrikels.

Erstaunlich. Was ist dem Wolters zugestoßen? Der Frisör stöbert im Frontalhin herum und wird fündig: Diesen Kunden beschäftigt nicht nur das wichtige Treffen, ein anderes Erlebnis hat ihn gepackt. Er hat letzten Sonntag eine Frau im Café gesehen. Zum zweiten Mal. Er wollte sie ansprechen, aber hat sich nicht getraut. Wie gelähmt war Wolters gewesen. Sein altes Problem: Er kann keine Frauen ansprechen. Schon die Idee beklemmt ihn, sein Zunge ist dann gelähmt.

Dabei war diese Frau nach seinem Geschmack: biederes Kostüm, bestickte Bluse, die Beine schicklich übereinandergeschlagen. Sie hatte im Café gelesen.

Die Konturfrisur ist die falsche Wahl. Spürt der Frisör. Herr Wolters sehnt sich nach einer Frau. Wenn diese Sehnsucht auch tief vergraben ist, wünscht Herr Wolters sich vertraute Zweisamkeit. Ein gemeinsames Leben führen und nicht ständig Alleinsein. Diese alte Sehnsucht ist in ihm aufgebrochen.

Den Frisör überfällt ein Gedanke: Er wird Wolters ins Glück frisieren. Weg von seinem Beruf. Weg von seinem pedantischen Gehabe.

»Ganz wichtiges Treffen. Ich brauche diese supersymmetrische Konturfrisur. Meine Koordinate.«

»Ist recht, der Herr.«

Der Frisör sieht erneut in Wolters Kopf hinein. Seine Seele hockt im Vierten Ventrikel und bewegt sich nicht.

Er löst seine Hände von Wolters Kopf, ergreift Kamm und Schere. Soll er es tun? Er riskiert einen Stammkunden.

Ach was, er wird Wolters ins Glück katapultieren und ihm eine neue, zutiefst andere Frisur modellieren.

Locker kämmt der Frisör die Haare durch, während Wolters seine Augen schließt, was er beim Frisieren gerne macht. Beschwingt schneidet der Frisör einen Seitenscheitel mit bauschendem Deckhaar und einer Stirntolle, weit nach außen gezogen. Die seitlichen und hinteren Haarpartien stuft er ab, trimmt sie mit leichtem Unterschnitt und schnippelt sie fransig. Eine lockere Herrenfrisur, die Frauen mögen. Die Leichtigkeit und Frische ausstrahlt. Die Herrn Wolters jünger wirken lässt.

Da spürt der Frisör, wie eine Kraft aus seinen Händen in die Schere übertritt. Von der Schere in Wolters Kopf eindringt. Es ist die Energie, die der Frisör vom toten Professor empfangen hat: Seine Hände senden pure Energie in den Kundenkopf hinein.

Während Wolters mit geschlossenen Augen – ungewöhnlich ist das, normalerweise springt er mit Abschluss der Frisur hoch – auf dem Frisierstuhl liegt und nicht mal blinzelt, tritt der Frisör zurück: Diese Popper-Frisur ist ihm gelungen. Die Nacken- und Seitenhaare hat er auf Zottellänge belassen, das Deckhaar stufig geschnitten, die ausladende Tolle beschirmt Wolters Stirn. Prima!

Beschwingt löst der Frisör den Umhang, entfernt das krause Halspapier, wedelt den Haarschnitt vom Nacken, umgreift mit gespreizten Fingern Wolters Schädel und dringt in seine Haare ein. Er betastet die Kopfhaut, aus jeder Haarwurzeln entspringt ein Nerv. Mittels dieses feinmaschigen Nervennetzes erfasst der Frisör das gesamte Gehirn, durch die winzigen Maschen entgeht ihm kein Gedanke.

Wolters Seele dreht sich im Vierten Ventrikel. Sie hat sich aufgeplustert, ihr Zentrum pulsiert. Sie rotiert langsam. Beschleunigt. Glänzt in einem silbrigen Farbton, dieser Schimmer überzieht die Großhirnwindungen. Solch einen Glanz hat der Frisör Herrn Wolters noch nie gesehen.

Der schlägt die Augen auf und betrachtet sich im Spiegel. Sagt kein Wort. Dreht seinen Kopf millimeterweise nach rechts und links. Rutscht nach vorn. Nicht der akkurate Finanzbeamte, der sich kerzengerade aufrichtet und stracks losmarschiert. Dieser Wolters gleitet seitlich von Freddy herunter, schlackert mit den Gliedern und wippt auf der Stelle. Dreht seinen Kopf vor dem Spiegel: »Was ist das?«

»Eine flotte Herrenfrisur.«

»Was soll das? Ich wollte …«

»Ich weiß«, unterbricht der Frisör. »Aber ich habe meine Gründe. Ich meine es gut mit Ihnen. Wirklich gut.«

»Gut mit mir? Was soll das?«

»Spüren Sie in sich hinein«, sagt der Frisör. »Schauen Sie in den Spiegel und spüren Sie in sich hinein. Vertrauen Sie meiner Frisur.«

»Das ist ein Blödsinn. Das ist doch … oh du meine Tangente.« Er hüpft auf der Stelle, sein Stirntolle fliegt hoch und runter, er sieht in den Spiegel: »Weiß nicht. Ich komme mir merkwürdig vor. Und größer. Komisches Gefühl. Auf jeden Fall bin ich größer geworden. Und jünger. Und unsicher. Ja, ich fühle mich unsicher. Dabei wollte ich …«

»Eine scharfgeschnittene Konturfrisur. Ich weiß. Aber Sie wollen nicht mehr alleine sein. Diese Frisur wird Ihnen helfen«, sagt der Frisör. Er spricht wie ein Lehrer, der einem Schüler einen Sachverhalt erklärt.

»Aber doch nicht so lieblich. Zu lieblich, für meinen Geschmack.«

»Gefällt Ihnen nicht?«

»Mir? Wer bin ich überhaupt? Mir wird so flau.«

Der Frisör fasst seinen Arm und stützt ihn.

»Ich weiß nicht. Ich fühle mich so anders. Zähle ich überhaupt?«

»Sie sind mein Stammkunde. Ich meine es gut mit Ihnen. Das ist eine Frisur zum Leben. Eine Frisur, die die Frauen mögen. Die die Frauen anzieht.«

»Was!« Wolters Mund bleibt weit offen, er steht auf der Stelle, hüpft nicht mehr. »Sie meinen, diese Frisur wird …? Sie meinen, ich werde mit dieser Frisur den Frauen gefallen?«

Der Frisör nickt.

»Herr Friseurmeister, das wäre das größte Geschenk. Das wäre … Sie haben recht: Meine Meinung zählt nicht. Das Einzige, was zählt: Ob es ihr gefallen wird?«

Wolters Lächeln missglückt, da er seine Lippen an die Zahnreihe presst. Dann zieht er die Mundwinkel zurück, die Nase kraus. Runzelt die Stirn, bläst die Backen auf, öffnet und schließt seinen Mund.

Etwas Ungewöhnliches geschieht in Wolters, wird dem Frisör klar. Ob diese Veränderung im Chaos endet? Plötzlich bereut der Frisör seine Tat: Die Konturfrisur passte perfekt zu dem Pedanten und kleinkarierten Rechthaber. Warum hat er Wolters einen Popper-Schnitt frisiert?

Die Kunden ins Glück frisieren.

Diese Worte klingen von der Decke. Die Wohnzimmerperücken sprechen zum Frisör; sie sind die unbekannten Stimmen im Salon. Sie raten ihm und erinnern ihn an seine Entscheidung: Den Menschheitstraum erfüllen. Die Menschen ins Glück frisieren.

Wie konzentriert Herr Wolters vor dem Spiegel sein Gesicht verzieht. Als übe er neue Ausdrucksformen. Wie ein Schauspieler bei Aufwärmübungen. Der Frisör schmunzelt.

»Meine Variable, ich fühl mich leichter. Und jünger. Voller Schwung. Das kenne ich gar nicht von mir«, Herr Wolters schüttelt seinen Kopf, die Tolle schwingt mit. »So eine verquirlte Gefühlsregung ist mir neu: frisch, jungenhaft, unbändig. Aber das ist nicht wichtig. Meine

Meinung ist nicht wichtig. Wichtig ist, dass ihr diese Frisur gefällt.«

Wolters Zungenspitze benetzt die Lippen.

»Sie wird der Frau aus dem Café gefallen, lieber Herr, seien Sie versichert«, sagt der Frisör.

Herr Wolters wendet sich vom Spiegel ab.

»Ich bin auf meiner X-Achse verrutscht«, er lächelt den Frisör an. »Ich muss mich an dieses neue Gefühl gewöhnen. Wird bestimmt dauern. Keine rationalen Zahlen mehr, ich werde in das irrationale Reich vordringen. Aber …?«.

Herr Wolters sieht dem Frisör ins Gesicht: »Woher wissen Sie von dieser Frau? Ich hatte sie nicht erwähnt.«

Eine große Hitze steigt dem Frisör in den Kopf. Er dreht sich weg, sortiert seine Utensilien auf der Ablage und murmelt leichthin: »War nur so eine Idee.«

»Ach so ist das. Ein ideenreicher Friseurmeister, keine Frage. Ich werde also mit dieser Frisur bei den Frauen Erfolg haben. Stimmt das?«

»Ja, ganz bestimmt. Es kann sein, dass sich weitere Veränderungen einstellen. Bis in ihre …«, der Frisör beißt die Zähne zusammen. Nichts verraten. Der wird es am eigenen Leibe erfahren.

»Ich fühle mich so merkwürdig; irgendwie anders, aber nicht schlecht«, sagt Wolters und lächelt in den Spiegel hinein.

»Probieren Sie es, lieber Herr.«

Da springt Herr Wolters auf. Und ruft: »Egal. Top, die Wette gilt.«

Er streckt dem Frisör die Hand entgegen, der schlägt ein. Dann streckt Herr Wolters seine Hand zum Spiegel, sein Spiegelbild streckt die Hand zu ihm. Wolters berührt die Spiegelhand und lacht los. Tänzelt durch den Salon, bleibt vor dem Garderobenschrank stehen.

Der Frisör kriegt einen Schreck: Da steckt der tote Professor drin.

Herr Wolters zieht an der Garderobentür: »Ich brauche meine Jacke.«

»Die Garderobe ist abgeschlossen, da hab ich … äh … Wichtiges gelagert«, sagt der Frisör. Warum hat er den Leichnam nicht längst entsorgt? Der Tote steht seit vier Tagen da drin, aber der Frisör konnte sich bisher nicht überwinden, den kalten Körper zu berühren.

Der Frisör weist zur Polstercouch: »Dort liegt ihre Jacke.«

»Sie sind perfekt.« Wolters Lippen spitzen sich und deuten einen Kuss an. Wirft sich die Jacke über die Schulter, hüpft auf einem Bein und beobachtet im Spiegel, wie seine Stirntolle schwingt. Überspringt die Linien im Salonboden – wie ein Kind beim Spiel.

Die Popper-Frisur und die graue Windjacke hüpfen mit.

»Falls wir uns nicht mehr sehen; ich wünsche Ihnen ein schönes Weihnachtsfest«, sagte der Hausmeister, griff sich Ritas Einkaufstasche und folgte ihr in die fünfte Etage. Der half Rita bei jeder Gelegenheit; kein Vergleich mit der ersten Begegnung. Seit ihr Bauch sich vorwölbte, fing er sie im Erdgeschoss ab, wechselte mit ihr einige Worte und trug ihre Einkaufstasche in die fünfte Etage.

Rita schwieg. Sie brauchte ihren Atem für die Anstrengung, pausierte nach fünf Treppenstufen. Deswegen verließ sie die Mansarde möglichst selten. »Übermorgen ist Heiligabend. Fahren Sie nach Hause in die Eifel?«

Rita erschrak: Woher wusste der Hausmeister, das sie aus der Eifel stammte? Sie hatte es ihm nie gesagt.

Er nahm ihr Schweigen für ein halbes Ja: »Wissen Sie, ich bin die Feiertage auch alleine. Das ist nicht schön, besonders nicht zu Weihnachten. Einmal Kaffee und Kuchen gemeinsam, wie wäre das? Selbstverständlich nur, wenn Sie sich fühlen.«

Rita zog ihre Schultern hoch. Sie mochte den dickbauchigen Kerl nicht, obwohl er glatt rasiert und korrekt bekleidet war. Sie misstraute seinem Haarkranz um die Halbglatze; er konnte kein guter Mensch sein. Der hatte, munkelte man im Haus, eine Nazikarriere hinter sich.

Rita schloss umständlich die Mansardentür auf, um Zeit für eine Antwort zu gewinnen.

»Ich weiß schon, Schwangere fühlen sich oft nicht.« Der Hausmeister spürte ihr Zögern. »Einfach bei mir klingeln. Wenn Ihnen danach ist. Ich bin am ersten Feiertag bei der Familie meiner Schwester. Die anderen Tage bin ich allein. Also, Kaffee und Kuchen warten auf Sie.«

Geschafft.

Rita schloss die Tür und warf sich aufs Bett. Die Einkaufstasche lehnte unausgepackt am Schrank; seine Schritte verklangen im Treppenhaus. Sie war müde. Unstillbar müde. Wegen dieser Müdigkeit hatte sie den Job bei der Kellerfriseurin aufgegeben. Die Leute hatten sie wegen des Dezemberwetters – »draußen sitzen, bei dieser Kälte, das ist unmenschlich« –, bemitleidet, aber die niedrige Temperatur hatte Rita nichts ausgemacht. Ihr Problem war die unstillbare Müdigkeit. Rita hatte die Kälte vorgeschoben, aber in Wirklichkeit war es ihr schwergefallen, ihre Augen offen zu halten.

Der Kellerfriseurin war es recht gewesen, dass Rita nicht mehr vor dem Saloneingang saß; der Kellersalon war im Dezember ausgebucht.

Rita rutschte im Bett höher hinauf und spürte in ihren Bauch hinein: Etwas rumpelte in ihr. Sie konnte die Bewegung spüren, wenn sie flach atmete und sich auf ihren Bauch konzentrierte; deutlicher spürte sie es, wenn sie ihre Handinnenfläche locker auf ihre nackte Bauchhaut auflegte.

Etwas bewegte sich in ihr.

Das war unheimlich. Das wollte Rita nicht. Das Fremde steckte in ihr und bewegte sich. Das war nicht recht, das war Rita klar. Sie bereute, das Fremde nicht weggemacht zu haben; jetzt war es zu spät. Warum war sie von der Engelmacherin fortgelaufen? Ihr größter Fehler. Keine Stunde hätte es gedauert. Was ist eine Stunde Schmerz gegen diese Dauerqual? Aber sie hatte damals nicht gewusst, was sie erwartete. Das war ihre einzige Entschuldigung.

Rita grämte sich. Sie hätte jede Prozedur ausgehalten, um diesen Zustand zu beenden: Die Müdigkeit lähmte sie und die fremde Bewegung quälte sie. Das Böse wohnte und wuchs in ihrem Körper; sie konnte sich nicht wehren, sie war dem Unbekannten ausgeliefert und diese Qual würde bis Ende März dauern.

Was sie danach erwartete, kümmerte Rita nicht. Wenn nur die Schwangerschaft vorbei war.

Sie verbrachte die Weihnachtstage 1955 alleine und ging jeden Feiertag dreimal in die Kirche; sie fühlte sich mit Gott verbunden, ihr Schicksal lag in seiner gütigen Hand. Während des Gottesdienst hatte sie Visionen: Gott hatte Großes mit ihr vor? Er war allmächtig und schenkte ihr Stärke. Die Geschichte von Maria, die ein ungezeugtes Kind unter ihrem Herzen trug, und die Jesusgeburt im Stroh rührten Rita. Ohne Arzt und Hebamme. Nur die Tiere und die Schäfer waren Zeugen der Jesusgeburt gewesen.

Nach dem Gottesdienst atmete sie freier und fühlte sich leichter; leider hielt diese Linderung keine Stunde an.

An den Gala-Coiffeur dachte Rita nie.

In den letzten Tagen des Jahres 1955 traf sie weder den Hausmeister noch die Kellerfriseurin. Sie grüßte die Menschen, die ihr im Treppenhaus begegneten: Den immer lächelnden Schönwagner im vierten Stockwerk, die aufgedonnerte Rothaarige mit den verlausten Bengeln vom zweiten Stock. Zwei Fremde begegneten ihr im Treppenhaus.

Im Januar, im Februar und im März 1956 suchte Rita keinen Arzt und keine Hebamme auf. Sie lag im Bett in ihrer Mansarde, ging zweimal die Woche zum Einkaufen und der Hausmeister trug ihre Tasche hoch.

Zusätzlich zu den Kindsbewegungen und geschwollenen Beinen litt sie unter dem hochstehenden Bauch, der ihr die Luft nahm. Im Sitzen atmete sie leichter; deswegen stopfte sie zwei Decken unter ihr Kopfkissen. Ihre Haut wurde rau und entwickelte Pickel, einen großen mitten auf der rechten Wange.

Immer häufiger zog es in ihrem Bauch; es war kein Schmerz, sondern eine Anspannung. Während ihr Bauch hart war, konnte sie keine Kindsbewegung spüren. Da sie meistens im Bett lag, atmete sie diese Anspannung einfach weg.

Am 29. März 1956 verspürte Rita nach dem Mittagessen – sie hatte nur einen Joghurt und einen Apfel zu sich genommen – die bekannte Anspannung im Bauch, aber viel stärker als in den letzten Wochen. Es waren richtige Leibkrämpfe. Hatte sie etwas Falsches gegessen?

Rita atmete dagegen an, legte sich aufs Bett, zog die Beine an, drehte sich nach links und rechts; immer wieder zogen diese Schmerzen durch ihren Unterbauch. Sie fand keine Position, in der sie schmerzfrei blieb. Schlaf würde ihr helfen, aber wegen der Schmerzen schlief sie nicht ein. Dabei war sie unendlich müde.

Das Atmen fiel ihr schwerer als sonst.

Rita dachte – wie herbeigeflogen überfiel sie dieser Gedanke – an den Gala-Coiffeur: sein Stirnband, seine Silbermähne, sein dunkles Timbre? Im nächsten Moment wollte Rita nicht an diesen arroganten Schönling denken, sie schob sein Bild beiseite und atmete gegen die nächste Schmerzwoge an.

Würde sie ihn wiedersehen?

Regelmäßig rollten die Schmerzwogen heran; sie zog ihre Beine an und schob ihren Körper höher auf die Kopfkissen-Decken-Polsterung hinauf.

Würde sie den Gala-Coiffeur wiedersehen? Sein Stirnband, seine Silbermähne und sein dunkles Timbre zogen sie an.

Im Verlauf des Nachmittags nahm die Intensität der Schmerzwellen zu und Rita packte ein unstillbares Bedürfnis nach dem Gala-Coiffeur: Nur er konnte ihr helfen.

Würde er es tun?

Ohne einen vernünftigen Grund – die Schwäche und die Schmerzen hatten ihren Verstand vernebelt – war Rita plötzlich sicher: Sie musste zum Gala-Coiffeur. Er würde ihr helfen. Es war Ende März, die neun Monate waren um, das Ende ihrer Qual gekommen. Sie hatte es geschafft, ja – sie atmete sich durch die nächste Schmerzwoge – sie hatte alleine, nur mit Gottes Hilfe, ihre Schwangerschaft überstanden.

Jetzt brauchte sie Hilfe vom Gala-Coiffeur, schließlich war er schuld an ihrem Zustand, denn das Fremde, das in ihrem Bach wuchs, war sein Fleisch. Natürlich musste sie sich ordentlich kleiden, das war sie dem Gala-Salon schuldig. Nicht wie eine Landpomeranze auftreten. Nein, sie wollte elegant aussehen, wie eine Dame von Welt.

Rita stand auf und durchwühlte ihren Kleiderschrank. Sie fand nur ein Kleid – himmelblau mit ausgestelltem Rock und seitlich angebrachten Schleifen –, das ihren ästhetischen Anforderungen genügte; aber dieses Kleid war tailliert und ihr hochschwangerer Bauch passte nicht hinein.

Kurzentschlossen nahm sie die Schere und schnitt den himmelblauen Stoff in der rückwärtigen Naht auf. Verlängerte diese Öffnung nach oben bis zu den Schulterträgern.

Mit voller Wucht traf sie die nächste Schmerzwoge; sie lehnte sich an den Schrank und hechelte. Als die Schmerzen nachließen, schnitt sie auf beiden Seiten des Spaltes kleine Löcher und fädelte ein dünnes Wäscheseil, im Wechsel links und rechts, so locker hindurch, dass ein breiter Rückenspalt verblieb.

Rita besah ihr Werk: ein improvisiertes Umstandskleid. Nicht belastbar, aber die Taille war breit genug: Sie passte hinein und ihr Mantel verdeckte den Rückenspalt des Kleides. Hoffentlich rissen die Stofflöcher nicht aus. Nichts Schlimmeres, als wenn das Kleid während der Begegnung mit dem Gala-Coiffeur zerriss oder aufklappte. Oder sogar herabfiel.

Rita sah auf die Uhr. Bald achtzehn Uhr. Sie musste sich beeilen, weil der Gala-Salon in einer halben Stunde schloss. Da rollte die nächste Schmerzwoge heran und warf sie minutenlang aufs Bett.

Rita schlüpfte in das Kleid und posierte vor dem Spiegel: Von vorne sah sie dank der himmelblauen Farbe und der Schleifen frisch und jugendlich aus. Trotz des vorgewölbten Bauches. In ihrem Zustand und mit diesem Kleid war sie das perfekte Fotomodell für Umstandskleidung.

Die nächste Schmerzwoge traf Rita unvorbereitet, sie lehnte sich ans Waschbecken. Da half kein Hecheln, die Schmerzen waren stärker und hielten an. Schier endlos. Bis ihr harter Bauch zu platzen drohte.

Am Morgen gleich um Neun – der Frisör hat seinen Salon noch nicht inspiziert – stampft ein untersetzter Mann mit dicken Tretern herein. Der Frisör erkennt ihn sogleich: Das ist der Soldat, heute in Zivil, aber eindeutig der Soldat; seine schwarzdicken Nasenhaare treten unmissverständlich hervor.

Was will dieses brutale Panzerschwein?

Seine sandbraunen Haare stehen über den Ohrmuscheln ab, die Deckhaare ragen in verschiedene Richtungen – Drahthaare halt. Seit dem Streit war dieser rabiate Kerl bei keinem anderen Friseur gewesen.

Warum trägt der keine Uniform?

»Ich brauch einen anderen Haarschnitt«, sagt der Soldat. Er befiehlt nicht und seine Nasenhaare ziehen sich ins Dunkel zurück.

»Ich bin ausgebucht.« Der Frisör betont die letzte Silbe wie einen zuschnappenden Türriegel.

»Wieso? Es ist doch niemand hier.«

»Gleich kommt meine erste Kundin. Gehen Sie.« Der Frisör verkneift sich ein »Bitte schön«; Höflichkeit hat dieser primitive Kerl nicht verdient. Der hat ihn niedergestoßen und seinen Frisierumhang zerrissen, der Frisör kann den Schmerz erinnern. Er hätte sich beim Fallen das Handgelenk brechen können. Mit einem Gipsarm kann er nicht frisieren.

»Es ist eine besondere …«

Die Tür wird aufgestoßen und Herr Wolters – helles Jackett mit blauem Einstecktuch, blauem Hemd und weißer Leinenhose – stürmt herein: »Entschuldigung, wenn ich störe, es dauert nur einen Moment, aber ich muss es einfach loswerden: Die Quadratur des Kreises ist gelungen, es bedarf keines weiteren Beweises, ich kann es in meiner X-Achse spüren.« Er wirft seinen Kopf zurück und streicht über die Stirntolle. »Na, wie sehe ich aus?

Frisch gestylt und voller Schwung.« Erfasst die Hände des Frisörs: »Ich hab sie gefragt. Denken Sie nur: Ich habe sie angesprochen. Wir haben Kaffee getrunken, zwei Stunden lang erzählt und sind wieder verabredet. Meine Hypotenuse, wir werden gemeinsam ins Theater gehen. Sie wird die Vorstellung aussuchen; mir ist alles recht, habe ich gesagt, solange wir nebeneinander sitzen. Da hat sie gelacht. Ein schönes Kompliment, nicht wahr? So ein netter Satz ist mir früher nicht eingefallen, dabei lieben die Frauen das.«

»Freut mich, freut mich«, sagt der Frisör und befreit seine Hände aus der Umklammerung.

Die Stirntolle schwingt mit, als Herr Wolters sich dem Soldaten zuwendet: »Passen Sie gut auf, das ist nicht nur ein Meisterfriseur, sondern auch ein Zauberer. Von der guten Sorte! Mich hat er völlig verzaubert. Ich bin von mir selbst überrascht und sooooo glücklich.« Herr Wolters umgreift mit beiden Armen die Luft, als umarme er die Welt. »Dafür bin ich ihm unendlich dankbar.«

Der Soldat schaut mit offenem Mund.

»Seine Frisur hat meine X-Achse verschoben, und mein Y und mein Z. Ich lebe ein neues Leben. Ein beschwingtes Leben. Ein phantastisches Leben.«

»Diese Frisur?«, fragt der Soldat.

»Richtig. Gefällt Ihnen mein Kopfschmuck?« Herr Wolters zeigt mit beiden Zeigefingern auf seinen Popper-Haarschnitt. Welch ungleiches Paar: Der schlanke Wolters dreht sich auf der Stelle, während der kräftige Soldat ihn mit heruntergezogenen Augenbrauen mustert.

»Weiß nicht«, antwortet der Soldat.

»Weiß nicht gibt´s nicht. Kein ästhetisches Urteil gibt es nicht. Hier geht es nicht um die Physik der Lichtstrahlen, sondern um ihren subjektiven Eindruck. Also bitte schön, frisch von ihrem Zentralstrahl betrachtet: Spucken Sie es aus. Ohne Rücksicht auf meine Gefühle.«

Der Soldat zuckt mit den Schultern.

»Aber Ihnen, Herr Friseurobermeister. Wie gefalle ich Ihnen?«, Herr Wolters fährt sich durchs Haar und redet weiter, bevor der Frisör antwortet. »Eine schöne Frau hat mir ein Kompliment gemacht. Der gefällt meine Frisur und hoffentlich, ganz hoffentlich«, der Mann umschließt seine Daumen mit den Fingern, »wird sie meine Verlobte. Oh, wie wohl ist mir«, intoniert er eine Phantasiemelodie.

So überschwänglich hat der Frisör diesen Kunden noch nie erlebt. Er kann es kaum erwarten, seine Fingerspitzen brennen: Er will Kontakt mit Wolters Seele aufnehmen, aber der steht bereits in der Tür: »Ich bin der lebende Beweis, also merken Sie sich die Formel: Mit der richtigen Frisur geht alles wie von selbst.«

Herr Wolters eilt mit wippenden Rockschößen fort, der Frisör sieht ihm durchs Schaufenster nach: Der hat sich wahrhaftig verwandelt. Schwebt auf Wolke Sieben. Das freut den Frisör. Die Popper-Frisur hat ihn belebt, er hat sich getraut, die Frau anzusprechen. Kann dieser Pedant im Überschwang großer Gefühle überhaupt Steuerbescheide prüfen? Was ist aus seinem wichtigen Treffen geworden? Das Unglück lauert, es ist nie weit. Wie schnell kippt große Freude in Schaden um, die leichten Tage werden schwer. Das hat der Frisör selbst erlebt: Die ersten Wochen nach seiner Saloneröffnung verflogen im Rausch, dann zernagten die alltäglichen Probleme sein Glück.

Mit hängenden Armen steht der Soldat im Salon; kein Nasenhaar traut sich hervor, seine Augenlider hängen herab. Bei dem Anblick verspürt der Frisör Mitleid, aber er will diesen gefährlichen Kerl nicht frisieren. Der hat ihn verletzt und kann es wieder tun.

»Bitte gehen Sie.«

»Ich weiß nicht weiter«, sagt der Soldat. Seine Augen schimmern. Ob sich Flüssigkeit in ihnen sammelt?

Sein Mitleid flutet den Frisör; Tränen bei einem Uniformierten hat er noch nie gesehen. Diesem Soldaten ist etwas Schreckliches zugestoßen.

Der Frisör unternimmt einen neuen Versuch, den Soldaten loszuwerden. »Ich finde es schade, dass Sie nicht weiter wissen, aber Sie haben sich in meinem Salon – wie soll ich sagen – ungehörig aufgeführt.«

»Das war nicht in Ordnung. Ich entschuldige mich dafür. Es tut mir leid. Ich komme zu Ihnen, weil ich am Boden zerstört bin«, sagt der Soldat. Die erste Träne rollt aus seinem linken Auge. Sie entlarvt ihn.

Der ist aufgeweicht und völlig harmlos. Glaubt der Frisör.

»Mein Haarschnitt muss stimmen«, sagt der Soldat.

»Tja. Ich weiß nicht recht. Immerhin ein gutes Zeichen, dass Sie sich entschuldigt haben«, sagt der Frisör. Jetzt, da er spürt, dass von dem Soldaten keine Gefahr ausgeht, springen ihm die Drahthaare ins Auge: Sie leiden.

»Bitte schön … setzen Sie sich.« Der Frisör weist auf Marianne; als der Soldat aufs Sitzpolster fällt, zischt reichlich Luft heraus und die Hydraulik ächzt.

Keine Körperspannung. Der Soldat sitzt schlaff auf Marianne und schlägt seine Augenlider – ein Opferlamm, das sich ergibt – herunter, während der Frisör den Umhang bindet und das Soldatenhaar befühlt: Spröde Haare, die leicht brechen.

Seine Finger gleiten in die Haare hinein, dringen zu den Haarwurzeln vor und nehmen Kontakt auf: Der Gehirnbalken – ein knorriges Exemplar, mit vielen Ausläufern in beide Großhirnrinden hinein – ist dunkelgrau verfärbt, der Mandelkern und die Basalganglien lila-blau. Der Frisör sucht in den Hirnkammern nach der Seele: Sie liegt als graue Flunder auf dem Boden der vierten Kammer und bewegt sich nicht.

Etwas Schreckliches ist diesem Kunden widerfahren. Der Frisör möchte dem Gequälten helfen.

»Ich glaube, Ihnen ist Schlimmes widerfahren«, sagt er in leichtem Ton. Verschiebt seine Fingerspitzen zur Stirn.

Die Worte, der Kopfhautkontakt oder beides lösen im Soldaten eine Blockade. Er sprudelt los: »Sie haben mir die

Rekruten weggenommen. Knall auf Fall. Schluss mit der Ausbildungskompanie. Wegen unmenschlicher Härte. Alle reden über mich. Immer war ich top, plötzlich bin ich pfui.«

Mit jedem Wort wird seine Stimme lauter. Der Frisör spürt den gewaltigen Druck, der auf dieser Seele lastet.

Wie kann er dem Soldaten helfen?

Ausgeglichenheit spürt der Frisör nirgendwo, ein Rückgriff auf frühere Zeiten ist nicht möglich. Der Soldat ist auf die aktuellen Probleme fixiert und kann keinen Abstand aufbauen.

Der Frisör tritt zurück, kneift seine Augen zusammen und imaginiert eine Reihe von Militärfrisuren. Er will diesen Kunden mit einer Frisur entlasten, die seinen inneren Druck lindert.

»Wir haben einen neuen Oberstleutnant, der befolgt das Sprichwort: Neue Besen kehren gut. Morgen muss ich zum Führungsgespräch. Was soll das sein? Beim alten Oberst gab es kein Führungsgespräch.«

Der Soldat verschränkt die Arme unterm Frisierumhang.

»Die wollen mich versetzen. Hat mir einer gesteckt. Aber nicht mit mir. Nee. Zwanzig Jahren in der Ausbildungskompanie. Ich lass mich doch nicht versetzen.«

»Was werden Sie dagegen tun?«, fragt der Frisör. Er hat sich für einen kurzen Stirnpony entschieden, das Deckhaar ein wenig länger, an den Seiten gestuft, Nacken und Ohren ausrasiert. Keinen primitiven Militärschnitt. Eine differenzierte und brave Frisur zugleich. Die seinen Gehorsam fördert.

»Hmmm«, brummt der Soldat.

»Was halten Sie von …?«

»Ich werd mir das nicht bieten lassen. Nicht nach zwanzig erfolgreichen Jahre. Das lasse ich mir nicht bieten.«

»Ich möchte Ihnen eine passende Frisur vorschlagen.«

»Die werden schon sehen, was die davon haben«, sagt der Soldat, ballt die Hände und seine Nasenhaare treten aus dem Nasendunkel hervor.

»Beruhigen Sie sich. Ansonsten müssen Sie sofort gehen.«

»Bitte nicht«, sagt der Soldat und entspannt seine Hände. »Ich bleib ganz ruhig. Tun Sie einfach. Machen Sie. Mir egal, was. Schneiden Sie.«

Seine Nasenhaare ziehen sich zurück.

»Bitte stillhalten«, sagt der Frisör und beginnt sein Werk. Wäscht die Soldatenhaare mit einem Pflegeshampoo und spült mit reichlich Wasser nach. Massiert die Kopfhaut, um die Haarwurzeln anzuregen. Befühlt die Haare: Sogar in feuchtem Zustand lassen sich die Soldatenhaare kaum biegen.

Der Frisör föhnt sie mit niedriger Temperatur dreivierteltrocken, markiert die Schnitthöhe, setzt die Schneideschere an und gerät in Frisurenfahrt: Schneidet und kämmt, schneidet und rasiert, bürstet aus, schnippelt nach, kämmt und föhnt das Haar. Dabei spürt er, wie Energie aus seinen Händen in den Soldatenkopf übertritt. In das Gehirn dieses Gequälten eindringt. Seine Zauberhände senden pure Energie in den Soldatenkopf hinein.

Derweil schwelgt der Soldat in Exerzierträumen: Links um, kehrt marsch. Rechts um, kehrt marsch. An die Gewehre, im Laufschritt. Dann schläft er auf Marianne ein und seine schwarzdicken Nasenhaare treten keck hervor.

Die müssen weg!

Mit der feinen Schere schnippelt der Frisör in den Nasenlöchern, als der Soldat seine Augenlider aufschlägt.

»Fertig?«

»Gleich«, sagt der Frisör und wühlt seine Finger in die Soldatenhaare hinein: Frisch gewaschene, akkurat geschnittene, spröde Haare. Kein Genuss, aber eine spürbare Verbesserung der Haarstruktur.

Der Frisör betastet die Kopfhaut und fühlt in den Soldatenkopf hinein. Der Balken glänzt lichtgrau, der Mandelkern und die Basalganglien rötlich. Die Seele paradiert in der vierten Gehirnkammer: Zackzack, links um, kehrt marsch, rechts um, kehrt marsch. Befehl und Gehorsam. Ein Rädchen in der Befehlskette. Kehrt um, links marsch.

Der Frisör löst den Umhang und tritt zur Seite. Er ist zufrieden: Die nächsten Wochen wird diese Frisur ihre heilende Kraft auf den Soldaten ausüben. Solange sie ihre Form hält.

Und danach?

Der Soldat betrachtet sich im Spiegel. Sagt keinen Ton. Steht auf, zahlt mit großzügigem Trinkgeld und schleicht, trotz seiner dicken Treter, auf leisen Sohlen hinaus.

11 Zum Gala-Salon

Rita zog ihre Stöckelschuhe und den Wintermantel an; der dicke Stoff schützte ihren Leib und hielt ihn warm. Sie fuhr sich durch die Haare, ein Blick auf die Uhr mahnte sie zur Eile.

Sie stöckelte die Treppe herunter, zum Glück begegnete ihr niemand. Draußen empfing sie kühle Luft, die erlebte sie als Wohltat; nach dreißig Meter krampfte ihr Bauch, sie lehnte sich an eine Hauswand, bis die Schmerzen nachließen, dann eilte sie weiter.

Nach einer kurzen Wegstrecke, sie war noch in der Straße ihres Mietshauses, zwang der Bauchschmerz sie erneut zum Stehen. Rita hechelte gegen die Schmerzen an und kämpfte sich, sobald ihr Bauch entspannte, voran. Sie kannte den Weg, sie war ihn oft genug gegangen. Der kalte Wind störte sie nicht, sondern die Leute, die sich umdrehten und ihr zusahen, wie sie über den Bürgersteig wankte. Mit schlingerndem Kurs. Die ihr auswichen, wenn sie an einer Hauswand lehnte. Eine Frau wechselte sogar die Straßenseite.

Gerne hätte sie den Kölner Dom betreten. Ihr großer Bruder winkte ihr zu, aber sie hatte keine Zeit, der Gala-Salon würde jeden Moment schließen. Sie querte den Domplatz, ihre Schmerzen legten eine Pause ein und ihre Beine trugen sie ein tüchtiges Stück voran: Jetzt war es nicht mehr weit.

Da trat ein Mann aus einer Seitenstraße und steuerte direkt auf sie zu.

Rita erschrak: Diesen Mann kannte sie.

Sie wusste nicht, wer es war. Kannte er sie auch?

Instinktiv trat sie in einen Hauseingang, drehte ihr Gesicht zur Klingelknopfleiste und zog die Schultern hoch. Atmete lautlos. Wartete, bis dieser Mann vorüber gegangen war.

Dann fiel es ihr ein: Das war der Arzt. Der ihr zur Schwangerschaft gratuliert hatte.

Warum sehen Ärzte in Zivilkleidung so verändert aus? In einem weißen Kittel hätte sie ihn gleich erkannt.

Rita beeilte sich, es war nicht mehr weit. Sie spürte ihren Herzschlag im Hals und sehnte sich: Endlich wird sie den Gala-Coiffeur sehen. Er wird ihr helfen.

Sie beschleunigte ihre Schritte, obwohl ihr Bauch schmerzte. Schneller. Als sie um die letzte Ecke bog, sah sie es: Der Gala-Salon war dunkel und der Türvorhang zugezogen. Es war kurz nach halb sieben.

Dauerte nicht meistens eine Frisur länger? Wurde nicht mehr aufgeräumt?

Nein, die Schaufenster waren dunkel.

Bestimmt war jemand in den hinteren Räumen. Rita war sicher. Im Hinterzimmer wurde geplaudert oder neue Entwürfe geschmiedet. Nicht nur frisieren, nein, der Gala-Coiffeur musste sich vorbereiten: Modelle auswählen und überlegen, wie er sie präsentiert. Die Frisur des Monats festlegen; dies war eine Aktion des Gala-Salons und kam bei den Kundinnen hervorragend an.

War der Gala-Salon geschlossen?

War jemand drinnen?

Bevor Rita den Salon erreichte, presste die nächste Schmerzwoge sie gegen eine Hauswand. Sie atmete in den Schmerz hinein, um ihn aufzulösen, aber der ebbte nicht ab, sondern steigerte sich. Rita stöhnte. Etwas presste in ihr. Der Schmerz wurde unerträglich und hörte nicht auf. Sie hechelte unendlich lange, weil ihr Bauch sich unendlich lang zusammenzog.

Dann ließen ihre unerträglichen Schmerzen nach.

Rita stöckelte über die Straße und den Bürgersteig, erreichte den Eingang des dunklen Gala-Salons, drückte die Türklinke herunter: Es war abgeschlossen.

Sie klopfte gegen das Glas. Nichts.

Sie klopfte heftiger. Keine Reaktion.

Sie schlug mit der Faust gegen die Tür, bis das Glas schepperte. Da fiel eine zarte Lichtlinie in den Salon.

Sie wartete mit erhobener Hand, wieder rollte eine Woge heran. Die Schmerzen waren heftiger als vorher, aber weil die Lichtlinie sich verbreiterte, schöpfte Rita Hoffnung. Sie lehnte sich gegen die Tür und hechelte in ihren Bauch hinein. Plötzlich erstrahlte der Salon in einem überirdisch hellen Licht.

Rita krümmte sich über ihrem steinharten Bauch. Sie atmete in ihr Zwerchfell hinein, als der Türvorhang zurückgezogen wurde: Der Gala-Coiffeur stand vor ihr, das Hemd teils in den Hosenbund gestopft, teil hing es herab. Mit einer Hand hielt er seine Hose, mit der anderen Hand schloss er umständlich die Eingangstür auf, während ein Schatten in die Damentoilette floh.

Rita fiel dem Gala-Coiffeur in die Arme und dem rutschte, als er sie auffing, die Hose herunter. Mit Trippelschritten manövrierte er Rita in den Salon, die Hose auf dem Boden mit sich ziehend, als in ihrem Bauch etwas riss. Ein warmer Sturzbach ergoss sich in ihr Höschen und lief ihre Beine hinunter; ihr Rock, ihre Schuhe und Strümpfe wurden nass. Das Wasser platschte auf den Fußboden und eine Pfütze dehnte sich unter ihr aus.

Ritas Schmerz war unerträglich. Sie schrie, der Gala-Coiffeur schrie und eine Frau mit einem mittellangen Pagenschnitt, die wer-weiß-woher plötzlich aufgetaucht war, sprach auf den Gala-Coiffeur ein. Der antwortete panisch: »Kenn ich nicht, diese Frau. Nie gesehen.«

Seine Lüge stach Rita in die Brust, das war schlimmer als ihr Bauchschmerz. Seine Lüge brannte in ihrem Herz, die Luft blieb ihr weg, sie verdrehte die Augen und wäre in Ohnmacht gefallen, wenn nicht die nächste Schmerzwelle herangerast wäre.

Rita brüllte wie ein Vieh.

Die Frau knöpfte Ritas Mantel auf, legte ihn beiseite und zog das himmelblaue Kleid hoch. Der weiße Kugelbauch leuchtete hervor.

Die Frau legte ihre Hand auf Ritas Unterbauch: »Die kriegt ein Kind.«

Der Gala-Coiffeur japste: »Soll ich einen Arzt rufen?«

Die Frau betastete den hochschwangeren Bauch, vom Rippenbogen bis zur Scham: »Zu spät.« Verharrte einen Moment. Dann rannte sie los und holte Handtücher und heißes Wasser, während der Gala-Coiffeur mit heruntergelassener Hose zwischen der Tür und der patschnassen Rita stand.

Der glotzte nur.

12 Keine Haarmutation

Eine Kundin liegt unter der Trockenhaube, eine zweite wartet auf der Polstercouch, der Frisör sortiert die Utensilien auf der Spiegelablage. Eine friedliche und unbeschwerte Stimmung in seinem Salon – wenn bloß der tote Professor nicht wäre. Den hat der Frisör glatt vergessen; diese Nacht wird er den Toten entsorgen. Nimmt der Frisör sich vor.

Kinder rennen über den Kirchplatz, ein Lieferwagen rumpelt am Schaufenster vorbei.

Die Zeitungsbotin – zerbeulte Lederjacke über roten Leggins, ausgefranste Turnschuhe, die blonden Haare zu einem Pferdeschwanz gebunden – stürmt herein; heute verströmt sie keinen Flieder- oder Veilchenduft. Sie wirft eine Zeitung auf den Couchtisch und zerstört seine illustrierte Ordnung.

Die Kundin, die auf der Couch in einer Zeitschrift schmökert, schaut irritiert hoch.

Dem Frisör klingt der letzte Ausruf der Zeitungsbotin im Ohr: »Fick dich!« Diese ordinäre Person darf seinen Salon nicht betreten, sie hat die Bienenstockperücke absichtlich auf den Boden geworfen. Er wird ihr Hausverbot erteilen.

Der Frisör wendet sich zur Zeitungsbotin: »Guten Tag. Nicht so. Nicht in meinem Salon. Sie schmeißen die Zeitung auf den Tisch, stören meine Ordnung und die Kundschaft. Das dürfen Sie nicht in meinem Salon.«

Warum er nicht weiterspricht? Warum er nicht ausspricht, dass sie mit ihrem Verhalten die rote Linie übertritt, die Mutter gezogen hat.

Warum kommt Mutter ihm jetzt in den Sinn? Er will ihren Regeln nicht mehr folgen.

Egal. Die Zeitungsbotin soll die Zeitung vor der Salontür ablegen. Diese Tusse – dieses Wort mag er nicht und hat er noch nie benutzt – darf seinen Salon nicht betreten. Punktum.

Warum die Zeitungsbotin ihn mit weiten Augen ansieht? Erinnert sie sich? Hat sie in jener Nacht den toten Professor gesehen? Hat sie Verdacht geschöpft?

Sein Herz bubbert.

»Kommt noch was, Alter?«

Im Frisör rasen die Gedanken: Er darf nachts frisieren, das ist nicht verboten. Ein Kunde erfährt einen wichtigen Geschäftstermin am Vorabend, so etwas passiert. Ein echter Frisier-Notfall, deswegen musste er in jener Nacht frisieren. Das wird er sagen, falls sie ihn fragt.

Auf keinen Fall die Zeitungsbotin reizen. Zuerst und vor allen anderen Dingen muss er herausfinden, was sie in jener Nacht gesehen hat.

Sie dreht sich zur Tür, ihr Pferdeschwanz schwingt in einem weiten Bogen durch den Salon. Hastig, ihm fällt nichts Besseres ein, fragt der Frisör: »Bitte schön, womit binden Sie Ihre Haare?«

Der Bogen ihres Pferdeschwanzes überragt ihren Kopf. Diese Frisiertechnik lässt sie größer erscheinen. Kecker. Was den Frisör stört? Ein Plastikgebilde hält ihren Pferdeschwanz zusammen. Das ist kein Haarband und kein Haargummi.

Sie greift mit ihrer linken Hand an die Basis ihres Pferdeschwanzes.

»Was nicht in Ordnung?«

»Das graue Ding, das Ihren Pferdeschwanz zusammenhält. Was ist das?«

Sie zieht ihre Hand zurück: »Das geht Sie einen Dreck an!«

»Ich würde das nicht auf die leichte Schulter nehmen«, mahnt der Frisör, streckt den Arm aus und weist in seinen Salon: »Sehen Sie einen einzigen Kunststoffkamm? Eine einzige Kunststoffbürste? Scharfe Kanten verletzen das Haar.«

Sie entblößt ihre schrägen Schneidezähne: »In echt?«

»So lautet das Vierte Friseurgebot.«

Sie kichert los. Hält nicht mal die Hand vor den Mund. Kichert laut und heftig. Prustet Speichel auf den Fußboden.

Die Kundin auf der Polstercouch hält sich die Illustrierte als Schutzschild vors Gesicht; die Kundin unter der dröhnenden Trockenhaube regt sich nicht.

Diese Zeitungsbotin ist und bleibt eine unverschämte Person. Kein Respekt. Die lacht ihn aus? Dabei sind ihre Haare eine solche Pracht. Aber er muss wissen, was sie in jener Nacht gesehen hat; der Frisör geht auf die Zeitungsbotin zu: »Ihre Haare sind wunderschön. Ich möchte Sie gerne frisieren.«

»Was gehen Sie meine Haare an?«

Er muss sie locken, denkt der Frisör und sagt: »Bitte schön, ich kann Sie kostenlos frisieren.«

»Sie an meine Haare? In diesem Salon? Nee, ganz bestimmt nicht.«

Was hat sie gegen seinen Salon? Immerhin spricht sie ihre Gedanken ungefiltert aus. Diese Eigenschaft macht sie dem Frisör sympathisch.

Schon eilt sie mit dem Zeitungsstapel unterm Arm zur Tür. Er muss sie aufhalten.

»Bleiben Sie noch einen Moment, ich habe eine wichtige Frage«, bittet der Frisör.

Die Kundin lässt ihre Illustrierte senken und sieht über den Papierrand die Zeitungsbotin an.

»Womit binden Sie Ihren Pferdeschwanz? Lassen Sie mich das fühlen. Für die Gesundheit ihrer Haare.«

Die Zeitungsbotin zögert. Steht in der Tür und sieht den Frisör direkt an: »Okay, Alter. Wenn´s weiter nichts ist.«

Sie legt den Zeitungsstapel auf den Tresen, greift mit beiden Händen an ihren Kopf, wickelt das graue Plastikgebilde heraus und reicht es ihm. Es ist ein Kabel, mit einer Rille und einer scharfen Kante; ein Kabel, aus einem Kabelverband herausgerissen.

Der Frisör zieht es, langsam, dann schneller, zwischen zwei Finger: »Aua. Wenn Haare schreien könnten.«

»Was soll das?« Sie streckt ihre offene Handfläche aus: »Gib´s zurück.«

Wie ein störrisches Zicklein kommt sie ihm vor, das keinem gutgemeinten Rat folgt. Das auf den Hinterbeinen steht und austeilt. Diese Frau ist in einer lieblosen Welt aufgewachsen. Sie musste sich durchbeißen und früh auf eigenen Beinen stehen.

Der Frisör legt das Kabel in ihre offene Hand.

Sie schließt die Hand.

Mit einem Ruck zieht er das Kabel durch ihre Faust.

»Aua! Das tut weh.«

»Jetzt spüren Sie es. So ergeht es ihren Haaren. Genauso.«

Er gibt ihr das Kabel zurück.

»Darf ich?« Seine Hände nähern sich ihrem Pferdeschwanz.

»Nein!« Sie tritt zwei Schritte zurück. Hat sie Angst vor ihm? Was hat sie in jener Nacht gesehen?

»Ich möchte fühlen, ob ihre Haare durch dieses scharfe Kabel gelitten haben. Darf ich?«

Die Zeitungsbotin antwortet nicht, aber macht auch keine Anstalten, den Salon zu verlassen.

»Bitte, die Dame. Es dauert höchstens drei Sekunden.«

Sie nickt minimal und der Frisör streckt seine Hände aus. Berührt ihre Haarspitzen. Dringt sacht in die nordischblonden Haare ein, hebt eine Strähne an und lässt sie fallen. Nimmt eine Strähne und lässt sie durch seine Finger gleiten. Isoliert ein Einzelhaar, rollt und biegt es, lässt es los.

Ihr Haar fällt sinuskurvengleich herab.

Die drei Sekunden dehnen sich. Nicht die Maschinenzeit, die tickt unerbittlich Eins-Zwei-Drei. Nein, die Erlebniszeit streckt sich, weil der Frisör, während er ihre Haare betastet, intensive Gefühle durchlebt: Zuerst bewundert er ihre kräftigen Haare und will ihren Kopf erkunden, um die Schöne-Seele zu finden; dann hasst er ihre dreiste Art und will sie fortschicken; dann fürchtet er sie: Was hat sie in der Nacht, als er neben dem Toten stand, in seinem Salon gesehen?

Bewunderung und Hass und Furcht. In drei Sekunden Maschinenzeit gepackt.

»Erstaunlich dickes Haar«, murmelt der Frisör. Das hat er noch nie erlebt: blondes kräftiges Haar. Dick wie Mongolenhaar. Mongolenhaare gibt es nur in Schwarz. Niemals in Blond.

Er befühlt ein zweites Haar: 12/100 Millimeter dick. Eine Haarmutation? In welchem eurasischen Schmelztiegel wurde diese Frau gezeugt?

»Wie heißen Sie?«, fragt der Frisör.

»Jasmin.«

»Und weiter?«

»Haubensteg.«

»Kein typisch deutscher Name. Woher stammen ihre Eltern?«

»Wird das ein Verhör?«

»Schon gut. Entschuldigen Sie mich.«

Der Frisör dringt in ihre Haare ein und konzentriert sich: keine Tiefe. Er spreizt die Finger, um einen größeren Teil ihres Kopfes zu erfassen, verschiebt seine Fingerspitzen, betastet den Scheitel, den Hinterkopf und die Seitenpartien, doch er spürt keine Tiefe; er kriegt keinen Kontakt.

»Ich muss Sie bitten, einen Moment Platz zu nehmen«, sagt der Frisör leichthin. Er will wissen, was sie in jener Nacht gesehen hat und seine Seelenschau funktioniert am besten, wenn der Kunde mit entspannten Muskeln auf einem Bedienstuhl sitzt.

»Warum?«

»Bitte setzen Sie sich, es dauert nur einen Moment.«

»Ich will nicht.«

Du musst, schreit es im Frisör, aber er schweigt. Überlegt. Ihm fällt kein zugkräftiges Argument ein. Keine Begründung, die diese dreiste Person überzeugt.

»Es muss sein.« Er packt mit beiden Händen ihre Schultern und schiebt sie zu Walter. Im geradlinigen Walter ist die Seelenschau klar; die gepolsterte Marianne überzieht alle tiefen Hirnareale mit einem Schleier und Freddy verzerrt die Relationen. Teils erheblich. Freddy ist sein modernster Stuhl, aber Freddy schafft es, aus einem kleinen Seelenwiderstand ein großes Hindernis zu machen.

Die Kundin auf der Polstercouch räuspert sich: »Wann komme ich dran? Ich bin die Nächste.«

»Und ich will nicht«, sagt die Zeitungsbotin und sperrt sich gegen seinen Druck.

Da verliert der Frisör die Beherrschung: »Gehen Sie«, herrscht er die wartende Kundin an und wendet sich der Zeitungsbotin zu: »Auf den Stuhl. Jetzt. Es muss sein.«

Verdattert greift die Kundin sich eine andere Illustrierte, aber schlägt sie nicht auf, sondern sieht zum Schaufenster hinaus.

Jasmin Haubensteg lässt sich bewegen. Ist sie an Gewalt gewöhnt? Der Frisör schiebt sie auf Walter, die Zeitungsbotin lässt es geschehen.

Die Kundin unter der Haube liegt bewegungslos.

Als Jasmin sitzt, betastet der Frisör ihren Hinterkopf, gleitet zu den Seitenpartien und zur Stirn; befühlt ihre Haarwurzeln auf dem Scheitel, spürt mit den Fingerspitzen in ihren Kopf hinein; umspannt den Kopf, soweit seine Hände reichen und spreizt die Finger maximal. Er fühlt nichts.

Gar nichts.

Er spürt keine Tiefe und er kriegt keinen Seelenkontakt.

Er fühlt ihre warme Kopfhaut, ihre kräftigen Haarwurzeln, die elastische Haaransätze, aber keine Tiefe. Keine Seele.

Das hat er bei keinem Kunden erlebt.

Der Frisör schließt die Augen und konzentriert sich auf seine Fingerspitzen. Die ihren Kopf umspannen. Nicht wie ein Schraubstock, nein, seine Hände liegen locker auf und die Fingerspitzen scannen mittels ihres Haarwurzelnervengeflechts das Gehirn: keine Tiefe. Nichts fühlt er unter seinen tastenden Fingern. Er spürt kein Fitzelchen eines Bewusstseins, nicht die Andeutung eines Gefühls, keinen einzigen Gedanken.

»Stimmt was nicht?«, fragt Jasmin.

»Es ist alles in Ordnung, aber es dauert noch einen Moment«, lügt der Frisör und tastet weiter. Ihr Kopf fühlt sich kalt an. Und merkwürdig … ihm fehlt das Wort … als wäre ihr Kopf aus Ton. Oder Metall. Oder Porzellan. Ein künstlicher Kopf – genau, das ist das richtige Wort: Künstlich und kalt fühlt sich ihr Kopf an. Er spürt keine Leere, ihr Kopf ist nicht hohl. Nein, das fühlt er nicht. Es ist ein sonderbares Gefühl, als wäre ihr Kopf … abstrakt. Kein Leben drin, aber nicht tot. Künstlich. Ihr Kopf liegt entspannt unter seinen Händen, sie wehrt sich nicht und er spürt eine abstrakte Künstlichkeit.

Da überfällt den Frisör ein ungeheuerlicher Gedanke: Ist Jasmin Haubensteg seelenlos?

Seine Gedanken überschlagen sich; er zwingt sich, systematisch zu überlegen: Was weiß er von ihr? Zwei Ungewöhnlichkeiten paaren sich in der Zeitungsbotin: Er spürt ihre Seele nicht und sie hat mongolendicke blonde Haare.

Ob ihre dicken Haare die Seele absorbieren?

Jedenfalls keine Haarmutation. Eine Kopfmutation? Oder seelenlos?

Wie funktioniert seelenlos?

Ist Jasmin Haubensteg überhaupt ein Mensch?

In seinem Kopf toben diese Gedanken; ihn kümmert nicht, dass die Kundin von der Couch aufsteht, ihre Jacke ergreift und die Salontür von außen zuknallt.

Jasmin sitzt regungslos unter seinen Händen und er sucht nach festem Boden: Jeder Mensch hat eine Seele. Ist das gewiss? Was unterscheidet den Menschen vom Tier? Die Seele, das ist doch klar. Wegen seiner Seele, genauer gesagt wegen seines Seelenheils hatte Mutter ihn jeden Sonntag in die Kirche geschleppt.

Ist diese junge Frau seelenlos?

Das kann nicht sein. Jetzt schwingt das Urteil in ihm herum. Keine Haar- oder Kopfmutation, natürlich nicht. Ein Mensch kann nicht seelenlos sein, er unterliegt einem Irrtum. Es gibt andere Möglichkeiten: Ihre Seele ist schwach, er empfängt sie nicht; ihre Seele versteckt sich in einem anderen Organ; ihre Seele ist abgeschirmt.

Der Frisör bauscht die Haare am Ansatz, lässt abrupt los: Sie fallen locker herab und legen sich geschmeidig auf ihren Schädel. Er pustet in ihren Schopf hinein, trommelt auf ihrer Kopfhaut, legt alle zehn Fingerspitzen auf, gleitet nach links und rechts, nach vorne und hinten, als wolle er ein minimales Signal empfangen.

Er tastet ein kleines Muttermal, spürt hier konzentriert in die Tiefe: nichts. Dieses Gehirn lebt, denn Jasmin Haubensteg geht und spricht und wütet herum, aber er spürt ihre Seele nicht.

Ihn fröstelt: Wohnt der Teufel in ihrem Kopf?

Diese Vorstellung drängt sich ihm auf, obwohl er dem Beelzebub bisher in keiner Seele begegnet ist; dem absolut Bösen, der das Gute im Menschen zerstört.

Welche Schlechtigkeiten der Frisör in seinen Kunden gespürt hat? Neid, Gier, Zerstörungswut, Eifersucht, Hass. Immer waren diese Schlechtigkeiten mit uneigennützigen Eigenschaften verwoben: Der Habgierige geizt bei seinen eigenen Kinder, hat aber ein Herz für Schildkröten und füttert sie mit Salaten aus Fernost.

In den Menschen verhindert das Gewissen – bei einem mehr, beim anderen weniger – böse Taten. Dabei wird das Gewissen vom Mitgefühl unterstützt: Ausgeprägtes Mitgefühl stärkt, geringes Mitgefühl schwächt das Gewissen. Ohne Mitgefühl stirbt das Gewissen und es herrscht pure Rücksichtslosigkeit.

Wie bei Jasmin. Bei ihr spürt der Frisör keine Seele. Kein Zipfel eines Gewissens. Keinen winzigen Gedankens. Kein Mitgefühl.

»Was soll das? Hören Sie endlich mit dem Rumgetaste auf.«

13 Im Gala-Salon

Eine neue Schmerzwelle rollte heran, in Ritas Unterleib explodierte der ultimative Schmerz. Dagegen musste die Hölle eine Erholung sein. Sie spürte keine Hoffnung mehr und wimmerte; ihre kraftlose Kehle konnte keinen Schrei produzieren.

Atmete sie?

Atmete sie wenigstens einen Hauch?

Rita ließ sich in den nächsten Frisierstuhl sinken; der gleiche Stuhl, auf dem der Gala-Coiffeur sie vor neun Monaten geschwängert hatte. Sie streckte ihre Arme und Beine aus: Es war vorbei. Sie gab auf. Sie gab sich hin.

Da löste sich etwas in ihrem Bauch, der Schmerz ließ nicht nur nach, nein, sie spürte eine innerliche Erleichterung; der Gala-Coiffeur glotzte, die Frau stellte eine Schüssel neben ihr ab und verspritzte versehentlich heißes Wasser auf Ritas Gesicht; dieses Brennen war eine Wohltat, verglichen mit den Bauchschmerzen.

Ein ungewohnter Schmerz wogte heran, diesmal verspürte Rita einen Druck auf den After, wie beim Stuhlgang. Sie spreizte ihre Beine, presste instinktiv und sah im Spiegel zu, wie etwas Erstaunliches geschah. In Zeitlupe. Sie sah mit weiten Augen ohne Lidschlag zu: Etwas Ovales, Braunes, Nasses erschien in ihrer Scham. Es dehnte sich, wuchs zu einer Halbkugel, dann flutschte ein Köpfchen – mit Mund, Nase, Augen und hoher Stirn –, dann eine Schulter, dann die zweite Schulter hervor. Der schmierige Körper glitt in einem Rutsch aus Rita heraus und fiel; der Kopf schlug gegen die Fußrasten, der Körper längs auf den Salonboden. Das klatschte, dann schrie das Neugeborene los: kläglich und dünn.

Rita atmete durch, wie seit Monaten nicht mehr. Sie flüsterte ein Ave Maria.

Die Frau hob das schreiende Wesen auf, hielt es auf Armlänge Abstand in der Luft, wendete es zweimal, wobei es auf den Fußboden tropfte, und inspizierte den Neugeborenen: Zwei Arme, zwei Beine. Zehn Finger, zehn Zehen. Ein kleiner Hoden mit Stummel. Diese Glieder und Anhängsel erschienen ihr für einen Neugeborenen normal.

Das Gesicht war gequetscht und verquollen, mit lilablauen Flecken; Mund, Nase und Augen hatten die richtigen Proportionen. Die Stirn war ein wenig hoch und das Kinn recht lang geraten, aber diese Abweichungen passten in die Norm. Das Einzige, das nicht an einen neugeborenen Körper gehörte und die Harmonie störte, waren die Ohrmuscheln. Weil es sie nicht gab. An Stelle der Ohrmuscheln umstanden knorpelige Stummel den Gehörgang; rotfleckige Warzen, wildes Fleisch. Eine solche Missbildung hatte die Frau bisher nicht gesehen, obwohl sie als Hebammentochter bei vielen Geburten zur Hand gegangen war.

Die Frau rieb das Neugeborene hinter Ritas Stuhl trocken, während es schrie: kläglich und dünn. Die Ohren werden sich entfalten, hoffte die Frau – wie man eben hofft, dass der nächste Tag nicht kommt.

Im Gala-Coiffeur brach die Mauer, er flennte los. Nicht wegen dem Geschrei, das rührte ihn nicht. Was seinen Ausbruch verursachte? Er trug die gleiche Missbildung am Kopf und hatte sie zeitlebens versteckt,: eine Mikrotie. Die kann man wegoperieren, hatten die Ärzte empfohlen, aber der Gala-Coiffeur hatte eine Operation nie ernsthaft erwogen, sondern seine Ohrstummel zeitlebens versteckt.

Plötzlich sah er seine Missbildung an dem Neugeborenen: Fleisch von seinem Fleisch! Um sich weinte der Gala-Coiffeur, nicht um das Baby. Und weil die Ohren ihn verrieten: aus seinem Samen entsprungen. Der offensichtliche Beweis seiner Vaterschaft war auf dem Babykopf gemeißelt.

Rita kümmerte das nicht. Sie lag auf dem Frisierstuhl und regte sich nicht; ihre klaffende Scham blieb unbedeckt, ihre Augen hielt sie geschlossen. Sie war zwar erschöpft, aber unendlich erleichtert, weil keine Schmerzen mehr heranrollten. Ihr Bauch blieb weich und sie atmete leicht.

Warum das Neugeborene schrie, kümmerte sie nicht.

Ihr Unterleib brannte.

Rita sah zum Gala-Coiffeur hoch: Neun Monate war es her, dass sie ihn das letzte Mal gesehen hatte. Damals hatte ihr Unterleib auch gebrannt.

Der Gala-Coiffeur schaute Rita nicht an.

Rita sah unverwandt zu ihm hoch und bemerkte nicht, was um sie herum geschah.

Die Frau legte das wimmernde Neugeborene auf ein Handtuch und schlug es sorgfältig ein; hüllte den Körper und die Ärmchen und Beinchen vollständig ein. Mit großem Geschick verbarg sie seinen Kopf – es schaute nur das Mund-Nase-Dreieck hervor.

Ein schreiender Stoffbalg. Zwischen den Lagen sahen zwei Augen, eine Stupsnase und zwei Lippen, die obere mit Schorf belegt, heraus. Der Neugeborene sperrte seinen Mund auf und schrie: Klagend und dünn.

Die Frau legte das Stoffbündel auf Ritas Bauch.

Rita bewegte ihre Hände nicht; umschloss das Bündel nicht. Hielt es nicht auf ihrem Bauch umklammert, wie man etwas Wertvolles schützt.

Das wird schon. Hoffte die Frau.

Es ist zwanzig Uhr, der Frisör hat die letzte Kundin verabschiedet und räumt flott auf, denn er möchte seine Beine hochlegen.

Ach ja, die Leiche entsorgen. Diese Aktion duldet keinen Aufschub. Erneut nimmt er sich vor, es in der kommenden Nacht zu tun. Nein, noch besser: Er wird es nach dem Abendbrot tun.

Der Frisör wischt über die Ablagen, den Kassentresen, den Couchtisch, aber meidet den Garderobenschrank. Räumt das Terminbuch und die Stifte in eine Schublade und findet einen braunen Umschlag, DIN-A-6 ohne Fenster. Dreht ihn um: keine Aufschrift, kein Stempel, keine Briefmarke. Nur feine Runzeln im Papier, als hätte jemand den Umschlag am Körper mit sich herumgetragen.

Wann ist dieser Umschlag in seine Schublade geraten? Wer hat ihn hineingelegt? Der Frisör war es nicht, er kann sich nicht daran erinnern.

Jemand ist in seinen Salon eingebrochen!

Schweiß quillt ihm aus den Poren. Ein Vermummter ist nachts eingebrochen, um den Salon zu plündern. Der hat die Schubladen durchsucht und diesen Umschlag verloren.

Ein Quatsch ist das!

Ein Dieb hätte den Toten gefunden, denn der Professor steht im Garderobenschrank – der sechste Tag. Müffelt der Leichnam? Wie lange wird die Plastikumhüllung den Gestank aufhalten?

Heute Abend wird er den Toten entsorgen.

Da fällt dem Frisör ein: Er selbst hat diesen braunen Umschlag in die Schublade gesteckt. Der ist aus der Lodenjacke des Toten herausgefallen.

Der Frisör dringt mit zwei Fingern, die Öffnung ist nur eingeklappt, in den Umschlag und fühlt eine glatte Fläche. Eine Metallfolie? Er betastet die Fläche. Was kann das sein? Millimeterweise zieht der Frisör ein Foto ans

Tageslicht. IHRE Augen strahlen ihn an, IHR Lächeln bedrängt seine Stirn, IHR Gesicht presst Flüssigkeit aus seinen Poren. Ein Feuerball rast seine Wirbelsäule entlang. Als IHR Kirschmund seinen Verstand ausschaltet, versagen seine Beinmuskeln. Im letzten Moment hält er sich am Kassentresen fest.

In ihm tobt ein Gedanke: Helena.

Genauso hat er seinen Salon, den er nach Mutters Tod von dem griechischen Friseur übernommen hat, genannt: Helena. Den Griechen hatte dieser Name begeistert und der Frisör all die Jahre gehofft, seine Helena zu finden: Frisurenmodell und Muse zugleich. Die ihn und sein Talent versteht und seine Begeisterung für Haare teilt. In zwölf Jahren war es ihm nicht gelungen; heute hält er ihre Fotografie in Händen.

Der Frisör lehnt am Kassentresen, in seiner Erinnerung gefangen.

Wie viel Zeit vergangen ist?

Er umklammert die Fotografie mit der linken Hand. Atmet langsam. Sieht sich um. Wie es Helena in seinem Salon gefallen wird? Er streckt den Arm aus, betrachtet ihr Gesicht; beugt den Arm, studiert ihre Kinn- und Nasenlinien, ihre Augenbrauen und ihren Haaransatz.

Der Frisör sieht sich erneut um, da fällt es ihm auf. Sein Salon leuchtet heller, obwohl das gleiche trübe Straßenlaternenlicht durchs Schaufenster hineinfällt. Er sieht zur Salondecke: Sie strahlt im Widerschein der Fotografie. Er betrachtet ihr Gesicht; sie lächelt und er lächelt zurück.

Er spürt, wie seine Handmuskeln verkrampfen. Er muss sie lockern, sonst zerdrückt er das Fotopapier. Er legt die Fotografie auf den Kassentresen, schüttelt seine Hände aus, schlenkert mit den Armen, bewegt die Schultern vor und zurück, dreht den Kopf.

Seine Anspannung lässt nach.

Er beugt sich vor. Helena sieht ihn an: ein Viertelprofil mit haselnussbrauner griechischer Haarpracht, eine

Kombination aus Dauerwelle und handgelegter Wasserwelle. Ihre hellblauen Augen, ihr geöffneter Mund und ihre Wangengrübchen grüßen ihn. Mit der äußersten Spitze des kleinen Fingers berührt er ihre Frisur: Es ist Fotopapier. In Hochglanz. Er dreht die Fotografie um: leer. Kein Hinweis. Er legt sie auf den Tresen, untersucht den Umschlag: Keine Adresse, kein Name. Kein geschriebenes Wort, weder auf der Vorderseite noch auf der Rückseite.

Als er die Fotografie erneut in die Hand nimmt, überkommt ihn ein feierliches Gefühl: Helena ist seine Muse und sein Frisurenmodell. Der Professor hat dieses Foto bei sich getragen. Ist das seine Gattin? Sie ist mindestens dreißig Jahre jünger. Seine Tochter? Geliebte? Eine Seminarteilnehmerin? Die vielen Möglichkeiten rotieren in seinem Kopf.

Wenn diese Frau mit dem Toten verbunden ist, vermisst sie ihn und wird die Polizei alarmieren.

Nein, bloß nicht, keine Polizei in seinem Salon. Die Uniformierten sind gefährlich: Sie kommen in überschnellen Wagen, stürmen seinen Salon und durchsuchen ihn.

Erneut nimmt der Frisör sich vor, die Leiche in der kommenden Nacht zu entsorgen.

Er betrachtet die Fotografie; ihre Wangengrübchen und haselnussbraunen Haarwellen lächeln ihn an und beruhigen ihn. Dieses Gesicht kommt ihm unendlich vertraut vor. Seine Helena.

Dann erschreckt ihn ein Gedanke: Die Fotografie ist gänzlich ungeschützt. Wie leicht können Säure, Luftverschmutzung oder eine andere Gefahr ihr Antlitz zerstören?

Der Frisör sieht sich um; ein Glasrahmen ist der ideale Bildschutz, aber der Fotorahmen der Meisterfeier passt nicht.

Mit beiden Händen trägt er Helena – vorsichtig, nicht stolpern, nicht stürzen – die Treppe hoch in seine

Wohnung, zieht sein Konfirmationsbild aus dem Rahmen und schiebt Helena vorsichtig hinter das Glas.

Die Welt kühlt ab.

Seine Augen sehen Helena, aber seine Finger spüren sie nicht. Er streicht über das Glas: Der Kontakt ist abgerissen.

Schnell befreit er die Fotografie aus dem Glasrahmen und spürt sofort eine warme Woge, die seine Haut streichelt. Er ist mit Helena verbunden und sie mit ihm. Der Meisterfriseur und seine Muse.

Der Frisör trägt die nackte Fotografie ins Wohnzimmer, in die Küche, ins Schlafzimmer, wieder ins Wohnzimmer. Er findet keinen passenden Ort. Ein zweites Mal streift er mit Helena durch die Wohnung und endet wieder im Wohnzimmer. Jetzt sieht er den passenden Ort: Das oberste Plateau der Blumenampel ist leer.

Tu es nicht.

Sagt Winora.

Tu es nicht. Tu es nicht.

Uta und Freda pflichten ihr bei.

Helena lächelt ihn mit einem Augenaufschlag an.

Tu es nicht.

Rufen die drei Perücken im Chor.

Wut steigt im Frisör auf. Impertinente Perücken! Nur am Todestag ist dieses Plateau für Mutters Haare reserviert.

Der Frisör legt die Fotografie auf das oberste Plateau – über seine Wohnzimmerperücken.

Die Berührung mit dem wimmernden Blag, das zu strampeln begann, störte Rita. Warum lag es auf ihrem Bauch? Es gehörte nicht zu ihr und der dünne Schrei rührte sie nicht.

Es war Seins.

Deswegen war sie in den Gala-Salon geflohen. Instinktiv. Sie hatte ihre eigene kleine Welt in Köln: die Mansarde; die Kellerfriseurin. Eine Anstellung würde sie auch bald finden. Ohne dicken Bauch war sie beweglicher und das Wirtschaftswunder belebte den Arbeitsmarkt, hatte sie gelesen.

Das Blag war in diesem Salon gezeugt. Sein Fleisch. Sie hatte es neun Monate in sich getragen, nun war der Erzeuger an der Reihe.

Der Gala-Coiffeur winkte die Frau zu sich heran.

»Also, Beate«, kein dunkles Timbre, seine Stimme klang belegt, »du arbeitest seit sechs Jahren in meinem Salon. Ich denke seit längerem daran, dich zu befördern; ich werde es nächsten Monat tun.«

Die Antwort konnte Rita nicht hören, da die Frau ihr den Rücken zuwandte und leise sprach.

»Gut. Wir verstehen uns. Komm mit, ich zeige es dir.«

Der Gala-Coiffeur verschwand mit Beate in einem Nebenraum.

Auf Ritas Bauch verstummte der dünne Schrei. Sie hob ihren Kopf: Schlief der Winzling? Sie konnte nur das kleine Mund-Nase-Dreieck sehen, das Handtuch verbarg die Glatze mit den deformierten Ohren, so geschickt war das Neugeborene eingeschlungen.

Zuerst bewegte Rita ihre Hände nicht. Dann tasteten sich ihre Finger voran. Krochen zu den Stoffschichten auf ihrem Bauch. Ihre Fingerspitzen waren keinen Zentimeter vom Mund-Nase-Dreieck entfernt, als der Gala-Coiffeur in

Ritas Gesichtskreis trat: harter Blick, in die Ferne gerichtet. Stand wie ein Paradesoldat.

Ritas Hände zuckten zurück.

»Was willst du hier?«, fragte der Gala-Coiffeur. »Mir ein Kind andrehen, nicht wahr? Treibst dich sonst wo herum, mit wem auch immer, das geht mich nichts an. Aber in meinen Salon deine Missgeburt abladen, das geht mich wohl was an. Was hab ich damit zu tun? Gar nichts, sag ich dir. Ich kenne dich nicht mal.«

Das stach Rita ins Herz. Nicht die Missgeburt – sie hatte die verstümmelten Ohren bisher nicht gesehen – und nicht ihr angebliches Herumtreiben. Was Rita störte: seine Lüge. Dass er sie verleugnete. Oder hatte er sie vergessen?

Dieser Gedanke überwältigte Rita: Der Gala-Coiffeur hatte den gemeinsamen Akt als bedeutungslos abgehakt. Er log nicht: Er hatte sie schlicht vergessen.

Rita lag mit nackter Scham auf dem Rücken, einen Neugeborenen auf ihrem Bauch. Sie weinte nicht, aber der ungewollte Erdenbürger wimmerte los.

»Das ist nicht mein Kind«, stellte der Gala-Coiffeur fest, drehte sich um und verschwand aus Ritas Gesichtsfeld. Für ihn war die Angelegenheit erledigt. Zumindest gab er sich diesen Anschein. Das gelang ihm, was Rita anging, perfekt; erfolgreiche Friseure sind begabte Schauspieler.

Rita drehte ihren Kopf. Die Angestellte stand mit einer Sporttasche beim Gala-Coiffeur. Er gestikulierte mit beiden Händen und redete auf sie ein; die Frau nickte heftig. Wovon überzeugte er sie? Rita drehte ihren Kopf in deren Richtung, aber verstand kein Wort. Dann verlor sie das Interesse, schaute zur Decke. Lag wie ein Käfer auf dem Rücken und fühlte sich leer. Schmerzfrei, das war angenehm, aber leer.

Das Gewimmer auf ihrem Bauch rührte sie nicht.

Die Stimmen verklangen, etwas rumorte neben ihr. Sie schaute nicht hin.

Die Angestellte trat in Ritas Gesichtsfeld und hob das Stoffbündel in einem Schwung von ihrem Bauch. Das Handtuch verrutschte und gab den Babyschädel frei.

Rita schrie. Monströs. Kein Mensch. Ein Wesen von einem anderen Stern.

Sie hatte neugeborene Kälber gesehen und Schafgeburten; schmierige Tierbabys mit abstehenden Ohren und verklebtem Fell, verquollenen Augen und verdrehten Gliedern, aber so ein Monster war nicht dabei gewesen. Die neugeborenen Tiere waren behaart, nicht wie dieses Wesen. Schrecklich anzusehen. Der Schädel ragte aus dem Handtuch hervor und war glatt. Kahle Fläche. Glatze.

Das Neugeborene besaß kein einziges Kopfhaar.

Die Frau lächelte Rita an. Aufmunternd. Die missgebildeten Ohren sind ein Schock für die Mutter, dachte die Frau.

»Die kann man bestimmt operieren«, tröstete sie.

Erst jetzt erkannte Rita, dass die Ohrmuscheln keine richtigen Ohrmuscheln waren, sondern höckerige Stummel, hell- und dunkelrot gefleckt; eine Gruppe Warzen, die den Gehörgang umstanden. So etwas hatte Rita noch nie gesehen. Angesichts der Glatze nahm Rita diese Deformation als gewöhnlich wahr; es lebten schlimmere Kretins in den Hinterstuben der Eifel.

»Ich will das nicht«, flüsterte Rita, dann schrie sie unvermittelt los. »Nein! Nein! Nein!«

Sie schrie wegen der Glatze.

»Das gibt sich«, sagte die Angestellte; das beruhigte Rita ungemein, weil sie spürte: Diese Frau hat Erfahrung. Dabei meinte die Frau nicht die Glatze, sie sprach von den Ohren und log aus Vorsicht, denn nach der Geburt sind die Mütter empfindsam.

Die Angestellte wollte das Bündel wieder auf Ritas Bauch legen, aber Rita verschränkte ihre Arme: Dieses Monster gehörte nicht zu ihr. Die Frau sollte das

Neugeborene behalten, sie hatte ihr Geschick bewiesen und trug es bereits in ihren Armen.

Rita schloss die Augen. Atmete mehrmals durch. Öffnete ihre Augen. Über ihr schwebte das Gesicht der Frau: »Hallo. Alles in Ordnung?«

Rita nickte.

Der Gala-Coiffeur trat in Ritas Gesichtskreis.

»Los. Keine Müdigkeit vorschützen.«

Der Frisör ist in die Küche gegangen, um den Teekessel aufzusetzen. Als er wieder das Wohnzimmer betritt, liegt die Fotografie auf dem Fußboden.

»Was ist passiert?«

Uta und Winora schweigen. Der Frisör ergreift Fredas Bauernzopf. »Das ist kein Spaß; es ist mir bitterernst.«

Bevor Freda antwortet, sieht er es selbst: Ein Luftzug bauscht die Gardinen, weht durch das Wohnzimmer, hebt die Fotografie an und versetzt sie um mehrere Zentimeter.

Das Wohnzimmer ist kein sicherer Ort.

Er legt Helena im Schlafzimmer auf den Nachttisch. Auf diese Weise kann er sie bewachen – auf der Seite liegend schaut er sie an. Mehrmals steht er in der Nacht auf, geht in den Flur und prüft die Wohnungstür. Erst gegen Morgen nickt er ein und schreckt hoch, als der Wecker klingelt.

War nicht was Wichtiges zu erledigen?

Da fällt es ihm ein: Er wollte den Professor entsorgen. Die Leiche aus dem Garderobenschrank heraus- und in den Container hineinbefördern.

Riecht der schon?

Er betrachtet die Fotografie und vergisst den toten Professor. Versinkt in Helenas Lächeln. Dann geht er mit der Fotografie ins Bad und stellt sie auf die Spiegelablage. Kämmt das mittelbraune Haar der Fotografie durch. Erinnert sich, wie Mutter ihm nach jedem Samstagsbad die Haare gebürstet hatte; mit einer pneumatischen Nylonbürste, bei der man die Borsten reindrücken konnte, woraufhin die wieder herausfluppten. Einmal lagen Drahtwickler auf der Ablage. Er stand nackt vor dem Spiegel, griff sich einen Drahtwickler, steckte ihn auf seinen Zeigefinger, dann spielerisch ins Haar – der Wickler klebte. Das sah lustig aus. Er steckte sich weitere Drahtwickler ins Haar. Als Mutter mit einem frischen

Handtuch eintrat, lachte sie los – und sie lachte fast nie. Tränen kullerten ihre Wangen herab, das Handtuch fiel aus ihrer Hand, sie krümmte sich. Er steckte den letzten Drahtwickler in seine Haare, während sie weiterlachte, seinen Körper in ein Badetuch hüllte und ihn auf den Hocker setzte. Er schaute im Spiegel zu, wie sie jeden Wickler einzeln abhob und sein Haar auf den Wickler drehte: Wie ein Barockengel sah er aus. Mutter lachte und föhnte, lachte und sprühte stechendes Zeug auf seinen Kopf, lachte und herzte ihn.

Am Abend spielten sie in der Wohnung Verstecken – das hatte Mutter noch nie getan.

Während der Rasur steht Helena auf der Spiegelablage, beim Frühstück schaut sie vom Küchenregal in seine Kaffeetasse hinein. Als ein Sonnenstrahl vom Schrankglas gespiegelt auf ihr Gesicht fällt, erkennt der Frisör die Wahrheit. Wieso hat er sie nicht sofort gesehen? Die steht in Leuchtbuchstaben auf Helenas Stirn geschrieben: Ich liebe dich.

Dann verblasst die Lichtspiegelung.

Punkt Neun trägt der Frisör die Fotografie in seinen Salon hinab und erschrickt: Die Spiegel sind trübe, die Tapeten verblichen, die Lichtschalter grau angelaufen; an den Wänden flattern aus Journalen gerissene Abbildungen von Modefrisuren. Mariannes Polster und Walters Design passen nicht zueinander und Freddy setzt einen modernen Akzent – mehrfacher Stilbruch auf engstem Raum.

Der Frisör schaltet die Lichter ein, aber die Helligkeit verstärkt nur die Kratzer auf der Registrierkasse, beleuchtet die abgewetzten Couchecken und setzt den Rost der Vitrine in Szene.

Wieso erkennt der Frisör erst jetzt, dass sein Salon schäbig ist?

Die herausgerissenen Blätter an den Wänden kann er nicht ertragen; er reißt sie herunter und stopft sie in den Papierkorb.

Wohin mit Helena?

Plötzlich weiß er die Lösung. Es ist fünf nach Neun und kein Kunde im Salon. Der Frisör spurtet zum Fotogeschäft, lässt zehn DIN-A2-Abzüge von der Fotografie herstellen und trägt diese Kostbarkeit – eine Papprolle mit Helena und den zehn Abzügen drin – mit beiden Händen zurück.

»Ist schon geöffnet?«

»Jawohl, der Herr. Bitte schön, nehmen Sie dort Platz.« Der Frisör weist auf Freddy.

Wohin mit seinem Schatz?

Er legt die Papprolle in die Glasvitrine, aber kaum hat der dickliche Mittvierziger mit fahlen Haaren Platz genommen, quält den Frisör sein Gewissen: Helena darf nicht in der dunklen Papprolle eingezwängt bleiben.

Er öffnet das Behältnis und legt das Originalfoto und die zehn Abzüge flach auf die Vitrine: Die Salondecke leuchtet wieder. Sein Salon wirkt größer und heller.

Zwinkert Helena ihm zu?

Er berührt die Wangengrübchen mit einer Fingerspitze, wandert zu ihren Haaren und verspürt das bekannte Kribbeln.

»Geht es bald los?«, grummelt der Mittvierziger.

»Entschuldigen Sie bitte, verehrter Herr.«

Diesen Samstag kann der Frisör sich nicht auf sein Handwerk konzentrieren. Als er um fünfzehn Uhr die letzte Kundin verabschiedet, schließt er sofort die Salontür ab und räumt nicht wie gewöhnlich auf, sondern beginnt, wovon er den ganzen Tag geträumt hat: Er pumpt Mariannes Hydraulik maximal hoch, stellt einen Karton auf ihren Polstersitz, heftet mit feinen Haarnadeln einen Foto-Abzug an eine Kartonseite und tritt zurück: Er wird mit einer Pagenfrisur beginnen.

Mit zwei Haarteilen, dem Kreppeisen und einigen Accessoires frisiert er diesem DIN-A2-Abzug eine mittellange Pagenfrisur. Nach einer Stunde begutachtet er sein Meisterwerk: Es ist ihm gelungen.

An diesem Tag frisiert er drei weiteren Abzügen – mit Haarteilen und Nadeln, Schaumstoffkissen und -ringen, Haarbändern und Schleifen – jeweils eine andere Frisur: ein Spiralspaghetti-Nest, einen gespergelten Rittberger, eine stehende Kaltwelle. Am Sonntag – die Nacht hat er prächtig geschlafen und keinen Gedanken an den toten Professor verschwendet – steht er Punkt Neun in seinem Salon und frisiert die sechs verbliebenen Abzüge: mongolischer Unterschnitt, seitliches Lockenbouquet, Brautklassik, viktorianische Schleife, Paradiesvogel und einen Kranz aus Ringzöpfen.

Am Sonntagabend lächeln zehn Helenas – jedes Gesicht trägt eine andere Frisur – von den Wänden: Sein Salon ist zum Paradies mutiert. Die Bedienstühle leuchten, die Spiegel glänzen, die Glasvitrine strahlt mit der Registrierkasse um die Wette. Der feine Lichtschimmer, der von den zehn Frisuren ausgeht, überzieht jedes Detail.

Was ihn erstaunt? Helenas Gesicht harmoniert mit jeder Frisur. Es sind zehn unterschiedliche Modelle, die ein weites Spektrum der Modewelt umspannen.

Ist ihre Seele so wandlungsfähig?

17 Zwei Taschen

Der Gala-Coiffeur ergriff Ritas Hände und zog recht derbe, um seinen Plan mit aller Macht durchzuziehen: sich von dem Neugeborenen befreien. Niemals durfte seine Ehefrau von dem Seitensprung erfahren. Er musste diesen Bastard loswerden. Es war ein zusätzliches Unglück, dass der Neugeborene die gleiche Missbildung besaß und der offensichtliche Beweis: seinen Lenden entsprungen. Deswegen musste der Bastard für immer verschwinden.

So dachte der Gala-Coiffeur und auch: Nächsten Sonntag wird er den Gottesdienst besuchen und den Allmächtigen bitten, dass der Bastard verschwunden bleibt. Oder stirbt. Das wäre die beste Lösung.

Da durchzuckte den Gala-Coiffeur ein ungeheurer Gedanke: Was wäre, wenn man das Neugeborene wegmachte? Erstickte und vergrub? Da war ein kleines Stück Ödnis hinter seinem Salon: Büsche und Unkraut. Nicht einsehbar. Niemand benutzte diese Ödnis. Einen Schuppen gab es, mit einer Schaufel drin. Es war ein Leichtes …

Aber es gab zwei Geburtszeugen und gewiss wussten mehr Personen von der Schwangerschaft.

Nein, der Bastard musste mit der unseligen Mutter verschwinden. Diese Landpomeranze kriegte er klein, das wäre ja gelacht.

Der Gala-Coiffeur zog an Ritas Händen: »Raus aus meinem Salon.«

Er zerrte Rita – die nicht einen Muskel anspannte, um sich zur Wehr zu setzen – aus dem Bedienstuhl heraus, bis sie auf beiden Füßen stand. Ihr nasses Kleid fiel herab und verdeckte ihre Scham und feuchten Schenkel.

»Ich helfe Ihnen«, sagte die Angestellte, legte das Neugeborene in die Sporttasche und verschwand im Hinterzimmer. Rumorte dort.

Rita stand neben dem Gala-Coiffeur und fürchtete sich. Sie ahnte Schlimmes.

Die Frau rumorte weiter, der Gala-Coiffeur griff in die Kasse und schob fünf Scheine, das waren zweihundertfünfzig Mark, unter die Babydecke.

»Bitte schön.« Die Angestellte servierte Rita einen Kaffee.

Während Rita einen echten Bohnenkaffee, ungesüßt und ohne Milch trank sie sonst nicht, schlürfte und das Blag in der Sporttasche schlief, zog der Gala-Coiffeur seine Angestellte in den hinteren Salonbereich. Zuerst verstand Rita kein Wort, dann erregte die Angestellte sich und sprach lauter: »Mach ich nicht. Die gehört in eine Klinik. Ihr Kind auch.«

Der Gala-Coiffeur redete auf die Angestellte ein.

»Und wenn es was Schlimmes ist?«, fragte diese.

Wieder redete der Gala-Coiffeur, Rita verstand ihn nicht.

»Nein, das tue ich nicht.«

»Du tust, was ich sage«, donnerte der Gala-Coiffeur. »Ich übernehme die volle Verantwortung. Du bringst die Mutter mit dem Baby nach Hause. Es ist nicht weit.«

Jetzt erkannte Rita den wahren Charakter des Gala-Coiffeurs: ein Lügner und eine Memme. Der hatte sie nicht vergessen. Vor neun Monaten hatte sie ihm gesagt, dass sie in der Innenstadt wohnte. Das hatte er sich gemerkt. Also konnte er sich an sie erinnern. Dieser Feigling wählte den einfachsten Weg. Mit einer Lüge schickte er sie fort. Keine Ehre, kein Anstand. Leugnete sie und sein eigenes Fleisch.

Rita trank den heißen Kaffee, obwohl er auf ihrer Zunge brannte. Sie war dankbar für diesen gewöhnlichen Schmerz; sie war im normalen Leben angekommen.

Die Angestellte wusch umständlich ihre Hände und der Gala-Coiffeur verschwand im Hinterzimmer.

»Möchten Sie noch eine Tasse?«, fragte sie.

»Nein, danke.«

Die Angestellte packte eine zweite Tasche mit Handtüchern, Öl und Pflegemitteln und kam damit auf Rita zu, die sich auf den Bedienstuhl gesetzt hatte. Das Blag in der Sporttasche war still.

»Kommen Sie.«

Rita stand auf.

»Ich bringe Sie jetzt nach Hause. Sie können doch gehen, oder?«

»Ich weiß nicht.«

»Oder möchten Sie ein Taxi?«

»Ich weiß nicht.«

»Hmm?« Die Angestellte wendete ihren Kopf, aber der Gala-Coiffeur war nicht zu sehen. Dann sah sie Rita von oben bis unten an. »Ein Taxi ist besser, glaube ich.«

»Aber ich bin so nass.«

»Das kriegen wir hin.«

Die Angestellte hüllte Rita in den Wintermantel: »Sehen Sie, von außen ganz trocken. So sieht Ihnen niemand etwas an. Also, ich rufe jetzt ein Taxi.«

Rita nickte. Sie war noch nie in einem Taxi gefahren.

Die Angestellte telefonierte routiniert, dann ergriff sie beide Taschen: »Keine zwei Minuten. Wir sollen draußen warten.«

Rita folgte. Als sie durch die Tür schritt, sah sie sich um: Der Gala-Coiffeur war nicht zu sehen.

Sie standen keine Minute am Bürgersteig, da fuhr ein schwarzes Auto vor. Ein kleiner Mann mit Kappe sprang heraus, öffnete den Kofferraum und griff nach den Taschen. Die Angestellte hielt beide fest: »Nein, die nehmen wir nach vorn.«

»Schauen Sie, hier ist reichlich Platz.«

»Nein!« Mit Schwung und beiden Taschen ging sie zur hinteren Autotür, die der Fahrer für sie öffnete.

Ob es an der plötzlichen Bewegung oder der frischen Luft lag, in diesem Moment greinte das Neugeborene los.

»Ach so«, der Fahrer zog die Stirn kraus, »da ist ein Baby drin. Ist der Kleine krank? Soll ich sie zu einem Arzt fahren? Oder in eine Klinik?«

Da sah Rita den Gala-Coiffeur, der spähte durch das Schaufenster nach draußen. Sein Silberhaar fiel glatt herunter und Rita sah es seinem Gesicht an: Der wollte kein Aufsehen und schon gar kein Taxi.

Die Angestellte stieg, die Taschen voran, ins Taxi hinein. Der Neugeborene schrie lauter.

»Die junge Frau bleibt hier?«, fragte der Fahrer.

Rita zögerte. Das war die Lösung: Die Angestellte mit dem Blag fortfahren lassen. Die kannte die Adresse ihrer Mansarde nicht, der Gala-Coiffeur auch nicht.

Rita drehte sich um und wollte fortlaufen; in diesem Moment stürmte der Gala-Coiffeur aus dem Salon, ergriff ihren Arm und zog Rita zur anderen Taxitür.

Sie ließ es zu.

Der Taxifahrer schob seine Kappe hoch.

»Sie fährt selbstverständlich mit«, sagte der Gala-Coiffeur, half Rita ins Taxis hinein und raunte ihr zu, während der Fahrer das Auto umrundete: »Deine Adresse!«

Rita schwieg.

»Los. Sag´s schon«, zischte der Gala-Coiffeur, da sagte die Angestellte: »Keine Sorge, Chef. Ich regel das.«

Der Gala-Coiffeur reichte dem einsteigenden Fahrer einen Zwanzig-Mark-Schein: »Es ist nicht weit. Der Rest ist für Sie.« Er drückte die Autotür ins Schloss und eilte in den Gala-Salon.

Der Fahrer drehte sich um: »Na, wohin geht die Fahrt?«

Rita schwieg. Das Neugeborene schrie. Die Angestellte schwieg.

»Also, meine Damen, wenn etwas nicht stimmt, sagen sie es einfach. Ich kann zur Polizei fahren. Müssen Sie nur sagen.«

»Es ist alles in Ordnung«, sagte die Angestellte und ließ das Neugeborene an ihrem Fingerknöchel saugen. Sofort war das Blag still.

Auf keinen Fall zur Polizei, dachte Rita. Die werden ihre Eltern informieren. Am liebsten wäre sie ausgestiegen und fortgelaufen, aber sie fühlte sich ermattet und die Angestellte ergriff ihre Hand.

»Wir fahren jetzt zu Ihrer Wohnung«, sagte die Angestellte. »Ich helfe Ihnen dort. Jetzt braucht der Taxifahrer Ihre Adresse. Der bringt uns dorthin.«

Rita schwieg.

»Wenn mit der was nicht stimmt, ohne Wohnsitz oder so, das kriegt die Polizei raus. Für die ist sowas eine Kleinigkeit.«

»Nein«, sagte die Frau entschlossen und dann, zu Rita gewandt: »Ich weiß, wie sie sich fühlen. Sie sind erschöpft. Sie wissen nicht weiter. Ich helfe Ihnen, sich einzurichten. Ich regel alles für Sie. Nur brauche ich ihre Adresse. Bitte!«

Rita schwieg.

Der Fahrer drehte sich zum Steuerrad und ließ den Motor an. Fuhr der zur Polizei?

»Zum Hansaring. Ich wohne dort in einer Seitenstraße«, sagte Rita.

VIERTES KAPITEL

HELENA ERSCHEINT

Am nächsten Morgen treibt sein Rücken den Frisör aus dem Bett. Er sperrt das Fenster auf und verrichtet im Schlafanzug gymnastische Verrenkungen, aber der tiefe Kreuzschmerz drückt seine gute Laune weg.

Beim Frühstück zieht der Schmerz die Wirbelsäule hoch. Eine Ahnung bekriecht ihn; er isst eine zusätzliche Scheibe Brot.

Mittags ist der Schmerz zwischen den Schulterblättern angekommen und umspannt seinen Brustkorb – der Frisör atmet schwer.

Um sechzehn Uhr wüten Hammerschläge in seinem Kopf, die Welt schrumpft auf einen Punkt. Nichts außer diesem Schmerz existiert; er lässt Schere und Kamm sinken, er kann die Olympiafrisur nicht weiter frisieren. Er tupft seine Stirn mit einem feuchten Tuch ab, als die Türglocke schrillt.

Eine kleine Frau in grauem Jackett und schwarzen Jeans betritt seinen Salon, ihre haselnussbraunen Haare hängen in ungekämmten Strähnen bis zu den Schultern. Gepflegt sieht anders aus.

Ihre Mundwinkel hängen, ihre Augenbrauen hat sie um die Nasenwurzel zusammengekniffen.

Ist sie es?

Ist sie es wirklich?

Ihr schulterlanges Haar ist länger als auf der Fotografie.

Sie ist es!

Die lebende Helena.

In echt.

In beweglich.

Mit Kirschmund und Wangengrübchen und haselnussbraunem Haar.

Der Schmerz lässt nach, wie abgedreht; ein dumpfes Rauschen ertönt in seinem Kopf. Ist er aus der Wirklichkeit herausgefallen?

Die unbewegten Gesichtszüge der Fotografie haben sich in seine Sehrinde eingebrannt.

Wieso bewegt sich ihr Gesicht?

Diese Frau ist das Original, funkt sein Verstand, aber seine Augen trauen der Botschaft nicht; das Fotogesicht ist ihm vertraut, die bewegliche Helena ängstigt ihn.

»Wie ist das möglich?«, fragt die Frau. Ihre Haare fallen schwer herab. »Warum hängt mein Gesicht an diesen Wänden?«

Der Frisör schweigt.

Die Kundin mit der Olympiafrisur dreht ihren Kopf und folgt Helena, die die Wände abschreitet: »Haben Sie das getan?«

Helenas Stimme gegen seine Festung.

»Herr Friseur, hallo, waren Sie das? Warum hängt mein Bild an Ihren Salonwänden. Was soll das?«

Die nächste Woge rollt heran, ihre Stimme gegen seine Festung. Der Frisör schweigt.

»So reden Sie schon, haben Sie diese Fotografien aufgehängt?«, fragt Helena und tritt an den Frisör heran.

»Ja«, presst er hervor.

»Woher haben Sie mein Foto?«

»Gefunden.«

»Wo?«

Er zögert.

»Wo? Sagen Sie schon? Wo genau?«

Der Frisör zeigt auf den Fußboden.

»Diese Fotographie hat mein Vater gemacht. Es ist sein Lieblingsfoto.« Keine Wangengrübchen mehr, ihre Lippen sind ein Strich, ihre Augen schimmern feucht und ihr Gesicht entfärbt sich.

»Setzen Sie sich«, sagt der Frisör und eilt auf sie zu, um sie abzustützen, aber Helena plumpst in die Polstercouch, lehnt ihren Kopf gegen den Garderobenschrank, greift nach einer Zeitschrift und fächelt sich Luft zu.

Er zwingt seine Gesichtszüge zu einem belanglosen Ausdruck, während sein Herz rast: Riecht sie die Leiche? Ihr Kopf lehnt am Garderobenschrank; nur eine zwei Zentimeter dicke Sperrholzwand trennt Helena von ihrem Vater.

Während sie auf der Couch sitzt, den Blick ins Nirgendwo gerichtet, realisiert der Frisör: Die lebende Helena ist gekommen. Dieses Gefühl erfüllt ihn mit Wärme, aber gleichzeitig fürchtet er sie.

»War er hier?«

Ihre Wangen färben sich mit Leben.

»Wer?«

»Wer wohl? Mein Vater natürlich. Ich suche ihn verzweifelt. Er ist verschwunden.«

Ihre Augen schimmern feucht, eine Träne rollt die Wange herab. Sie richtet ihren Oberkörper auf und sieht sich im Salon um. »Ich hab so ein merkwürdiges Gefühl; irgendetwas kommt mir hier sehr vertraut vor.«

»Vielleicht waren Sie schon einmal hier?«, wirft die Kundin ein. Sie betrachtet Helena interessiert.

»Nein, war ich nicht. Also, Herr Friseur«, sie zeigt auf die Frisuren an den Salonwänden, »Sie haben mein Foto in Ihrem Salon gefunden?«

»Ja.«

»Das hat mein Vater verloren«, sagt Helena, mehr zu sich selbst. »Wer sonst? Also ist er hier gewesen. Wann war das?«

»Nein, die Dame, nicht dass ich wüsste«, beteuert der Frisör und hebt beide Hände, wie zur Abwehr eines gefährlichen Gedanken: Er will nicht – auf keinen Fall, niemals, bloß nicht – mit ihrem Vater in Verbindung gebracht werden. Die Vorstellung »Professor Karl war in seinem Salon« gehört aus jeder Erinnerung gestrichen.

»Er war nicht hier?« Helena sieht dem Frisör direkt in die Augen. »Das glaube ich nicht. Hm? Das kann nicht sein. Er war hier … Er muss hier gewesen sein … Natürlich war er hier, Sie haben mein Foto gefunden, das er immer bei sich trug. Sein Talisman.«

In diesem Moment bereut der Frisör. Er hat gegen das zweite Friseurgebot verstoßen: Haare lügen nicht. Friseure ebenfalls nicht. Ihr Vater war in seinem Salon, das ist kein Geheimnis. Er war hier, wurde frisiert und ist gegangen. So muss der Frisör es darstellen, an dieser Lüge festhalten: Der Professor ist nach der Frisur fortgegangen.

In die anhaltende Stille hinein fragt die Kundin: »Wie heißt Ihr Vater?«

»Karl Langer.«

»Ist ihm etwas zugestoßen?«

»Er ist verschwunden. Ich suche ihn seit Tagen.« Ihr Leiden, in zwei knappe Sätze gepackt. Der Frisör spürt ihren Schmerz und ihre schlaflosen Nächte.

»Wie sieht er aus?«, fragt die Kundin.

»Groß und hager. Trägt gerne Cordhosen. Runde Nickelbrille, graue Haare. Als er verschwand, trug er seine Lodenjacke. Ein wenig zu groß, aber er liebte diese Jacke.« Helena greift in ihre Jackentasche, steht auf und hält der Kundin ein Foto vor die Nase. »Das ist mein Vater. Er ist 69 Jahre alt. Herr Friseur, schauen Sie bitte auch.«

Der Frisör weicht zurück; Helenas Körper in der Nähe erträgt er nicht. Hitze steigt in seinen Kopf.

»Die Damen, entschuldigen Sie mich bitte, ich muss …« Sein Blick verschwimmt, halbblind eilt er durch den Salon, erreicht die Hintertür, hält sich am Türrahmen fest und schiebt sich in den Hausflur hinein. Lehnt sich gegen die Wand, wohin die Blicke der beiden Frauen ihm nicht folgen: Langsamer atmen. Die verkrampften Finger lösen.

Die Frauen reden miteinander.

Der Frisör müht sich die Treppe hoch. In der Wohnung fühlt er sich sicher. Im Bad kühlt er die Wangen, tupft sie trocken und verteilt Gel in den Haaren. Atmet durch. Überprüft seinen Gesichtsausdruck im Spiegel und kann nichts Ungewöhnliches feststellen. Dann eilt er die Treppe herunter: Schnell zurück, bloß keinen Verdacht erregen.

Als er durch die Hintertür seinen Salon betritt, unterhalten beide Frauen sich. Er tritt an den Kassentresen und blättert im Terminbuch.

»Was macht ihr Vater beruflich?« Die Kundin mit der halbfertigen Olympiafrisur sitzt aufrecht in Freddy.

»Er ist Psychologe und trotz seiner dreiundsiebzig Jahre sehr aktiv. Er behandelt einige Patienten und hält Vorträge.«

»Wohnt er in Köln?«

»Ja, hier in Ehrenfeld. Eine schöne Altbauwohnung, über zwei Etagen.«

»Ein Mensch verschwindet nicht einfach so.«

»Doch. Einfach so. Das Kongressbüro hatte mich morgens auf der Arbeit angerufen; er war nicht zum Vortrag erschienen. Ich bin gleich in seine Wohnung: Auf dem Küchentisch stand kalter Tee, das Arbeitszimmer war chaotisch wie immer. Ich habe ihn überall gesucht: Nachbarn, Freunde, Kollegen. Niemand wusste etwas. Ich habe alle Institutionen durchtelefoniert, für die er arbeitete. Nichts. Keine neuen Pläne, keine Reiseabsichten.«

»Und dann?«, fragt die Kundin.

»Bin ich zur Polizei. Die haben mich vertröstet; meist löst sich so ein Verschwinden in Wohlgefallen auf. Ich sollte wiederkommen, wenn er nach drei Tage nicht aufgetaucht ist. Ein großer Quatsch war das, mein Vater versäumt doch keinen Vortrag. Ihm musste etwas zugestoßen sein. War doch klar.«

»So reagiert unsere Polizei? Das gibt es doch nicht«, empört sich die Kundin.

»Jedenfalls zuerst. Inzwischen geht auch die Polizei davon aus, dass ihm etwas zugestoßen ist.«

Sein Stichwort. Diesen Verdacht muss er von seinem Salon fernhalten. Der Frisör tritt an Helena heran: »Entschuldigen Sie mein kurzes Verschwinden, die Dame. Was kann ich für Sie tun?«

Helena streckt ihm das Foto des Professors entgegen: »Kennen Sie diesen Mann?«

Der Frisör sieht nur flüchtig hin; es ist der Professor. Er nickt und fragt: »Ist das ihr Vater?«

»Ja.« Helena zieht ihre Mundwinkel nach unten. Der Frisör imaginiert eine strenge Frisur auf ihren Kopf, symmetrisch und eng an die Kopfhaut geflochten, mit einer schlichten Haube; diese Frisur würde ihren ernsten Ausdruck unterstreichen.

»Warum schauen Sie mich so an?«, fragt Helena.

»Entschuldigung. Mir ist eine Frisur eingefallen, die zu Ihrer Stimmung passt.«

»Meine Stimmung. Was geht Sie meine Stimmung an?«

Ihre Stimme, ihr Blick – der Frisör spürt Helenas Misstrauen. Er bereut, dass er die Anwesenheit ihres Vaters geleugnet hat. Er nimmt sich vor: Ruhig bleiben. Ihr Vertrauen gewinnen.

»Ich bitte vielmals um Entschuldigung, verehrte Dame, natürlich erinnere ich mich an Ihren Vater. Das war ein netter Kerl.«

Helenas Mund springt weit auf. Sie ringt nach Luft: »Wieso war? Ist er tot?«

Alarm!

Der Frisör beißt sich auf die Unterlippe: Wie konnte er so gedankenlos sein? Erzeugt ein kleiner Verdacht nicht einen großen Verdacht, rückt ein falsches Wort nicht alle Handlungen in ein kriminelles Licht?

»Vielleicht ist Ihr Vater verreist?«, mischt die Kundin sich ein.

»Nein, das wüsste ich. Sein Auto ist da und auch seine Reisetasche, die er immer benutzt.«

»Vielleicht ist er verunglückt und liegt in einem Krankenhaus. Bewusstlos und ohne Papiere.«

»Die Polizei hat alle Krankenhäuser überprüft.«

Sein Herz setzt einen Schlag aus: bloß keine Uniformierten.

»Bitte schön, die Dame. Setzen Sie sich. Ruhen Sie ein wenig aus«, er weist mit beiden Händen zur Polstercouch. »Ich frisiere diese Kundin fertig, dann erzähle ich Ihnen, was ich über Ihren Vater weiß. Nehmen Sie bitte Platz.«

Folgsam setzt sich Helena auf die Polstercouch und lehnt ihren Kopf an den Garderobenschrank. Schließt die Augen. Zieht Luft durch ihre Nase. Ein zweites Mal. Öffnet die Augen und sieht sich um: »Nach was riecht es hier?«

Sein Herz bubbert.

Als die Kundin mit der fertigen Olympiafrisur fortgegangen ist, betrachtet der Frisör die schlafende Helena: Kirschmund, Wangengrübchen, zarte Falten um die Nasenwurzel.

Er sieht zu den Fotografien an den Wänden, sieht zur schlafenden Helena; zu den Fotografien, wieder zu Helena. Die lebende Helena ist ihm auf der Spur, sie hat Verdacht geschöpft. Sie ist gefährlich.

Er muss ihren Verdacht zerstreuen. Aber wie?

Zuerst aufräumen. Leise, um Helena nicht zu wecken, fegt er die Haare auf und wischt die Spiegelablage. Plötzlich ruht die lange scharfgeschliffene Schere in seiner Hand; er weiß nicht, wie sie in seine Hand gelangt ist. Er sieht zu Helena und legt die Schere fort. Dann poliert er einen Spiegel.

»Wann ist mein Vater hier gewesen?« Ihre Stimme erklingt schrill in seinem Rücken.

Der Frisör dreht sich um. Helena sieht ihn aus verschlafenen Augen an.

»Vor kurzem.«

»Warum haben Sie gelogen?« Wie hoch sie ihre Stimme zieht. Der Frisör presst seine Lippen aufeinander.

»Entschuldigung, ich habe mich vertan. Natürlich habe ich seine Haare geschnitten.«

»Und danach?«

»Ist er gegangen.«

»Wohin?«

»Weiß ich nicht. Bitte schön, glauben Sie mir«, fleht der Frisör und spürt im selben Moment: Das ist der falsche Weg. Er muss souverän auftreten. Die panische Angst, entdeckt zu werden, verrät ihn.

»Ich würde Ihnen gerne helfen, aber ich weiß nicht, wohin Ihr Vater gegangen ist«, mit jedem Wort gewinnt der Frisör an Sicherheit. »Er hat meinen Salon nach der Frisur verlassen. Ganz normal. Wie jeder andere Kunde auch.«

Fehlerlos gesprochen. Der Professor ist gegangen und der Frisör weiß nichts von seinem Verbleib. Punktum. Jede Entschuldigung verweist auf das Gegenteil.

»Wie haben Sie ihn frisiert?«

»Ich glaube … hmm … eine Titusfrisur. Seriös und lebendig zugleich. Die hat ihm gefallen, daran erinnere ich mich.«

»Ja, typisch. Das ist mein Vater. Neues probieren gefällt ihm. Über was haben Sie sich unterhalten? Was hatte er vor?«

Sie sieht ihn mit weiten Augen an; er kann ihren Blick nicht ertragen, dreht sich um und wischt die saubere Ablage erneut.

»Warum sagen Sie nichts?«

»Ich kann mich nicht erinnern«, sagt der Frisör und spürt: Diese Antwort macht ihn verdächtig. Aber er kann weder lügen noch Helena verraten, wie geschickt ihr Vater seinen Hass freigesetzt hat. Seine mitfühlende Psychologenart hat den Frisör fortgeschwemmt. Der Scherenmord wäre nicht passiert, wenn …

»Verstehe ich. Sie haben bestimmt viele Kunden. Hier, schauen Sie auf sein Foto. Vielleicht fällt Ihnen mehr ein?«

Der Frisör sieht das Foto nicht an. »Der hat geschwiegen«, lügt er.

Verursacht die erste Lüge nicht die zweite? Zieht nicht jede Lüge einen Lügenschwanz hinter sich her?

»Mein Vater schweigsam? Das glaube ich nicht. Mein Vater ist nie schweigsam.« Helena sieht sich im Salon um, während der Frisör, um seine Beklemmung zu verbergen, heftig die Ablage wienert.

»Warum hat er mein Foto hier liegen lassen?«, fragt Helena und nagt an der Unterlippe. »Das werde ich der Polizistin erzählen. Die hat vielleicht eine Idee.«

Sie steht von der Polstercouch auf.

»Bitte, bleiben Sie.« Seine Stimme schlägt Purzelbäume. »Wissen Sie, das Foto von Ihnen hat mich inspiriert. Deswegen habe ich diese zehn Abzüge fertigen lassen und unterschiedlich frisiert. Gefallen Ihnen die Frisuren nicht?«

»Die interessieren mich nicht. Mich interessiert nur eins: Wo ist mein Vater? Was haben Sie mit meinem Vater gemacht?« Helenas Stimme zerschneidet den Raum.

»Bitte …«, er sucht nach überzeugenden Argumenten, aber die Angst blockiert seinen Gedankenfluss: Der Beweis steht im Garderobenschrank, Helena wird die Polizei alarmieren und schon ist es um ihn geschehen. Er hätte den Toten längst entsorgen müssen.

Helena geht zur Tür.

»So warten Sie doch.« Panik ergreift den Frisör: Er muss verhindern, dass sie seinen Salon verlässt.

»Warum?«

»Ich kann Ihnen helfen, ihren Vater zu finden«, sagt der Frisör.

»Wie denn?«

»Lassen Sie das Bild Ihres Vaters hier.«

»Was wollen Sie damit?«

»Ich werde es jedem Kunden zeigen. Bestimmt hat einer Ihren Vater gesehen.«

»Wirklich? Das wollen Sie für mich tun?«

Er nickt heftig. Als Helena ihm die Fotografie reicht, berühren ihre Fingerspitzen seine Hand. Das brennt auf der Haut. Er zuckt zurück.

»Was ist?«

»Nichts.« Er ergreift die Fotografie mit ausgestreckten Fingern am äußersten Rand.

»Danke schön. Ich muss jetzt gehen, die Polizistin hat gleich Feierabend. Sie hat mir eingeschärft: Wenn Ihnen eine Sache auffällt, Frau Roth, kommen Sie zu mir. Nicht zögern, keine Hemmungen. Jede Kleinigkeit kann wichtig sein.«

Sie vertraut der Polizistin, denkt der Frisör, aber Helena muss mir vertrauen. Leider bin ich nicht ihr Friseur.

Da blitzt es in ihm auf: Das ist die Lösung! Warum ist er nicht längst darauf gekommen? So kann er ihr Vertrauen gewinnen.

»Darf ich Sie frisieren?«, schießt er so plötzlich hervor, dass Helena ihn mit heruntergezogenen Augenbrauen ansieht.

»Nein, danke.«

»Meine Frisuren verleihen Energie. Eine kräftige Portion können Sie gebrauchen.«

»Ich habe andere Sorgen.«

»Eben darum. Meine Frisur wird Ihnen Kraft verleihen. Schauen Sie sich an.«

Helena sieht in den Spiegel und fasst sich an den Kopf: »Sie haben recht: Meine Haare sind ein Alptraum, aber ich lebe auch in einem Alptraum: Ich bin erschöpft; ich komme nicht zur Ruhe; ich schlafe nicht ein; ich wache nachts auf und liege stundenlang wach.«

»Sie brauchen eine frische Frisur. Bitte suchen sie sich eine aus.« Mit einer ausladenden Armbewegung zeigt er zu den Fotografien an den Wänden.

»Nein, danke, ich muss los.«

»Hier hängt meine Favoritin«, der Frisör ergreift ihren Ärmel und zieht sie zum Lockenbouquet.

Helena betrachtet die verspielte Frisur: »Die macht wirklich was her: Elegant und fraulich.«

»Bitte.« Einladend zeigt er auf Marianne.

»Nein, ich will nicht.« Sie dreht sich zur Tür.

»Sie brauchen Kraft«, sagt er und zieht sie am Ärmel zu Marianne.

»Ich würde ja gerne, aber ....«

Schwankt sie?

»Diese Frisur schenkt Ihnen Kraft. Für Ihre Suche nach Ihrem Vater.«

Ihr Kinn und ihre Arme fallen herab.

»Es wird Ihnen guttun«, sagt er mit sanfter Stimme und ergreift ihren zweiten Ärmel.

Sie rührt sich nicht.

Er greift nach ihren Schultern. Sie lässt sich aus ihrer Jacke helfen.

»Bitte schön.« Er lotst sie zu Marianne, drückt sie auf den Polstersitz und klappt die Nackenstütze hoch.

Als der Frisör das Licht einschaltet und die Vorhänge zuzieht, schaut Helena kurz hoch; danach versinkt sie im lauwarmen Strahl, mit dem er ihre Kopfhaut massiert. Er verwendet sein bestes Shampoo, verteilt duftende Pflegeessenzen auf ihrem Kopf, bürstet das Haar in parallelen Linien aus und spürt in ihren Kopf hinein: Ihre Hirnwindungen schimmern dunkel und sind von gezackten Bändern bedeckt – wie eingraviert.

Er dringt tiefer in ihren Kopf hinein: Der Thalamus ist in seinem Fundament erschüttert; schmale Risse durchziehen ihn. Das erscheint ihm gefährlich. Die ständige Sorge und Schlaflosigkeit sind Gift für ihr Gehirn. Das seitliche Lockenbouquet wird ihrer Seele Kraft spenden.

Und wenn Helena doch die Polizei informiert? Dagegen kann er nichts tun. Er ist ihr ausgeliefert und kann nur versuchen, sie davon abzuhalten.

»Das gefällt mir nicht. Mein Vater ist verschwunden und ich lasse mich frisieren«, murmelt Helena.

»Sie brauchen Ihren Schlaf zurück.«

»Ich brauch meinen Vater zurück«, sagt Helena und spannt die Nackenmuskeln an, um den Kopf anzuheben. Er legt seine Finger sanft auf ihre Stirn und drückt ihren Kopf zurück.

Helenas Muskeln erschlaffen. Sie wehrt sich nicht, sondern seufzt mit geschlossenen Augen.

Der Frisör beginnt den Frisurentanz: Separiert mit einem Stielkamm ein Haarquadrat, teilt diese Haare in drei Stränge, die er zu einem Zopf flicht und mit einem Haarband sichert. Die Hinterkopf- und Seitenhaare spannt er, fein gezwirbelt, in feine Lockenwickler ein.

Helena liegt entspannt auf Marianne.

Er positioniert die Trockenhaube und schaltet sie ein; fegt den Boden, räumt die Ablagen auf. Sieht sich um: Die lange scharfgeschliffene Schere lockt ihn.

Die lebende Helena ist gefährlich.

Diese Worte dringen durch die Salondecke. Seine Wohnzimmerperücken warnen ihn.

Der Frisör legt die lange scharfgeschliffene Schere griffbereit auf die Spiegelablage. Und schließt die Eingangstür ab.

Nach zwanzig Minuten entfernt er die Trockenhaube. Hellwach verfolgt Helena, wie er die Wickler herausdreht und ihre Locken mit dem Lockenstab betont. Er löst den Zopf und formt aus drei Haarsträngen einen strengen Dutt, in den er Korkenzieherlocken fädelt, die auf diese Weise über dem Lockenchaos thronen.

»Viel schöner als erwartet«, sagt Helena, ihre Augen leuchten. Sie dreht ihren Kopf vor dem Spiegel. »Sieht toll aus. Und ich fühle mich erfrischt. Wie nach einem tiefen Schlaf.«

»Das freut mich«, sagt der Frisör.

»Sie haben«, sie dreht ihren Kopf, »einen Traum auf meinen Kopf frisiert. So fühle ich mich auch: Frisch und elegant. Habe ich geschlafen?«

»Nein, haben Sie nicht?«

»Tja, eins erinnere ich: Ein eigenartiges Gefühl, während ihre Hände meinen Kopf berührten. Als wenn ich mit ihren Händen verbunden bin.«

Helena lächelt den Frisör via Spiegel an; ihr Kirschmund öffnet sich, ihre weißen Zähne und rote Zungenspitze leuchten hervor. Sein Herz bubbert.

»Sie hatten Recht. Diese Frisur belebt mich. Sie schenkt mir Energie. Das spüre ich.«

»Sehr gerne, die Dame. Bitte schön.«

»Aber nun muss ich endlich los«. Helena spannt ihre Beine an, um aufzustehen.

»Wohin?«

»Zur Polizei.«

»Warum? Fühlen Sie sich nicht besser?«

»Das hat doch damit nichts zu tun. Ich bin beunruhigt: In diesem Salon ist etwas mit meinem Vater geschehen. Ich fühle das.«

Spürt sie die Nähe ihres Vaters?

»Sie haben ihm eine neue Frisur geschnitten? Hat sie ihm nicht gefallen? Haben sie beide sich gestritten? Ist dabei etwas passiert? Sie können es mir ruhig sagen.«

Der Frisör liest es an ihren Augen und in ihren Bewegungen: Helena misstraut ihm. Sie wird auf direktem Weg zur Polizei laufen.

Die lange scharfgeschliffene Schere springt ihn an. Was haben seine Perücken gesagt? Die lebende Helena ist gefährlich.

Er muss Helena stoppen.

»Stillhalten«, kommandiert der Frisör. Drückt Helenas Schultern gegen die Rückenlehne. Fügt zischend, hinzu: »Die Dame.«

Die lebende Helena bedeutet Gefahr.

Die leblosen Helena-Abzüge nicht.

Seine linke Hand berührt das glatte Scherenmetall, die Finger gleiten in die Griffe hinein. Mit der rechten Hand streift er durch Helenas Locken und prüft den Sitz des Dutts. Dann befiehlt er: »Augen schließen.«

Seine Stimme kommt ihm zerhackt vor; als hätte ein fremdes Wesen das Kommando über seinen Körper übernommen.

»Warum?«, fragt Helena.

Spürt sie die große Gefahr nicht? Spürt sie nicht, dass seine Stimme Grausames verspricht?

»Ich möchte Ihre Frisur fixieren, das Spray reizt die Schleimhäute. Bitte schließen sie beide Augen.«

Helena kneift ihre Lider zusammen.

Die lange scharfgeschliffene Schere liegt in seiner Hand.

Der Frisör sieht zu den Fotografien an den Wänden. Sie sind ihm vertraut. Und verschwiegen. Die lebende Helena dagegen wird ihn verraten. Die Uniformierten werden in überschnellen Autos kommen, ihn in eine Zelle sperren und seinen Salon schließen. Wer wird sich um die Perücken kümmern?

Erstech deine Angst.

Der Frisör sieht sich um: Der Salon ist leer, die Tür abgeschlossen, die Vorhänge zugezogen. Niemand kann hineinsehen.

Das Erstechen von Helena ist eine Lösung.

Sagen die Stimmen von der Salondecke. Die Perücken ermutigen ihn: Helena darf seinen Salon nicht verlassen.

»Ich muss los!« Sie schlägt ihre Augenlider auf und beugt sich vor.

Er drückt ihre Schultern zurück: »Nein! Noch nicht.«

»Aua. Sie tun mir weh.«

»Ihre Frisur braucht Fixierspray.« Er spricht hektisch, mit rotfleckigem Gesicht. »Die Korkenzieherlocken sollen ihre Form halten, also bitte: Halten Sie still. Und machen Sie Ihre Augen zu.«

Erneut schließt Helena ihre Lider.

Der Frisör stellt sich eine Armlänge hinter Marianne hin. Er hebt die lange scharfgeschliffene Schere über Helenas Kopf. Das gelingt ihm ohne Kraft, die Schere fliegt bereitwillig hoch, gewinnt die freie Höhe, schwebt über dem Lockenbouquet.

Der Frisör sieht sich um: Der Vorhang ist zugezogen, die Eingangstür verschlossen.

Stich zu!

Der Frisör zielt mit der Scherenspitze auf Helenas Dutt – das prominente Ziel. Sein linker Arm wird die Schere herabstoßen. Er spannt die Muskeln an, ihr Dutt ist sein Ziel; der ragt in die Höhe und ist nicht zu verfehlen.

Die Schere schwebt über Helenas Kopf.

Der Frisör stemmt die Füße in den Salonboden und spannt seine Beine an; die Muskelstränge der Wirbelsäule verhärten sich vom Gesäß bis zum Hinterkopf, die Schulter- und Armmuskeln pressen mit und seine Finger umklammern die Scherengriffe so fest, dass die Handvenen hervortreten.

Eine heftige Anstrengung ist das, seine Gesichtszüge entgleisen zu einer Fratze. Mit der gesamten Körperkraft stößt der Frisör die Schere hinab, doch es gelingt ihm nicht: Die Schere steckt in der Luft über Helenas Kopf fest.

»Wann sprayen Sie endlich?«, fragt Helena mit geschlossenen Augen.

»Jetzt!«, kommandiert der Frisör und mobilisiert seine Kraftreserve. Die Bauch- und Brustmuskeln zittern, er atmet hastig, Schweiß läuft ihm von der Stirn. Er stößt die Schere hinab, die Spitze auf Helenas Dutt gerichtet, aber die Schere bewegt sich keinen Zentimeter. Sie steckt in der Luft über Helena fest.

Wegen der großen Anstrengung erleidet der Frisör einen Krampf in der linken Hand; unwillkürlich strecken seine Finger sich, die Schere entgleitet seinem Griff und poltert auf den Boden.

Helenas Augenlider springen auf.

»Nur ein kleines Missgeschick.«

FÜNFTES KAPITEL
DER FRISÖR MARSCHIERT

1 Kein Leben

Die Angestellte Beate stieg mit beiden Taschen dicht hinter Rita aus dem Taxi und folgte ihr zum Mietshaus. Als sie den Hausflur betraten, öffnete der Hausmeister seine Wohnungstür und versperrte Ihnen den Weg. »Es zieht doch niemand bei Ihnen ein, Fräulein Rae?«

»Nein, natürlich nicht.« Rita drängte sich an ihm vorbei.

»Der Besuch einer Bekannten ist über Nacht nicht gestattet. Nur die engste Familie: Eltern, Geschwister und leibliche Kinder.«

»Ich hab meine eigene Wohnung in Köln«, antwortete Beate spitz und drückte sich mit beiden Taschen ebenfalls an ihm vorbei; der Neugeborene schlief ruhig und war in der dunklen Sporttasche nicht zu sehen.

Es war einundzwanzig Uhr, als beide Frauen die Mansarde betraten. Ohne zu fragen, räumte Beate ein Regalfach frei, indem sie Küchenutensilien unter das Waschbecken schob; die Handtücher und Pflegemittel, die sie mitgebracht hatte, stapelte sie in diesem Fach.

Das Neugeborene schlief.

Rita lag im Wintermantel auf dem Bett. Sie genoss die Betriebsamkeit dieser Frau. Versorgt werden. Nicht alles selbst regeln war angenehm.

»Fertig.«

Die Angestellte Beate stellte die leere Tasche in den Hausflur neben die Mansardentür, schloss die Tür sorgfältig und sah in die Sporttasche hinein: »Der schläft. Am schönsten sind sie, wenn sie schlafen. Auch wenn sie gut essen, ist das nicht ausreichend; Kinder wachsen nur im Schlafen. Übrigens: Können Sie wickeln?«

Rita antwortete nicht. Sie lauschte dem Stimmenklang und beachtete die Worte nicht. Sie war erschöpft und weil für sie gesorgt wurde, dämmerte sie weg.

»Ich könnte Ihnen das Wickeln zeigen, aber der schläft gerade so tief, den will ich nicht stören. Sie stillen bestimmt, das ist praktisch. Fangen Sie bloß nicht mit dem Babypulver an. Hm.« Sie sah sich um. »Die Sporttasche lasse ich hier, dann kann er in Ruhe weiterschlafen. In Ordnung?«

Rita reagierte nicht.

»Stillen ist am praktischsten. Ansonsten muss man die Flaschen auskochen, das ist schon ein Aufstand. Meine Mutter war Hebamme und hat allen Schwangeren geraten: Stillen Sie. Preiswert und einfach. Ihre Brüste haben Sie immer dabei. Benutzen Sie nicht dieses neumodische Zeugs, das ist teuer und voller Chemie.«

Rita schlief im Wintermantel auf dem Bett ausgestreckt. Sie bemerkte nicht, wie die Angestellte die Mansardentür in Schloss zog und das Treppenhaus hinabstieg. Nur der Hausmeister sah den ungebetenen Gast das Haus verlassen. »Meine Ermahnung hat also gewirkt«, murmelte er hinter dem Fenstervorhang und streckte seinen Brustkorb vor.

Rita verließ die Mansarde nicht. Sie hockte in ihrem Schneckenhaus.

Niemand kam die Treppe hoch, um an ihre Tür zu klopfen. Sie hörte schon mal Schritte vor ihrer Mansardentür, aber die bogen zum Wäschespeicher ab.

Sie fühlte sich einsam und sie war ja alleine; das Blag – so nannte sie das Neugeborene – zählte nicht. So nahm sie es wahr. Sie war einsam und in Köln nicht willkommen. Fehl am Platz. Falscher Ort, falsche Zeit. Mit diesem Blag stand ihr nicht mal die Eifel offen.

Warum war sie nach Köln gezogen?

Ihre Selbstzweifel stürmten auf sie ein, die Ablehnungen bei der Stellensuche und die zweideutigen Angebote quälten sie. Ihr wurde klar: Sie hatte alles falsch gemacht. Ihr Leben vertan. Ihre Zukunft versperrt. Ob als Fotomodell oder Schauspielerin, das war jetzt gleichgültig.

Wo sollte sie hin?

Sie versuchte, möglichst viel Zeit im Schlaf herumzukriegen. Morgens stand sie nicht auf; weil es nicht lohnte. Ob das Blag schrie oder nicht schrie, war Rita egal. Sie reagierte weder auf sein Strampeln noch sein Geschrei und ließ das Blag stundenlang brüllen; nur damit sie selbst einschlafen konnte, gab sie dem Blag ein Fläschchen verdünnte Kuhmilch. Als die Frischmilch zu Ende war, rührte sie Milchpulver an.

Nach dem Fläschchen schlief es in seiner Obstkiste ein. Sie zog den Spritzvorhang vor, damit sie das Blag nicht sah. Ihre geschwollenen Brüste packte sie in einen großen BH. Das Blag an die Brust zu nehmen, kam ihr nicht in den Sinn.

Wenn die Aprilsonne durch das Dachfenster stach, lag Rita mit geschlossenen Augen auf dem Bett, sonnte ihr Gesicht und lauschte den Geräuschen im Haus. In der Stadt. In der Welt. Am liebsten hörte sie das Tuten der großen Kähne und reiste mit den Schiffen den Rhein hinab, ließ sich mit der Strömung über die Landesgrenze treiben. Sie sah Rotterdam und Amsterdam; sie roch die Nordsee. Breite Strände und Dämme. Fahrradwege. Viele Kühe. Im Hinterland blühten Tulpen. Wie gerne wäre sie nach Holland gefahren. Zum Tulpenmeer. Fort von Köln. Bis nach Holland. Gerne weiter fort, aber wo war sie willkommen?

Von Fotomodell oder Schauspielerin träumte sie nicht; Rita wollte ins Tulpenmeer.

Das Blag schreckte sie aus ihren Tag- und Nachtträumereien, riss sie aus ihrem Dämmerzustand; es nahm keine Rücksicht. Nach Minuten oder Stunden Geschrei stand Rita auf, wickelte es in frische Handtücher und gab dem Blag eine Flasche. Die Geburtsrunzeln und -flecken waren verschwunden, aber es hatte sein Greisenaussehen behalten: Die kahle Glatze – kein einziges Haar, sie hatte seinen Schädel akribisch abgetastet – und die Stummelohren dominierten, wegen dieser Glatze wirkte der zarte Körper abstoßend und hässlich zugleich.

Rita wusste, dass der Gala-Coiffeur die gleiche Missbildung besaß, denn sie hatte den Anblick seiner Stummelohren für immer gespeichert. Aber der Gala-Coiffeur war für sie gestorben, von dem hatte sie keine Unterstützung zu erwarten. Kein freundliches Wort hatte der für sie übrig. Almosen wollte sie nicht. Auf keinen Fall.

Dass er Unterhalt zahlen musste, kam Rita nicht in den Sinn.

Ein Glatzenmonster mit Stummelohren. Ein ekliges Wesen. Kein schnuckeliger Fratz. Das war ihre persönliche Katastrophe, also verharrte Rita in der Mansarde und dachte oft – weil die Ohrstummel sie erinnerten – an den Gala-Coiffeur. Der kümmerte sich nicht. Der wollte nichts mit ihrem Blag zu tun haben. Dabei war es sein Fleisch. Rita hatte seinen Samen in sich ausgetragen. War das nicht genug?

Das war genug.

An diesem Punkt setzte ihr Verstand aus und sie kam nicht weiter: Neun Monate in ihrem Bauch getragen war genug. Sie hatte ihren Teil erfüllt. Was hatte sie mit dem Blag noch zu schaffen? Nichts.

So vergingen sieben Tage. Am achten Tag waren die Vorräte aufgebraucht, aber Rita verließ ihre Wohnung nicht.

Sterben ist eine Möglichkeit, flüsterten die Wände ihr zu. In den langen Nächten, in denen das Blag wimmerte, flüsterten die Wände eindringlicher und Rita wäre in einer Wohnung mit Balkon auf das Geländer geklettert und gesprungen.

Ihre Mansarde hatte keinen Balkon.

Das Dachfenster war zu schmal.

2 Die Haarbänder

An diesem Abend kriegt der Frisör kein Brot herunter. Er trinkt seinen Pfefferminztee und sieht aus dem Fenster: Der dunkle Innenhof ist unbelebt. Er wird von den hohen Altbauten abgeschottet, kein Lichtstrahl fällt hinein, kein Kind spielt in dieser ewigen Dunkelheit, es gibt nicht mal eine Wäscheleine. Eine Reihe von Fertiggaragen aus Wellmetall steht darin und der Müllcontainer.

Zu seinen Perücken setzt der Frisör sich nicht. Er muss sich auf eine Sache konzentrieren: den Professor entsorgen. Sobald es dunkel ist. Der Transport ist überfällig. Danach wird er Garderobenschrank nass auswischen und trocken wienern.

Ist Helena bei der Polizei gewesen?

Seine linke Hand glüht nach. Ihre Fingerspitzen hatten ihn berührt, als sie ihm die Fotografie ihres Vaters reichte.

Eine dritte Tasse Tee, dann herrscht komplette Dunkelheit im Innenhof. Das gedämpfte Licht einiger Fenster erhellt ihn nicht.

Los!

Der Frisör steigt die Treppe hinab, schließt die Hintertür auf, betritt den Salon. Er schaltet kein Licht an, sondern wartet ab, bis sich seine Augen an die Dunkelheit gewöhnt haben. Dann kontrolliert er den zugezogenen Schaufenster- und Türvorhang. Kein Spalt. Niemand kann von draußen hineinsehen.

Er schnüffelt in die Luft: kein auffälliger Geruch. Er nähert sich dem Garderobenschrank, beschnüffelt ihn: Nichts. Die Plastikhülle hält dicht. Er könnte den Toten noch länger da drinnen aufbewahren und ist versucht, es zu tun, denn ihn graut vor der Leiche. Aber nein, er muss ihn entsorgen; schon morgen könnte die Polizei seinen Salon durchsuchen.

Als er den Schlüssel ins Schloss der Garderobentür steckt, irritiert ihn ein Gedanke: Schaut jemand von draußen herein?

Mit dem Schlüssel in der Hand schleicht er durch die Hintertür, den Hausflur und die Haustür nach draußen; es ist ein wolkenverhangener Abend, zwei Frauen unterhalten sich auf dem Kirchplatz, ein Auto rollt vorüber. Er patrouilliert dreimal am Schaufenster vorbei; vom Bürgersteig kann niemand seinen dunklen Salons ausspähen.

Los.

Erneut steckt er den Schlüssel in die Garderobenschranktür und dreht ihn um: Die schmale Tür schlägt auf und eine Plastiksäule kippt heraus. Der Frisör spürt durch die Säcke hindurch: Keine Spur von Leben drin.

Er stemmt sich gegen die Last und lässt den Toten auf den Fußboden gleiten. Das ist Schwerstarbeit, denn er kann die Plastiksäcke nicht vernünftig fassen. Seine Stirn ist schweißnass, als der Tote ausgestreckt auf dem Salonboden liegt.

Wie seine Gesichtszüge sich verändert haben? Ob die Titusfrisur ihren Schwung gehalten hat?

Der Tote ist zu fest verpackt, als dass der Frisör ihn, um seine Neugierde zu befriedigen, aus den Säcken herausschälen würde. Und er fürchtet sich vor dem Leichengeruch. Bakterien sind überall und ein toter Körper ist diesen Eindringlingen ausgeliefert. Wiederholt schnuppert der Frisör an der glatten Hülle: Noch dringt kein Geruchsmolekül durch die Plastiksäcke.

Er umfasst den Hinterkopf des verhüllten Leichnams, hebt den Körper an und zerrt ihn durch den Salon und die Hintertür in den Hausflur. Hier pausiert er und sieht zurück: keine Schmierspur. Der Boden glänzt.

Der Frisör zieht die Leiche durch den Hausflur zur Außentür; der Innenhof ist gepflastert. Die Plastiksäcke könnten auf diesem unebenen Boden einreißen.

Soll er einen Teppich unterlegen?

Ach was. Der Frisör zieht den Toten in einem Schwung über die Pflastersteine bis an den Container heran.

Geschafft!

Nun steht er an der halbhohen Mauer neben dem Container und überlegt: Wie schafft er es, den Toten hochzuhieven? An der glatten Hülle gleiten seine Hände ab.

Der Frisör erinnert sich an zwei Rollen Haarband, die er vor Jahren gekauft hat. Er steigt in seine Wohnung und durchsucht sein Vorratszimmer. Im dritten Karton wird er fündig. Er flechtet aus vier Bändern eine Kordel und prüft ihre Festigkeit, indem er sich auf die Kordel stellt und mit beiden Händen zieht. Die hält.

Spiralförmig umwickelt er den Toten von den Füßen bis zum Kopf. Dabei schnürt er die Haarbandkordel so fest, dass das Plastik einzureißen droht. Vorsicht! Er wickelt die Kordel wieder ab und bindet sie locker um den Körper. Dann packt er den Toten an der Kordel und wuchtet den Toten in einem kraftvollen Schwung auf die halbhohe Mauer. Fast rutscht der Tote wieder herab, weil Karls Beine sich in der Hüfte nicht anwinkeln lassen. Zum Glück halten die Gesäßbacken den Toten auf der Mauerkante.

Der Frisör erklettert die Mauer, fasst die Kordel und hebt und schiebt und drückt den glatten Körper zentimeterweise an der Containerwand hoch, bis die Leiche über die Metallwand kippt und hineinstürzt. Der fällt nicht tief, denn der Container ist zu zwei Dritteln gefüllt.

Geschafft!

Der Frisör besieht seine Hände: keine Spur von Blut, Hirnwasser oder gelbem Schmand. Er riecht an den Fingern: rostiger Metallgeruch. Kein Leichengestank. Er schaut zurück: Der Transportweg ist sauber geblieben.

Was wird mit dem Professor geschehen?

Der Container wird in der Deponie umgefüllt, das ist sicher, und auch, dass Hausmüll nicht nur in Köln verbrannt, sondern exportiert wird. Ein grenzüberschreitender Müllhandel ist ausgebrochen. Ob der Professor in Süditalien verbrannt wird? Kein Neapolitaner schaut genauer hin, ein Toter im Müll bewegt dort gar nichts. Wer legt sich in Italien ohne Not mit der Mafia an? Jeder Müllwerker sieht großzügig über eine Leiche hinweg; der Tote wird verbrannt und produziert elektrischen Strom.

Ob dieser Strom nach Deutschland exportiert wird?

3 Frische Luft

So vegetierte Rita mit ihrem Blag vor sich hin und verließ ihre Mansarde nicht.

Am zehnten Tag nach seiner Geburt, das war der 8. April 1956, klopfte es an ihrer Tür. Leise. Laut. Sehr laut. Das Klopfen war durch die Bettdecke, die sie über ihren Kopf gezogen hatte, nicht zu überhören.

Rita öffnete die Tür.

Die Kellerfriseurin stand im Hausflur. Sie trug keinen Frisierkittel, das kam Rita komisch vor, denn sie hatte die Kellerfriseurin nur in ihrer Berufsuniform gesehen. Sie trug einen cremefarbenen Popeline-Mantel, der leuchtete in das dunkle Mansardenzimmer hinein. Ihre Haare waren frisch toupiert.

Ehe die Besucherin ein Wort sprach oder begreifen konnte, was ihr geschah, fiel Rita in ihre Arme und schluchzte.

Die kleinere Kellerfriseurin hielt den Oberkörper tapfer umschlungen, denn aus Rita brachen Elendswogen hervor. Ihr Leid der letzten Tage. Ihre Einsamkeit. Ihr Todeswunsch. Sie wollte nicht mehr leben, nein, nein.

Die gute Seele stand in der offenen Mansardentür und tröstete Rita, die hemmungslos in den Popeline-Mantel schluchzte.

Unten im Hausflur klappte eine Tür. Eine zweite Tür.

Eine Stimme rief: »Iss wat?«

Eine zweite Stimme: »Wat iss?«

Die Kellerfriseurin schob Rita in die Mansarde hinein; die löste sich vom Popeline-Mantel und fiel aufs Bett.

Die Kellerfriseurin schloss die Tür, öffnete das Fenster, stemmte ihre Hände in die Taillen und sah sich um: ein Tohuwabohu von Kleidungsstücken und verkrumpelten Handtücher. Auffällig viele Handtücher. Schmutziges Geschirr stapelte sich zwischen aufgerissenen

Lebensmittelpackungen, Modezeitungen und Werbeprospekten.

Die Kellerfriseurin sah das Baby nicht, denn die Obstkiste stand unterm Waschbecken und der Spritzvorhang war vorgezogen. Sie setzte sich auf den Bettrand, ergriff Ritas Hand und sprach einzelne Sätze. Wie gestanzt. »So geht das nicht.« Pause. »Was ist los?« Pause. »Was ist geschehen?« Pause. »Es muss weitergehen.« Sie endete mit: »Reiß dich zusammen!«

Rita hielt ihr Gesicht ins Kopfkissen gedrückt und wimmerte bloß.

Da zerriss ein dünner Schrei die stickige Luft. Die Kellerfriseurin sprang auf und fand das Neugeborene sofort. Sie bückte sich, hob es hoch; es schrie lauter und strampelte. Das Handtuch fiel herab, es war nackt.

Sie betrachte es eingehend, legte es auf ihren Schoß und strich dem Baby über den Schädel.

»Was für ein goldiger Fratz.«

Da ging Rita das Herz auf: Die Kellerfriseurin fand das Blag goldig. Diese Frau hatte noch nie gelogen. Warum sollte sie jetzt lügen? Sie hatte »goldiger Fratz« gesagt.

Rita spähte unter halbgeschlossenen Augenlidern hervor: Die Kellerfriseurin streichelte den Babyschädel und das Blag strampelte mit Armen und Beinen.

In diesem Moment sah Rita ein Licht am Ende des Tunnels. Dann verlöschte das Licht, die Dunkelheit gewann und sie war in ihrer Aussichtslosigkeit gefangen. Was sollte sie mit diesem Blag in Köln? Sie schluchzte los.

»Hab´s dir gesagt!«

Rita nickte innerlich. Die Kellerfriseurin hatte recht: Alleine mit einem Baby in Köln zu leben war eine Unmöglichkeit.

Die Kellerfriseurin griff nach einem Handtuch, wickelte es darin ein und legte es in die Kiste zurück.

Der goldige Fratz schrie nicht los.

»Wir räumen erst mal auf. Solange er ruhig ist. Ach, was für ein goldiges Kerlchen.« Der Kellerfriseurin fiel es sichtlich schwer, den Blick von dem Kleinen zu lösen. »Los geht´s. Wir bringen die Bude auf Vordermann. Wär ja gelacht, wenn zwei gestandene Frauen nicht …«

Sie zog ihren Mantel aus, hängte ihn an den Garderobenhaken und krempelte die Ärmel hoch: »Erst mal sortieren und den Müll runterbringen. Los, steh auf. Keine Müdigkeit vorschützen. Schlafen kannst du in der Nacht.«

Rita schleppte sich aus dem Bett.

»Zieh dir was Ordentliches an.«

Von diesem Tag an spazierte Rita mit dem Blag regelmäßig in der frischen Luft, weil die Kellerfriseurin es befohlen hatte. Zweimal am Tag – vor sieben und nach einundzwanzig Uhr – trug sie ihren goldigen Fratz die fünf Etagen hinab, denn zu diesen Zeiten war das Treppenhaus leer.

Der April im Jahre 1956 war kühl und Rita huschte mit dem Kinderwagen – den hatte die Kellerfriseurin von einer Bekannten geborgt – durch die Straßen. Sie mied den Kölner Dom. Sie mied die Kirchen; sogar am Sonntag besuchte sie keinen Gottesdienst.

Meistens spazierte sie am Rhein entlang und beobachtete die Schiffe. Wie gemächlich die vorüberzogen. Die schnellen Kähne flussabwärts, die langsamen kämpften gegen den Strom. Flussabwärts fahren. Davon träumte Rita. Das war das Licht am Ende des Tunnels: alleine fortfahren. Am Rhein setzte sie sich oft auf eine Bank, ihre Gedanken folgten den großen Kähnen. Fuhren die bis nach Amerika?

»Du kannst deinen Sohn weggeben«, hatte die Kellerfriseurin gesagt; ihr nicht dazu geraten, nein, sie hatte es als eine Möglichkeit aufgeführt, aber sofort hinzugefügt: »Ich könnte so einen goldigen Fratz nicht weggeben.«

Rita fand das Blag nicht goldig. Sie konnte es weggeben; das Blag war eine Last. An jedem Tag versorgte sie es vierundzwanzig Stunden lang; wenn es schlief, putzte oder kochte sie. Oder sie schlief ebenfalls, bis das Geschrei sie weckte.

Rita versorgte ihn regelmäßig, aber handelte automatisch. Sie tat, was notwendig war: Flasche reichen, säubern, wickeln; Flasche reichen, säubern, wickeln. Jeden Tag und jede Nacht mehrmals der gleiche Trott.

»Du musst dich entscheiden. Und du musst ihn beim Amt anmelden; einen Vornamen braucht es dafür.« Hatte die Kellerfriseurin gemahnt.

Ihre Worte klangen in Ritas Ohren nach: Es braucht einen Vornamen. Sie wusste keinen Einzigen, der passte. Wie sollte ein solches Glatzenmonster heißen?

Die Kellerfriseurin beharrte darauf, dass Rita finanzielle Unterstützung erhielt. Der Vater muss zahlen, so war das geregelt. Keine Diskussion. Für diese Art Vergnügen zahlten die Männer ein Leben lang.

In dieser Nacht träumt der Frisör einen Alp: Auf den Schultern einer Jubelmenge reitet Helena zum Frisurenolymp, dessen Eingangstor von einem Spiegel bewacht wird. Vor dem Spiegel verwandeln sich Helenas Haare zu einem Medusenhaupt und ihre Beine zu deformierten Stumpen. Sie liegt auf dem Boden, strampelt und jammert, tritt mit den Beinstumpen gegen das Tor, reißt ihre Schlangenhaare einzeln aus, aber die Schlangen zerfallen in ihrer Hand und die Torflügel öffnen sich nicht. Als ihr letztes Schlangenhaar ausgerissen und ihr Kopf völlig kahl ist, erwacht der Frisör schweißnass.

Er kann nicht mehr einschlafen.

Wann kommt Helena?

Er befürchtet das Schlimmste: Helena ist von der Severinsbrücke gesprungen, ihr kalter Körper treibt im Rhein stromabwärts, schleift über den Grund oder dümpelt bereits in der Nordsee.

Der Frisör dreht sich im Bett hin und her, er kommt nicht zur Ruhe. Am Morgen sitzt er lustlos am Frühstückstisch und isst nichts. Nippt an seinem Kaffee. Obwohl der Professor entsorgt ist.

Wann kommt Helena? Ist sie zur Polizei gegangen? Werden die Uniformierten …? Er hasst diese Gedankenspirale; die ganze Nacht hat diese Reihenfolge – der erste Gedanke gebiert den zweiten, der zweite den dritten, der dritte den ersten – ihn gequält und bedrängt ihn beim Frühstück immer noch. Wie soll er völlig übermüdet den Arbeitstag überstehen?

Punkt Neun schleicht er in seinen Salon, öffnet die Tür, zieht die Vorhänge beiseite und frisiert im Dreivierteltakt. Das ist im Frisiergeschäft kein Musiktakt, sondern bedeutet: drei Kunden pro Stunde.

Sobald die Türglocke klingelt, schießt sein Blick zum Saloneingang: Kommt Helena? Stürmen Uniformierte herein? Sie werden jeden Winkel durchsuchen und in seinem Garderobenschrank fündig. Obwohl er den Schrank dreimal ausgewischt hat: mikroskopische Spuren bleiben.

Wer wird sich um seine Perücken kümmern, wenn er in einer Gefängniszelle verkümmert?

Der Tag vergeht im Dreivierteltakt, kein Uniformierter und keine Helena betreten den Salon. Je mehr seine quälende Angst schwindet, umso stärker sehnt er sich nach Helena.

Ob ihr die Seelenfrisur hilft?

Der Frisör reinigt die Ablagen und fegt den Boden, als die Türglocke schrillt. Seine Augen schießen zur Tür: Der Punker betritt den Salon.

»Nein!« Mit dem Besen stellt der Frisör sich dem Eintretenden entgegen: »Keine Tiere in meinem Salon. Absolutes Tierverbot! Keine Hunde, keine Katzen, auch keine …«

»Nicht doch, Mann«, betont langsam zieht der Punker seine Jacke aus – keine Ratte springt den Frisör an.

»Wo ist ihr … hm … Tier?«

»Keine Panik, Mann.«

Der Frisör schnuppert. Riecht der Kunde nach Moschus? Ratten werden diese Welt erobern, das weiß der Frisör, denn sie vermehren sich unkontrolliert. Noch verbergen sie sich in der Kanalisation.

Bloß keine Ratten in seinem Salon.

»Candie wartet zu Hause auf mich.« Der Punker wirft die Jacke auf die Polstercouch und sieht sich um: »Coole Fotos, Mann«, er zeigt auf die Helena-Fotografien. »Diese Frau kenn ich. Die wohnt bei mir in der Straße.«

Der kennt Helena? Wie ein Blitz verschwinden die Ratten aus den Gedanken des Frisörs: »Wie geht es ihr?«

»Die redet nicht mit jedem. Auf jeden Fall nicht mit mir. Die trägt jetzt `ne neue Frisur, wie die hier«, er zeigt auf das seitliche Lockenbouquet. »Sieht echt wouw aus. In Wirklichkeit noch schicker als auf diesem Bild.«

»Wann war das?«, schießt der Frisör hervor.

»Nicht so hastig, Mann. Wann war was?«

»Wann haben Sie Helena zuletzt gesehen?« Bewusst langsam betont der Frisör jedes Wort.

»Helena heißt die? Komischer Name.«

»Das ist nicht ihr wirklicher Name, das ist, äh, mein Name für Sie.«

»Sie sind wohl ein Alleskönner, Mann. Nicht nur Haare frisieren, auch Namen verteilen. Ist das ihr Model oder sind Sie«, der Punker sieht ihn mit einem merkwürdigen Lächeln an, »verliebt oder was?«

Der Frisör stellt den Besen schweigend in eine Ecke.

»Egal, nicht meine Sache.«

»Sie haben recht. Helena ist mein Frisurenmodell«, sagt der Frisör. Er braucht sich vor dem Punker nicht zu rechtfertigen, aber es drängt ihn dazu.

»Für mich sieht die nicht wie ein Modell aus. Eher ein Sekretärinnentyp. Flott und alles im Griff. Aber wie gesagt, Mann: Nicht meine Sache. Also Ihr Frisurenmodell«, der Punker zeigt auf die Helena-Abzüge an den Wänden. »Respekt. Toll frisiert. Das ist hohe Kunst. Ich verstehe gar nicht, wie so etwas funktioniert: Fotografien frisieren. Sieht verdammt cool aus.«

»Bitte schön: wie geht es ihr?«, fragt der Frisör mit drängendem Unterton.

»Hab ich doch gesagt, Mann. Die spricht nicht mit jedem. Und nun«, der Punker setzt sich auf Marianne, »los, Mann.«

Der Frisör legt dem Punker den Umhang über, bindet das Halsband ums Nackenpapier, streicht über die Mittelbürste, dringt zwischen den Haaren zur Kopfhaut vor und spürt via Haarwurzeln in den Kopf hinein: Eine tiefgraue Angst verdüstert die Stammganglien. Der Punker steht unter gewaltigem Druck.

»Sie tun mir leid.«

»Wieso, Mann?«

»Sie durchleben gerade eine harte Zeit.«

»Woher wissen Sie das?«

»Spricht sich herum«, sagt der Frisör leichthin.

»Meine Sorgen sprechen sich herum?«, der Punker spannt seine Nackenmuskeln an. »Bis in diesen Laden? Das ist doch Oberkacke. Das ist …«, plötzlich klappt der Punker in sich zusammen. »Es stimmt, ich hab echt was am Hals. Ich hab mitgekriegt, wie sie einen abgestochen haben.«

Die Seele hat sich in der Hirnkammer gegen die Wand gepresst. Sie ist grau verhüllt und bewegt sich nicht.

»Nur zugesehen?«

»Natürlich, Mann; so vier Uhr morgens bin in nach Hause, da rannte einer die Straße entlang und zwei hinter ihm her. Ich hab die Straßenseite gewechselt, da haben sie ihn abgefangen und in einen Hauseingang gezogen. Die haben auf ihn eingestochen, ich konnte es genau sehen und hörte auch einen Schrei, dann war es still. Die zwei waren´s, die wohnen hier in Ehrenfeld. Die sind darauf aus, mir die Schuld in die Schuhe zu schieben.«

»Wann war das?«, fragt der Frisör. »Von einer Messerstecherei habe ich nichts gehört.«

»Ist auch besser so. Fiese Typen, denen will ich nicht begegnen. Mein Anwalt hat gesagt …«, der Punker reibt sich die Stirn, redet nicht weiter.

»Was denn?«

»Deswegen bin ich hier, Mann. Eine ordentliche Frisur. Ist nicht auf meinem Mist gewachsen«, der Punker fasst sich in die Haar, als wolle er sicherstellen, dass seine Mittelbürste da ist. »Mein Anwalt hat mir eingeschärft: Du musst vor Gericht ordentlich aussehen.«

»Ich schlage Ihnen gerne eine passende Frisur vor.«

»Machen Sie, Mann. Mir doch egal. Schneiden Sie mir eine andere Frisur. Irgendwas Langweiliges. Sie wissen, was den Richter beeindruckt. Her damit. Ich will keinen Stress kriegen; hab schon genug.«

Dem Punker eine Langweilerfrisur schneiden ist eine Kleinigkeit, aber der Frisör will der Punkerseele helfen.

Erneut nimmt er Seelenkontakt auf, erfasst die Bereiche hoher Gehirnaktivität und markiert mit dem Kamm die Seelenscheitel auf dem Punkerkopf. Dann tritt er zurück und imaginiert eine Reihe von Herrenfrisuren; er findet keinen klassischen Herrenschnitt, der zu den Seelenscheiteln passt.

Der Frisör entscheidet sich für einen asymmetrischen Kurzhaarschnitt – ein gewisser Pfiff darf bei Behörden sein – und beginnt sein Werk: Kämmt die Haare gründlich durch, vergleicht die Länge der Seiten- und Nackenhaare mit der Mittelbürste. Schneidet, im Nacken beginnend, die Haare in Höhe der geplanten Konturlinie ab. Zieht einen schrägen Seitenscheitel.

Die Eingangstür öffnet sich.

Sein Blick fliegt zur Tür. Kommt Helena?

Der Gentleman tritt ein. Was will dieser geschniegelte Kerl – schwarzer Anzug, weißes Hemd und Lackschuhe – schon wieder? Der war letzte Woche hier. An seinem Façon gibt es nichts nachzuschneiden.

»Sind Sie versteinert?«, fragt der Gentleman.

»Entschuldigen Sie bitte, ich war in Gedanken«, der Frisör weist auf die Couch. »Heute müssen sie warten.«

»Oh, das ist mir recht«, antwortet der Gentleman im süffisanten Ton. Er bleibt neben dem Garderobenschrank stehen und sieht zum Schaufenster hinaus. Der Frisör folgt seinem Blick: Passanten gehen über den Kirchplatz, Lindenblätter tanzen im Wind. Der Gentleman sieht zur Häuserreihe hin, die den Kirchplatz linker Hand begrenzt.

Der wartet auf das Signal des Lehrlingsmädchens. Trotz der Distanz fühlt der Frisör mit dem Gentleman mit: Unsagbar, wie er diesen Lüstling hasst.

»Machen Sie schnell. Ich will weg, Mann«, zischt der Punker, umklammert die Lehnen und spannt die Nackenmuskeln an. Seine kurzen Härchen stellen sich auf.

Offensichtlich mag der Punker den Gentleman nicht.

»Eine ordentliche Frisur verträgt keine Eile«, antwortet der Frisör, komplettiert den schrägen Seitenscheitel, kürzt die Mittelbürste, kämmt sie flach aus. Als er die Seitenhaare schneidet, tritt der Gentleman an ihn heran: »Es ist soweit. Ich muss los und brauche das Haarwasser. Jetzt.«

Unverschämter Kerl. Der Frisör erinnert sich, wie vor einer Woche die Hirnrinde des Gentleman flackerte und seine geschwollene Hirnanhangsdrüse tiefrot leuchtete. Gern würde er diesem Lüstling eine Frisur verpassen, die seine Triebkraft lähmt.

»Was soll das?«, bellt der Punker. »Sehen Sie nicht, dass der Friseur mit meinen Haaren beschäftigt ist?«

»Meine Haare sind wichtiger.«

»Ihre Lackaffenhaare«, der Punker lehnt sich zurück, »sind ein Scheißdreck.«

»Ach was«, antwortet der Gentleman und wendet sich an den Frisör: »Das Haarwasser und zwar sofort.«

Dem Frisör kommt ein Gedanke: Dies ist ein günstiger Moment, den arroganten Kunden loszuwerden: »Sie müssen sich gedulden. Ich will Ihnen sowieso eine neue Frisur vorschlagen. Der Façonschnitt passt nicht.«

»Blödsinn. Der Façonschnitt ist perfekt«, der Gentleman schnappt sich das Haarwasser von der Ablage, entleert eine kräftige Portion in seiner Hand und verteilt den Duft auf seinem Kopf. »Dieses Haarwasser ist das einzig Gute in diesem Gruselkabinett.« Er hält das Fläschchen gegen das Licht. »Schade. Fast leer. Schütten Sie wohl jedem Gammler auf den Kopf.«

Der Gentleman lässt das Fläschchen in seine Jackentasche gleiten.

Der Frisör kann nicht sagen, wie sehr er diesen Egoisten hasst.

In der Tür stößt der Gentleman mit der Zeitungsbotin zusammen: »Hoppla. Noch eine ins Gruselkabinett. So eine wie Sie hat gerade noch gefehlt.«

Fort ist der Gentleman.

Jasmin Haubensteg tritt in den Salon: Bauchnabelfreier Pullover und hautenge Leggins; ihre Haare hängen schwer herab und ihre Unterlippe ist geschwollen. Ist sie gestürzt? Sie trägt Zigarettengestank in den Salon.

Was will sie ohne Zeitung hier?

Automatisch formuliert der Mund des Frisörs die Begrüßungsformel: »Bitte, die Dame, was kann ich für Sie tun?«

Jasmin nuschelt Unverständliches und sieht ihn dabei nicht an. Obwohl ihre Augenpartien stark geschminkt sind, fällt ihm auf, dass ihr rechtes Auge blau unterlaufen ist.

»Ich brauche …« Sie sieht sich im Salon um.

Was denn, will der Frisör fragen, aber sein Gefühl stoppt ihn.

»Sie sehen doch«, der Frisör zeigt auf den Punkerkopf, »ich hab keine Zeit.«

»Kein Problem, ich warte.«

Sie gähnt vernehmlich und reckt sich. Dann fällt sie auf die Couch, ihr Kopf kippt nach hinten, ihre langen Haare breiten sich wie ein Strahlenkranz auf dem Polster aus. Ein imponierender Farbkontrast: ihre nordischblonde Haarpracht auf dem dunkelbraunen Stoff.

Sie starrt gegen die Decke.

Der Frisör reißt sich von Jasmins Haaren los und konzentriert sich auf den Punker. Kaum setzt er die Schere an, schrillt die Türglocke.

Ein Uniformierter betritt seinen Salon.

Der Frisör taumelt drei Schritte zurück, stößt gegen die Wand, seine Schere poltert auf den Fußboden: Es ist soweit. Der Uniformierte wird ihn verhaften: vergitterte Zelle, Brot, Wasser und endlose Verhöre.

5 Zum Gala-Salon

Am frühen Morgen spazierte Rita am Vater Rhein entlang. Ein Kahn stieß einen tiefen Ton aus, der dröhnte bis in den Kinderwagen hinein und das Blag schrie los. Es war extrem hellhörig, das hatte Rita mehrmals beobachtet. Tiefe Töne ängstigten ihn, das leiseste Vogelgezwitscher beruhigte ihn.

Die letzte Nacht war schrecklich gewesen. Fünfmal hatte er geschrien und nichts getrunken. Den Nuckel abgelehnt und geschrien. In den wenigen stillen Stunden hatten Rita ihre finanziellen Sorgen gequält; die zweihundertfünfzig Mark des Gala-Coiffeurs waren aufgebraucht und sie war dem Ratschlag der Kellerfriseurin nicht gefolgt: Der Vater muss zahlen. Sie verriet nicht mal, wer der Vater war.

Rita brauchte dringend Geld.

Unbewusst schlug sie den Weg zum Heumarkt ein; sie schob den Kinderwagen flott über das Kopfsteinpflaster, das Rütteln beruhigte das schreiende Blag. Sie kreuzte den Heumarkt, der Berufsverkehr hatte eingesetzt, die Fußgänger überholten sie, ein Radfahrer wich im letzten Moment ihrem Kinderwagen aus: »Landpomeranze.«

Dieses Wort weckte in Rita eine Erinnerung und sie fasste einen Entschluss: Der Gala-Coiffeur war der Schlüssel zu ihrem Unglück. Er hatte sie in diese Situation gebracht. Er lähmte sie. Er belastete sie mit dem Blag. Fleisch von seinem Fleisch. Er peinigte sie wissentlich oder unwissentlich, das war egal. Er war schuld an ihrer Misere und zerstörte ihre Zukunft. Er lebte sein Leben, aber sie nicht ihres. Auch nicht Seins. Sie existierte in einer Art Schwebezustand ohne Hoffnung und Boden. Kein Licht am Ende des Tunnels.

So oder so.

Ja oder Nein.

Sie wollte klare Verhältnisse schaffen. Nahm er das Blag? Oder war sein Sohn ihm gleichgültig? Sie war ihm egal, das war Rita klar; zumindest traute sie sich nicht, etwas anderes zu hoffen, aber theoretisch gab es diese Möglichkeit: Der Gala-Coiffeur und sie. Ein Paar.

Rita bog um die letzte Ecke und sah den Salon. Dunkle Schaufensterfront. Es war fünf Minuten vor sieben Uhr. Zu früh für einen Friseurbesuch. Um Sieben wird gefrühstückt oder geduscht oder im Badezimmer das Haar hochgesteckt.

Rita stand mit dem Kinderwagen vor dem Gala-Salon. Völlig andere Frisuren, sieh an. Der kurze Bob in der ersten Reihe sah nicht aus. Welche Frau mochte so was tragen? Wo waren die Glamourfrisuren geblieben?

Diese sportlichen Frisuren waren für Ritas Geschmack zu knapp und zu glatt. Keine üppigen Locken. Keine verspielten Wellen. War eine neue Haarmode ausgebrochen? Rita sah nur einen Chignon, der versteckte sich hinter einer Säule. Keine einzige Flechtfrisur.

Sie fuhr mit den Fingern durch die Haare und betrachtete ihre Spiegelung im Schaufenster: Sie musste ihre Haare waschen, schneiden und legen lassen. Sich pflegen. Das war überfällig.

Im nächsten Moment waren Rita ihre eigenen Haare herzlich egal. Keine zusätzlichen Pflichten, sie wollte nicht glänzen und niemanden beeindrucken. Ihr Leben würde sich nicht ändern, ob mit gewellten oder glatten, toupierten oder unfrisierten Haaren. Ihr Leben mit dem Blag war schwer.

Das schlief.

Im Angesicht des Gala-Salons hasste Rita das Wesen im Kinderwagen. Das ihren Alltag beherrschte. Dieser Hass überfiel sie vehement. Sie liebte das Blag nicht, sie wollte es loswerden. Wie die Kellerfriseurin gesagt hatte: Weggeben war eine Möglichkeit. Fort mit dem Blag. Am liebsten sofort.

Plötzlich sah sie ein Licht am Ende des Tunnels; der helle Schein wies ihr den Weg in eine Zukunft – für die es sich zu leben lohnte.

Den Kinderwagen in den Saloneingang stellen?

Warum nicht?

In diesem Moment läuteten Glocken, vom Kölner Dom oder einem anderen heiligen Gebäude.

Rita schob den Kinderwagen an die Salontür heran, ließ den Griff los und trippelte drei Schritte zurück. Einen vierten Schritt. Sah den Bürgersteig hinauf und hinunter.

Nichts geschah.

Einen fünften Schritt.

Nichts geschah.

Sie drehte sich um und schlenderte an einem Fahrradgeschäft und einem Blumenladen vorbei. Blieb stehen und sah zurück.

Der blaue Kinderwagen stand vierzig Meter von ihr entfernt. Im Eingang des Gala-Salons. Unmittelbar vor der Glastür. Diese Tür war durch den Kinderwagen versperrt und um sie zu öffnen, musste man ihn bewegen.

Rita fühlte sich erleichtert: Ab sofort hatte sie nichts mehr mit dem Blag zu tun. Der Vater war dran.

Sie schlenderte weiter: eine Boutique. Ein Fotostudio.

Wenn dem Blag etwas zustieß? Wenn sich niemand um ihn kümmerte?

Der Vater war dran. Rita zwang sich, nicht zurückzusehen und spazierte vom Gala-Salon fort.

Eine Bäckerei.

Die Brötchen in der Auslage sprangen sie förmlich an. Rita verspürte einen großen Appetit; das erste Mal seit der Geburt, dass ihr Magen nach Essen gierte. Ohne Rücksicht auf ihre knappe Kasse kaufte sie zwei Brötchen, setzte sich auf eine Bank, aß mit krachendem Appetit und beobachte aus sicherer Entfernung den Gala-Salon.

Ob das Blag schrie? Der blaue Kinderwagen stand wie ein Block im Saloneingang und zitterte nicht. Dieser

Fremdkörper passte nicht dorthin. Nicht neben die sportlich-knappen Frisuren.

Sollte sie warten?

Der Salon öffnete um Neun und jetzt war es zwanzig nach Sieben. In einer Stunde und vierzig Minuten konnte viel passieren.

Ach was. Nicht ihre Sache. Warum hier warten? Worauf warten? Was konnte ihm geschehen?

Das Blag schrie oder schrie nicht. Das änderte nichts. Das Geschrei würde den Kinderwagen nicht verschieben.

Warum ging sie nicht fort, um ihr eigenes Leben zu beginnen? Dieses Blag gehörte nicht zu ihr.

Rita entschloss sich, aufzustehen, aber ihr Körper blieb auf der Bank sitzen.

Sollte sie sicherheitshalber warten, bis der Gala-Coiffeur kam? Warum? Welche Sicherheit erreichte sie damit?

Oder wollte sie sehen, wie der Vater reagierte? Sein Leugnen war zwecklos, die Stummelohren werden seine Vaterschaft entlarven. In diesem Moment war Rita heilfroh, dass das Blag die gleiche Missbildung besaß. Der augenfällige Beweis: Vater und Sohn; Fleisch von seinen Lenden entsprungen. Der Same des Gala-Coiffeurs war in ihrem Bauch gewachsen. Sie hatte den Samen ausgetragen, das war mehr als genug.

Rita wartete.

Passanten und Fahrräder. Einige Autos.

Sie wartete.

Spaziergänger mit Schäferhund. Eine Gruppe Jugendlicher. Eine Frau mit Kinderwagen.

Rita behielt den Saloneingang im Blick.

Zehn Minuten vor Neun. Sie schaute die Straße herauf und herunter. Kein Gala-Coiffeur. Um pünktlich zu öffnen, musste er jeden Moment erscheinen. Sie beschirmte ihre Augen und spähte die Straße entlang: kein Gala-Coiffeur.

In ihrem Eifer übersah Rita, dass die Salontür gegen den Kinderwagen gedrückt wurde. Erst als der Kinderwagen halb auf dem Bürgersteig stand, sah sie den Gala-Coiffeur im Saloneingang stehen. Seine angewinkelten Arme stemmten sich gegen die Tür, das war eine ungewöhnliche Pose, ansonsten sah er wie immer aus: Silbermähne, schwarzes Stirnband, taillierter Frisierkittel.

Eine Frau trat aus dem Salon und schob sich an ihm vorbei. Diese Frau hatte Rita noch nie im Gala-Salon gesehen: Eng anliegender Kurzhaarschnitt über lachsfarbenem Hosenanzug, der um ihre dünnen Glieder schlackerte. Eindeutig zu mager für einen Hosenanzug.

Diese Frau stand neben dem Kinderwagen und sah die Straße herauf und herunter. Dann beugte sie sich vor, ihr Kopf ruckte herab, um in den Kinderwagen zu schauen; ihre Pixie-Haare schwangen nicht mit, sondern klebten auf ihrem Kopf.

War das seine Ehefrau? Leider konnte Rita ihre Gesichtszüge auf die Entfernung nicht erkennen. Was sah sie so lange in den Kinderwagen hinein? Schrie das Blag?

Die Frau richtete sich auf und schien etwas zu fragen, denn der Gala-Coiffeur schüttelte seinen Kopf. Nicht einmal, sondern mehrmals und heftig. Als wollte er sich von jedem Übel befreien. Dann verschwand der Gala-Coiffeur im Salon.

Die Frau sah in Ritas Richtung, in die andere Straßenrichtung; beugte sich erneut über den Kinderwagen und ihr Kopf ruckte vor. Dann griff sie mit einer Hand hinein. Ritas Herzschlag beschleunigte. Diese Frau wird das Blag hinausnehmen und dabei, ob versehentlich oder absichtlich, die Mütze entfernen. Beim Anblick der Stummelohren wird sie die Wahrheit erkennen. Das wünschte sich Rita auf der Bank vor der Bäckerei und stierte zum Gala-Salon.

»Darf ich?« Ein älterer Mann, schwarze Hornbrille und graufleckiger Wintermantel, stand neben Rita.

»Selbstverständlich.«

Was sollte die Frage? Sie hatte sich an den Rand der Bank gesetzt und genügend Platz gelassen; der ältere Mann setzte sich mit einem Keuchen. Der roch säuerlich.

Normalerweise wäre Rita aufgestanden und gegangen, aber sie glotzte zum Gala-Salon: Die Hosenanzugfrau hatte sich ohne das Blag aufgerichtet. Sie schaute in Ritas Richtung, in die andere Straßenrichtung, dann drehte sie sich zum Salon. Fragte sie etwas?

Das durfte nicht sein. Rita war drauf und dran, aufzustehen, als die Frau den Kinderwagen packte, nach einigen Versuchen die Fußbremse löste und den Kinderwagen nicht in den Salon zog, sondern auf den Bürgersteig schob. Dort drehte sie ihn, rollte ihn vor das benachbarte Fahrradgeschäft und ließ den Kinderwagen stehen, ohne die Bremse anzuziehen.

Die Hosenanzugfrau verschwand im Gala-Salon.

Der Frisör bückt sich nach der Schere, um Zeit zu gewinnen. Als er hochsieht, lächelt der Uniformierte ihn an.

Der Frisör richtet sich auf.

Der Uniformierte tritt näher an ihn heran und holt etwas Glänzendes aus seiner Uniformtasche. Sind das Handschellen? Nein, es ist eine silberne Kette mit einem runden Anhänger.

»Darf ich?«

Diese Stimme kennt der Frisör! Jetzt zittern dicke schwarze Haare aus der Nase hervor und verraten ihm: Das ist der Soldat! In schicker Ausgehuniform, mit taillierter Jacke, polierten Schuhen und schmaler Kappe auf dem Haupt.

»Ich hoffe, ich störe nicht?«

»Sie stören, Mann«, wirft der Punker ein.

»Entschuldigung. Dauert nur einen kurzen Moment«, sagt der Soldat.

Der Frisör nimmt eine Kette aus der kräftigen Soldatenhand entgegen, ihre Silberglieder sind für seinen Geschmack zu grob gearbeitet. In dem runden Anhänger kreuzen sich Kamm und Schere. Dieses Motiv erinnert den Frisör an seine Kindheit: Genau so ein Kreuz war auf die Tür zum Kellersalon gemalt, in der Nähe ihrer ersten Wohnung. Das war ein Dachzimmer gewesen; der Frisör kann sich an den kräftigen Hausmeister und einen lustigen Nachbarn erinnern. Wegen dieses Nachbarn waren sie weggezogen.

»Vielen Dank. Es ist sehr hübsch und erinnert mich an meine Kindheit. Danke schön.«

»Freut mich, freut mich. Wissen Sie, der Oberstleutnant hat mich nach Niederbayern versetzt. Das wollte ich nicht, aber ich gehorche gerne. Wie ein vorbildlicher Soldat. Das verdanke ich Ihnen.«

»Mir?«

»Ja, ich hab´s sofort gespürt, als ich Ihren Salon verließ: Mein Widerstand war weg. Einfach gehorchen. Nicht dagegen sein. Einfach gehorchen. Das tue ich, seit ich Ihre Frisur trage. Und fühle mich sauwohl dabei.«

»Das ist prima. Bitte schön.« Der Frisör weist auf Walter.

»Wollen Sie mich frisieren?«

»Nein, nein. ich will etwas … äh … überprüfen.«

»Was ist los, Mann? Komm ich auch noch dran?«, meckert der Punker.

»Dauert keine zwei Minuten«, beschwichtigt der Frisör, während der Soldat seine Kappe abnimmt und sich auf Walter niederlässt.

Der Frisör betastet mit beiden Händen den Kopf, seine Fingerspitzen dringen zu den Haarwurzeln vor: Die Soldatenseele paradiert im Stechschritt in den Hirnkammern. Marschiert vom vierten in den dritten Ventrikel. Um die Stammganglien herum. Steht stramm. Dreht um. Paradiert zurück. Der Gehirnbalken, der Mandelkern und der doppelte Ring um die Basalganglien schimmern hellrot.

»Wie fühlen Sie sich?«

»Ich bin zufrieden. Ein beruhigendes Gefühl. Etwa wie … einig mit dieser Welt zu sein. Akzeptieren, wie es ist.«

Der Frisör löst sich vom Kopf und lässt die Haare ein letztes Mal zwischen seinen Fingern gleiten.

»Das war alles?«, fragt der Soldat erstaunt.

»Ja.«

Der Soldat erhebt sich, streicht seine Hosenbeine glatt und setzt die Kappe auf: »Ich gehorche. Ohne Widerwille. Ich gehorche meinem Oberstleutnant. Punktum.«

Er marschiert zur Tür. Stramm rechtsum, grüßt militärisch; linksum, öffnet die Tür, marschiert auf die Straße.

»Alle Achtung«, meint der Punker, »der kann´s.«

Der Frisör sieht dem Soldaten durch das Schaufenster nach; mit jedem Schritt, den der Marschierende sich entfernt, reift im Frisör die Erkenntnis: Seine Frisur hat die Soldatenseele befriedet. Er hat sie ins Glück frisiert. Tief atmet der Frisör in seine Brust hinein: Bei Herrn Wolters ist ihm das auch gelungen.

Hurra, er hat es geschafft: Er kann die Seele umfrisieren. Endlich wird er Mutters Auftrag erfüllen: »Mein Sohn, du wirst die Welt verbessern. Du wirst die Menschen ins Glück frisieren. Das wirst du tun.«

Wird sein Salon zum Mittelpunkt der Welt?

Wird von seinem Salon eine Bewegung in alle Himmelsrichtungen ausstrahlen und die Welt zum Besseren verändern? Sich wie ein Lauffeuer im ausgetrockneten Busch ausbreiten.

Kein Größenwahn. Keine überzogenen Phantasien. Ermahnt der Frisör sich selbst. Bescheiden bleiben und weiter frisieren.

Aber die Welt ist ein ausgetrockneter Busch. Das weiß der Frisör, das spürt er seit Jahren. Die Sehnsucht der Kunden nach Zufriedenheit ist gewachsen: Sie wollen keine ekstatischen Erlebnisse, sondern ein anhaltendes Glück, das ihre Seele befriedet. Nähe und Anerkennung brauchen sie am dringendsten; damit diese gedeihen, müssen die Menschen sich gegenseitig respektieren und nicht bekriegen.

In dieser komplexen Welt fällt es den Menschen schwer, den wahren Quell der Zufriedenheit zu erkennen: Nähe und Anerkennung.

Mit seinen Seelenfrisuren die Welt verbessern, nimmt der Frisör sich vor und auch: Viele Kunden ins Glück frisieren.

Der Soldat ist fort, Jasmin dämmert auf der Polstercouch; der Frisör ergreift Kamm und Schere und schneidet dem Punker einen kurzen Büroschnitt mit asymmetrischer Länge des Deckhaares, schrägem

Seitenscheitel und betonten Koteletten. Beim Frisieren sendet er pure Energie in den Punkerkopf hinein.

»Fertig«, sagt der Frisör.

»Oh je. Mann o Mann. Das sieht wirklich … also krass … ich sehe zu langweilig aus. Geht gar nicht. Meine Freunde werden sich lustig machen«, lamentiert der Punker. »Naja, ist ja nur für eine Zeit. Bis zur Verhandlung. Musste wohl sein. Fällt mir schwer, fällt mir echt schwer, so was Braves zu tragen. Aber mir scheint«, der Punker dreht den Kopf, betrachtet die Seitenpartien seiner neuen Frisur, »dieser Schnitt stimmig zu sein. Danke schön.«

Der Frisör stutzt: Bedankt hat sich der Punker noch nie. Seine Stimme klingt ungewöhnlich dezent.

Sollte diese Frisur bereits auf seine Seele wirken?

Der Punker steht auf, bezahlt und verabschiedet sich höflich.

Der Frisör betrachtet seine Hände, dreht sie hin und her. Inspiziert die Falten der Handinnenseite und die prominenten Venen auf dem Handrücken, bewegt seine Finger wie ein Klavierspieler.

Sind dies die Hände eines Magiers?

7 Vor dem Gala-Salon

Der Kinderwagen stand auf dem Bürgersteig vor dem Fahrradgeschäft. Niemand kümmerte sich um das Hindernis. Die Passanten strömten am Kinderwagen vorbei; eine Vierergruppe teilte sich auf, um an ihm vorbeizukommen.

Der ältere Herr rutschte an Rita heran: »Hätten Sie einen Groschen für mich?«

Rita stand abrupt auf. Sie ließ sich nicht anbetteln. Dieser Mann schien nicht kriegsverletzt zu sein – zumindest waren alle Glieder dran. Keine Granatsplitternarben im Gesicht. Einem Bettler, der hockte in der Schildergasse vor der Kirche, hatten sie den Mund und die Nase weggeschossen. Sein Gesicht war ein einziges Loch; das sah grauslich aus.

»Ich habe Hunger.« Er zeigte auf die Bäckereiauslage.

Helena wurde wütend. Warum bedrängte er sie? Die Straße war voller Menschen. Warum stellte er sich nicht vor die Bäckereitür und hielt die Hand auf? Rita gab Bettlern grundsätzlich nichts.

»Bitte.« Der ältere Mann streckte beide Arme, die Handinnenflächen nach oben gedreht, Rita entgegen. Da sah sie es: Sieben Finger reckten sich nach ihr. Ihm fehlten beide Daumen und ein Zeigefinger. Sie wusste: Ohne Daumen war eine Hand nichts wert. Das war dem Schreiner in der Eifel passiert. Nachdem er den rechten Daumen verloren hatte, musste er seine Werkstatt schließen.

Rita sah zum Kinderwagen, auf die sieben Finger. Sie fühlte sich aufgeweicht und wütend zugleich. Warum bettelte dieser Mann sie an? Warum nahm der Gala-Coiffeur das Blag nicht in seinen Salon?

»Bitte.«

Sein Flehen bestärkte Rita; ihre Barschaft war knapp, jeder andere Passant besaß mehr als sie. Sie schüttelte den

Kopf und schaute wieder zum Gala-Salon: Was sollte sie wegen dem Kinderwagen unternehmen?

Nichts. Einfach weggehen. Das Blag war nicht ihre Sache.

Da beugte der Bettler sich vor; seine Finger zielten auf ihren Bauch.

Rita hastete fort. Zum Gala-Salon. Warum sie ausgerechnet diese Richtung wählte?

Nach wenigen Schritten blieb sie stehen und sah sich um: Der Bettler stand mit gesenkten Armen neben der Bank. Er folgte ihr nicht. Sah ihr bloß nach.

Instinktiv überkreuzte sie Zeige- und Ringfinger, als Schutz gegen den bösen Blick. Dann eilte sie weiter Richtung Gala-Salon. Nach drei Schaufenstern blieb sie erneut stehen.

Warum sollte sie sich kümmern? Sie hatte sich entschlossen, das Blag dem Vater zu übergeben. Basta.

Sie überlegte, die Straßenseite zu wechseln, um unauffällig in einiger Entfernung am Kinderwagen vorüberzugehen. Ob sie hineinsehen konnte? Das Blag erkennen. Ob es schrie oder nicht? Dann erinnerte sie die schlaflosen Nächte, angefüllt mit dem Geschrei; Rita fühlte ihre Erschöpfung und ihre Beine wurden schwer. Nach Hause gehen. Sich hinlegen. Die Augen schließen und den ganzen Tag schlafen. Ohne Geschrei.

Rita drehte sich um und schlenderte zurück. Der Bettler war verschwunden. Sie ging betont langsam bis zur Bank vor der Bäckerei. Sie setzte sich nicht, blieb aber stehen und sah sich um.

Ein Schäferhund beschnüffelte den Kinderwagen, mit Mühe zog der Hundebesitzer das Tier weiter.

Welche Dreistigkeit. Der Gala-Coiffeur kümmerte sich nicht. Die Hosenanzugfrau auch nicht. Die hatte den Kinderwagen sogar weitergeschoben. Wer war diese Frau?

Egal, Rita hatte ihren Teil beigesteuert: Ausgetragen, geboren und mehrere Wochen versorgt. Das war mehr als genug.

Rita marschierte entschlossen vom Gala-Salon fort. Sie ließ die Bäckerei hinter sich und wollte auf kürzestem Weg zu ihrer Mansarde. Da hörte sie ein Geräusch: In einem Hauseingang stand der Bettler ohne Daumen und pinkelte gegen die Wand.

Rita beschleunigte. Nur fort. Das ertrug sie nicht.

An der nächsten Straßenkreuzung blieb sie stehen. Weitergehen? Sie sah zurück: Ein schwarzer Pinscher beschnüffelte den Kinderwagen. Was zog die Köter an? Schrie ihr Blag oder war es der Geruch? Hatte er sich eingenässt?

Rita konnte nicht weitergehen. Die Polizei anrufen? Das Ordnungsamt? Jemand musste sich um das Blag kümmern; wenn nicht der Gala-Coiffeur, wer dann?

Von einer Telefonzelle die Polizei anrufen wäre das Einfachste. Den Gala-Coiffeur anschwärzen.

Rita sah zu, wie die Hundebesitzerin den Pinscher vom Kinderwagen zerrte und war sicher: Der Geruch zog die Hunde an. Na und. Ihr Blag roch. Babys rochen. Das war so.

Oder wackelte der Kinderwagen? Schrie das Blag?

Sie drückte ihren Rücken durch, stellte sich auf die Zehenspitzen und reckte ihren Kopf in die Höhe. Unerhört! Der Gala-Coiffeur hätte sich um das Baby kümmern müssen. Ein Kind aussetzen, wer tat so etwas?

Sie hatte das Blag nicht ausgesetzt. Sie hatte ihn übergeben. Ohne Botschaft, das war ihr anzukreiden; sie hätte einen Zettel an den Kinderwagen kleben müssen. Daran hatte sie nicht gedacht.

Die Mosesgeschichte fiel ihr ein: Ein hilfloses Baby treibt in einem Schilfkorb auf dem Nil. Dieses Baby wird gerettet und reift zum Retter eines ganzen Volkes.

Ob ihr Sohn auch …?

Die Mosesgeschichte gefiel ihr. War ihr Sohn auch ein Retter der Welt? Ohne sich zu entscheiden oder darüber nachzudenken, schlenderte Rita zurück bis zur Bäckerei und wartete hinter einem Laternenpfahl ab. Jetzt trafen

Angestellte ein. Oder Kundinnen? Bei manchen Frauen war Rita nicht sicher: Eine Kundin oder eine Angestellte? Keine Eintreffende interessierte sich für den Kinderwagen; der stand ja nicht mehr vor dem Gala-Salon, sondern vor den Auslagen des Fahrradgeschäftes. Dieses blaue Bollwerk versperrte den halben Bürgersteig, aber niemand kümmerte sich darum.

Die Zahl der Fußgänger hatte zugenommen, der Kinderwagen ruhte wie eine Insel im Strom.

Da löste Rita sich von der Laterne und flanierte heran. Sie wollte unbeteiligt wirken, wie eine Stadtbummelantin blieb sie vor jedem Schaufenster stehen und betrachtete die Auslagen, ohne die angebotenen Artikel wahrzunehmen. Dabei sah sie die ganze Zeit aus den Augenwinkeln Richtung Kinderwagen.

Langsam näherte sich Rita dem Gala-Salon, bis sie es hörte. Leise, aber unverkennbar: Ihr Sohn schrie. Nicht ihr Blag, nein, ihre Brust füllte sich mit einer Wärme: Ihr Sohn! Der Retter der Welt. Ein Hilfloser. Ausgesetzt wie Moses. Nicht im Nil, nicht im Rhein: Ihr Sohn schwamm im Menschenstrom.

Ihr Baby schrie schon eine ganze Weile, das erkannte sie sofort und auch: Sein Geschrei gehörte zu ihr.

Rita rannte zu ihrem Sohn und hob ihn mitsamt der Decke aus dem Kinderwagen. Sein Gesicht war hochrot angelaufen und seine Augen verquollen.

Sie herzte ihn. Pustete sein Gesicht zärtlich an, weil er glühte. Wiegte ihn. Legte sein Köpfchen auf ihre Schulter und drehte sich im Kreis. Hob ihn hoch in die Luft. Wiegte ihn an ihrer Brust. Bis er still wurde.

Sie spürte seine Wärme nicht nur an ihrem Körper, sondern in sich drin. Sie fühlte: Das ist mein Sohn und mein Sohn braucht mich.

»Was machen Sie da?«

Jasmins heisere Stimme trifft seinen Nacken. Hastig steckt der Frisör die Zauberhände in die Kitteltaschen.

»Was nicht in Ordnung – mit Ihren Händen?« Wieder ihre Reibeisenstimme. Kein Flieder- oder Veilchenduft, Jasmin verströmt einen üblen Duft: Alkohol, Zigarette und eine saure Essenz. Sie hat die letzte Nacht in einer verrauchten Kneipe durchgemacht.

»Nein, meine Dame, alles bestens. Ich bin nur erstaunt.«

»Ich staune auch«, sie windet sich hoch und kommt mit ihrem verschrammten Gesicht – das rechte Auge verschwollen, die Nase und die linke Wange ziert eine dicke Schramme – auf ihn zu, »wie geschickt sie ihre Kunden frisieren. Ihre Hände …«.

»Was ist mit meinen Händen?«

Er zieht sie aus den Kitteltaschen und betrachtet sie erneut.

»… sind Zauberhände«, sagt Jasmin.

Kann sie Gedanken lesen?

Jasmin kommt näher. Der Frisör entdeckt eine feine Blutlinie auf ihrer Oberlippe.

»Ich möchte von Ihnen frisiert werden. Ich will«, sie fährt mit ihrer Hand über ihr Gesicht, als könne sie mit dieser Bewegung ihre Blessuren auslöschen, »eine richtig geile Frisur. Einen echten Hingucker.«

»Nein«, entfährt es ihm. Ein spontanes Nein, ein absolutes Nein, ein ehrliches Nein: Er will diese Person auf keinen Fall frisieren, denn er ängstigt sich vor ihr. Sie ist dreist und unberechenbar und seelenlos.

Gleichzeitig sehnt er sich danach, seine Hände in ihre mongolendicken Haare zu vergraben. Ihre Haare ziehen ihn kraftvoll an; auch jetzt spürt er das Verlangen, in ihre Strähnen einzudringen.

»Ich muss mich um eine neue Bleibe kümmern. Da dachte ich mir, mit einer schicken Frisur komme ich ganz anders rüber«, sagt Jasmin. »Sie wissen ja: Es gibt viele Bewerber, die muss ich ausstechen.«

Ihr Blick schweift nach innen. Wohin verliert sie sich? In die Vergangenheit oder in die Zukunft? Der Frisör spürt ihre Hilflosigkeit: Sie wurde in dieser Welt herum geschubst; musste früh auf eigenen Beinen stehen; in der Kindheit ohne vertraute Familie kämpfen; hat zu wenig Liebe ergattert.

»Ach, so ist das«, sagt der Frisör gedehnt. Eine Hinguckerfrisur für eine Wohnungssuche, um den Vermieter zu beeindrucken oder sogar verführen. Das sieht dieser Person ähnlich.

Nein, er wird sie auf keinen Fall frisieren.

Aber Jasmin schweigt und er vertieft sich – wie sie so vor ihm steht, ihr Blick ins Innere gekehrt – in ihre prachtvollen Haare: Die halten jedes Volumen. Bestens geeignet für ausladende Glamourfrisuren. Er könnte ihr extreme Haartürme modellieren, nichts leichter als das: Ihr Haar bietet alle Möglichkeiten, bei ihr benötigt er keine zusätzliche Haartransformation.

Da schreckt Jasmin ihn aus seinen Träumereien: »Also, wie ist es? Frisieren Sie mich?«

»Lieber nicht.«

Sie kommt einen Schritt näher. Einen weiteren Schritt. Als sie unmittelbar vor ihm steht, schaut er über ihren Kopf und sieht nur ihre Scheitelhaare.

»Ich weiß nicht recht …«, murmelt der Frisör.

»Sie sind doch ein Haarkünstler. Wenn es stimmt, was die Leute reden.«

Er riecht ihren Zigaretten- und Alkoholdunst. Ein schrecklicher Gestank. Er weicht zurück, aber sie folgt ihm durch den Salon.

»Bitte, bitte«, sie legt den Kopf in den Nacken, sieht zu ihm hoch und setzt ein Lächeln auf, indem sie ihre Mundwinkel nach außen verzieht. Ihre schrägen Zähne blinken hervor. Dann springen ihre Augenlider weit auf, sie spannt ihre Wangenmuskeln an und eine wilde Entschlossenheit umspielt ihren Mund.

Ist das ihre Hand?

Er spürt ihre Finger an seinen Fingern, dann stiehlt sich ihre Hand in seine Hand hinein.

»Bitte, bitte. Sie können das. Sie können mir jeden Ausdruck frisieren. Das haben die Leute gesagt.«

Jasmin sieht ihn mit weiten Augen an und jetzt berührt ihre zweite Hand seinen anderen Handrücken. Er fühlt sich gehalten: Ihre linke Hand ruht in seiner rechten, ihre rechte klammert seine linke.

Hand in Hand.

Wenn nur der üble Kneipengeruch nicht wäre.

»Na gut, ich werde sie frisieren.«

Sie triumphiert nicht. Das hätte ihn verletzt.

Sie drückt seine Hände.

»Dort hängen meine Lieblingsfrisuren, suchen Sie sich bitte eine aus.« Der Frisör weist mit den Augen auf die Helena-Fotografien an den Wänden und Jasmin versteht ihn sofort, das spürt er, aber sie löst nicht ihren Griff. Hat sie Angst, dass ihre Macht über ihn erlischt?

Der Frisör bewegt sich zur Salonwand und Jasmin trippelt mit. Sie hält seine Hände und er macht keine Anstalten, sich zu befreien.

Sie trippeln an der Wand entlang und schauen hoch. Er bleibt stehen, sieht Jasmin an. Sie schüttelt ihren Kopf.

Sie trippeln weiter, betrachten die nächste Fotografie; sie schüttelt ihren Kopf. Zum nächsten Foto. Kopfschütteln.

Nach den zehn Fotografien sagt Jasmin: »Da ist nix dabei.« Und löst ihre Hände von seinen Händen.

Was tut seine starke Linke?

Ohne dass er es durchdacht oder geplant hätte, ohne jeden Anlass oder Befehl zieht seine linke Hand einen Zeichenblock aus einer Schublade und blättert darin. Bis seine Augen die gesuchte Skizze finden.

Was tut seine Linke? Sie hält Jasmin den aufgeschlagenen Zeichenblock hin.

Was tut Jasmin? Sie sieht ihm ins Gesicht, auf die Skizze; in sein Gesicht, auf die Skizze. Sie beugt sich vor, betrachtet den Zeichenblock aus geringer Distanz, richtet sich wieder auf. Stülpt ihre angeschwollene Unterlippe vor.

»Dieses Ding«, sie richtet ihren Zeigefinger auf die Skizze, »wollen Sie auf meinen Kopf frisieren?«

Der Frisör friert ein.

»Dieses Ding?« Sie schüttelt ihren Kopf. »Geht gar nicht.«

Wie bizarr darf eine Frisur sein? Der Frisör will einen neuen Stil, abseits der ausgetretenen Pfade, kreieren und dabei möglichst wenige Accessoires einsetzen; die Haare sollen für sich sprechen. Ein kleines Haarkissen ist erlaubt, Haarbänder und Haarklammern. Und verborgene Unterbauten, die im Barock und Rokoko Bestandteil jeder Hochfrisur waren.

Auf diese Skizze ist der Frisör besonders stolz. Angeregt durch Marie Antoinette, die im 18. Jahrhundert eine Ultrahochfrisur in Form eines Segelschiffes trug, hat der Frisör die Schiffsmerkmale, gegeneinander verschoben, neu zusammengefügt: Den Schiffsrumpf aus Haarwellen geformt, die Aufbauten aus feinen Flechtsträhnen, die Segelflächen aus Haarbändern. Sein kubistisches Segelschiff reicht zweiundvierzig Zentimeter in die Höhe.

»Da oben drauf?« Jasmin zeigt auf ihren Kopf.

»Richtig. Ihre Haare sind bestens geeignet, glauben Sie mir. Ihre Haare sind wie geschaffen für extreme Hochfrisuren. Die halten die Höhe und auch die Breite, da bin ich sicher. Ihre Haare sind bestens geeignet«, wiederholt er sein Mantra.

Jasmin sieht ihn skeptisch an.

Welcher Teufel hat ihn geritten? Warum hat er ihr seinen Lieblingsentwurf gezeigt? Den hat bisher niemand gesehen.

»Völlig schräges Ding. Haben Sie das gemacht?«

Der Frisör will den Zeichenblock zuschlagen und wegschließen. Jasmin muss den Salon sofort verlassen. Auf keinen Fall ist diese unverschämte Person die Richtige, seine Kreation zu tragen, schreit sein Verstand, aber seine Linke hält ihr die Skizze hin.

»Abgefahren. Nee, damit kann ich mich nicht blicken lassen. Nirgendwo! Alle würden sich totlachen. Nicht für tausend Mark. … Haben Sie dieses Ding wirklich selbst erfunden?« Jasmin tippt mit dem Zeigefinger auf die Skizze. »Verarschen Sie mich auch nicht?«

Der Frisör schüttelt seinen Kopf.

»Völlig schräg.«

Sie kichert leise, dann lauter. Tippt mit ihrem Zeigefinger wiederholt auf die Skizze.

Er schlägt den Zeichenblock zu, aber es ist zu spät: Sie lacht sich einen weg. Laut und blökend lacht sie Mitleidstränen herbei. Die brennen auf seinen Wangen und in seiner Brust.

9 Amadé

Rita suchte einen Vornamen, der bedeutungsvoll, selten und künstlerisch sein sollte. Sie erinnerte sich an die Jungen und Männer, die sie in Köln und in der Eifel kannte; sie spazierte mit dem Kinderwagen über den Friedhof und studierte die Grabsteine; suchte den Kölner Stadtanzeiger nach Vornamen ab; schlug in der Stadtbücherei in einem Namensbuch nach.

Sie fand nichts Passendes.

Die Kellerfriseurin sprach beim Amt vor, wegen der Anmeldung des Neugeborenen, und kam mit einem Formular zurück. Da standen viele Fragen und kleingedruckten Hinweisen drauf. Zwar verstand Rita dieses Amtsdeutsch, aber sie fühlte sich unsicher. In einer stillen Stunde – das Blag schlief in seiner Obstkiste, die Wohnung war aufgeräumt – füllten beide Frauen das Formular gemeinsam aus. Eine Zeile blieb leer: Vorname des Kindes.

»Nenn ihn doch Fritz.«

Rita schüttelte den Kopf. Nein, das war kein Fritz und kein Horst; kein Werner und kein Walter. Sie hasste diese Standardvornamen; es musste etwas Besonderes sein.

Den Unterhalt regelte die Kellerfriseurin unter der Hand. Die Kölner Friseure kannten sich und plötzlich warf der Gala-Coiffeur einen Umschlag in Ritas Briefkasten. Ohne Gruß oder Unterschrift. Es waren hundertvierzig Mark drin.

»Diesen Betrag wird er jeden Monatsanfang abliefern«, sagte die Kellerfriseurin. Sie verriet nicht, wie sie den Gala-Coiffeur überzeugt hatte und Rita war das herzlich egal. Für sie war das viel Geld. Was hätte sie ohne diese gute Seele getan?

Am 20. April 1956 – jetzt ein gewöhnlicher Arbeitstag, im Nazi-Reich war dieser Tag ein hoher Staatsfeiertag gewesen – spazierte Rita mit ihrem Sohn am Rhein und grübelte: Die Anmeldung ihres Sohnes war überfällig, bald musste sie eine Ordnungsstrafe zahlen. Die Kellerfriseurin hatte Rita geraten, bei der Anmeldung ihren Sohn zur Adoption freizugeben. Die finden ein geeignetes Elternpaar: einen richtigen Vater und eine Mutter. Einen Vater kannst du nicht ersetzen, war ihr Hauptargument. Der Junge wird über die Stränge schlagen, er braucht einen Vater.

Rita wollte ihren Sohn behalten. Es fehlte nur der Vorname. Und ein Kinderbettchen. Sonst war alles geregelt.

Auf diesem Spaziergang nahm sie sich vor: Sie wird ihrem Sohn den Vater ersetzen. Sie wird beides sein, Mutter und Vater, denn das Vater-Sein lag ihr im Blut. Wie es in der Eifel gewesen war: Zu ihrer Mutter hatte Rita eine größere Distanz verspürt als zu ihrem Vater.

Als Rita abends in einem abgelegten Modejournal blätterte – ihr Sohn schlief, das Radio dudelte – stolperte sie über eine Fotoserie: Die neuen Frisuren des Gala-Salons werden nachgefragt. Eine topaktuelle Kollektion, der angesagte Frisurenstil aus Paris. Fort mit dem alten Mief. Stand wortwörtlich drin und Rita betrachtete die gleichen sportlich-knappen Damenfrisuren, die sie im Gala-Schaufenster gesehen hatte.

Glamour war abgelöst? Das konnte Rita nicht verstehen.

Sie las die Kommentare unter den Fotografien: Was trägt die moderne Dame in Köln? Diese Mode ist bewegungsfroh und fraulich zugleich. Weg mit den unpraktischen Hollywoodfrisuren.

Ritas Herz schlug im Hals: Das hatte die Hosenanzugfrau entschieden. Nie und nimmer der Gala-Coiffeur. Die beschloss, wie der Gala-Salon sich entwickelte; das hatte Rita trotz der Entfernung gespürt. Diese Frau hatte in den Kinderwagen hineingeschaut und gesehen, was darin lag. Sie hatte sich nicht um das Baby geschert, sondern den Kinderwagen vor das Fahrradgeschäft geschoben und war fortgegangen. Sie hatte Ritas Sohn ausgesetzt und hätte ihn verhungern lassen.

Mit der Hosenanzugfrau wird der Gala-Salon untergehen.

Ihr Sohn greinte leise; zu früh für das nächste Fläschchen. Rita drehte am Radioknopf, plötzlich füllte Jammermusik, so hätte Ritas Vater diese Musik genannt, den Raum. Spielten Geigen? Bevor Rita den Knopf weiterdrehte, verstummte ihr Sohn. Aha, diese Musik gefiel ihm. Sie stellte das Radio lauter und sah zu, wie er beide Hände zu Fäusten ballte, den Mund öffnete und vor sich hin babbelte.

Eine Frauenstimme gesellte sich zu den Geigen. Rita gefiel diese Musik nicht, aber ihr Sohn babbelte weiter; ihm schien die Musik ausnehmend gut zu gefallen. Sie schlug die Zeitschrift zu, stand auf, öffnete das Fenster und sah hinaus: Die Innenstadt und der Rhein breiteten sich vor ihr aus. Der Kölner Dom winkte ihr zu. Sie winkte zurück. Sie war angekommen, mit ihrem Sohn, mitten in Köln.

Sie lauschte dem Text, den die Frau sang; die Melodie gefiel ihr nicht, der Text wohl. Die besang ihren Sohn: unschuldig und rein. War das eine Arie? Der Text klang in ihrem Kopf nach, als der Radiosprecher die Musik kommentierte. Rita hörte nicht genau hin, dann traf sie der Schlag.

Was hatte der Radiosprecher gesagt?

Der Blitz schlug bei ihr ein.

»Amadeus Mozart.«

Wie beiläufig der Radiosprecher diesen Namen ausgesprochen hatte: »Amadeus.« Ein seltener Vorname, in der Eifel völlig unbekannt. Auch in Köln hatte Rita diesen Vornamen nicht einmal gehört oder gelesen.

»Amadeus», sprach Rita in die Mansarde hinein und sah ihren Sohn an. Sie war erschüttert. Das war der Volltreffer:

bedeutungsvoll, selten und künstlerisch. Der passende Name für ihren Sohn.

Sie sprach den Vornamen laut aus: »Amadeus … Amadeus … Amadé.« Die kürzere Version gefiel ihr besser. »Amadé«. Dieses Wort zerfloss auf ihrer Zunge: »Amadé.« Es klang künstlerischer. Bedeutungsvoller. Seltener.

Sie drehte sich zum Fenster und rief: »Amadé.« Ihre Stimme trug diesen Vornamen über die Innenstadt bis zum Rhein; der Kölner Dom lächelte dazu.

Rita war erleichtert. Sie hatte ein unschuldiges Baby geboren – wie die Jungfrau Maria. Sich mit der Mutter Gottes zu vergleichen, gehörte sich nicht, denn die Jungfrau Maria war eine Heilige. Rita wusste das, aber sobald sie diesen Gedanken verbannte, schwebte die Mutter Gottes durch das Fenster in ihre Mansarde hinein.

Auf jeden Fall war Rita ungewollt zu dem Kind gekommen; sie war in diese Begegnung hineingestolpert. An ihrem Schicksalstag. Nach seinem unergründbaren Willen. Gott lenkte das Weltgeschehen und wusste, wie sie zu ihrem Sohn gekommen war.

Rita fühlte sich gesegnet. Sie nahm sich vor, das erleichterte sie, wieder den Gottesdienst zu besuchen. Welch ein Trost und Vorbild war die Jesusgeburt? Ihr Schicksal war Marias Schicksal und das Schicksal ihres Sohnes lag in Gottes Hand. Rita hoffte inständig, dass ihr Sohn, wie Marias Sohn, etwas Großes …? Sie traute sich nicht, diese Idee weiterzudenken, aber sie hoffte es sehr.

Rita fiel auf die Knie und senkte den Kopf. Sie betete: »Gib mir und meinem Baby eine Zukunft, für die es sich zu leben lohnt.«

Ihre Worte klangen angemessen: Demut und Gnade. Von Gott gegeben. Sie atmete durch und fühlte eine neue Stärke in sich. Ihr Sohn hatte ein Recht, zu leben; er war ein Gottesgeschenk. Durch seinen unergründlichen Willen gemacht. Rita freute sich auf das gemeinsame Leben mit Amadé und konnte es in diesem Moment nicht erwarten, ihn als Erwachsenen zu sehen. Groß und erfolgreich: Amadé.

Dieser Vorname war der Schlüssel zu seinem Erfolg; der passte zu ihm und zu ihr. Sie würde etwas Großes aus ihrem Sohn schnitzen. Einen Menschen, zu dem die Leute hochsahen. Ein Talent, das die Leute bewunderten und dem sie folgten. Einer, der die Schlechtigkeiten dieser Welt vernichtete.

Rita war sicher: Sie hatte einen Weltretter geboren. Sie hatte er bereits gerettet und ihrem Leben einen Sinn gegeben: Sie fühlte sich nicht mehr allein, nein, sie besaß einen Sohn. Ihr eigenes Kind. Ihr Eigentum!

Aus einem Gemisch von Erleichterung und erwachendem Stolz schwor Rita: Ihr Sohn wird mächtig werden; er wird sie retten und diese Welt.

Amadé.

So sehr die Nächte sich dehnen, so schnell verfliegen seine Tage: Der Frisör kreiert Farbkompositionen, tönt Dreifaltigkeitssträhnen, brennt Locken auf prominente Köpfe, schneidet ernste und lustige, brave und bezaubernde Frisuren. Der Bürgermeister will mit einem machtvollen Haarschnitt seinen Parteifreunden imponieren, ein alternder Dandy eine junge Frau für sich gewinnen, ein Backfisch ihren Tanzpartner beeindrucken.

Beim Frisieren wird der Frisör völlig von den Haaren absorbiert, nur beim Läuten der Eingangsglocke fliegen seine Augen zur Salontür: Ist es Helena?

Die Fotografien lächeln von den Wänden, aber dies tröstet ihn längst nicht mehr. Der Frisör sehnt sich nach dem Original: Helena in echtem Fleisch; Helena in warmem Blut.

Sein Kunde stinkt nach Pferdekot, aber der Frisör beugt sich nah ran, um die letzten Stoppeln an der Gurgel zu rasieren, als die Tür sich öffnet.

»Guten Abend.«

Ihre Stimme klingt angenehm, es tönen Harfe und Querflöte mit. Ihre Stimme und ein Duft nach Vanille und Rose dringen in den Frisör ein; er weiß von ihrem Glück, bevor er sie ansieht und ihr Glück freut und verwirrt ihn.

Statt das Rasiermesser vom Hals des Pferdehändlers zu entfernen, ritzt der Frisör in einem Schwung die Gurgel an. Ein halbkreisförmiger Schnitt ist das, vom rechten Quadranten unterhalb des Kehlkopfes bis zum linken Quadranten. Im Wundgrund ist einen Moment lang der weiße Kehlkopfknorpel zu erkennen, dann quillt Blut hervor, füllt den Wundspalt und läuft den Hals herab, aber der Frisör sieht nicht hin. Er fixiert die Frau in der Tür; das Abendlicht färbt ihre Haare rötlich. Sie trägt ein hellblaues Spitzenkleid und dreht sich auf der Stelle, so dass ihre Locken fliegen.

»Aua. Das brennt.«

Der Pferdehändler greift mit beiden Händen an seinen Hals, doch der Frisör ist schneller: Presst mit der rechten Hand ein Frotteehandtuch auf den Kundenhals, während seine starke Linke das Rasiermesser, keine zehn Zentimeter vom Kehlkopf entfernt, umklammert. Er könnte – es wäre ein Leichtes – diese Kehle durchschneiden; weil er allmächtig ist. Herr über das Leben und Herr über den Tod.

Er wird es nicht tun.

Der Frisör wendet sich Helena zu. Sie strahlt vor Glück und sein Salon strahlt mit.

Seine Herzensdame präsentiert sein Lockenbouquet mit hochgerecktem Kopf und aufrechter Wirbelsäule. Zwar ist ihre Frisur ein wenig unter die Räder gekommen – die Spirallocken hängen herab, das Scheitelhaar klebt am Schädel –, aber die Frisurenarchitektur ist erhalten.

Helena ist sein Modell und seine Muse. Sie wird seine Kreationen präsentieren.

Seine Fingerspitzen kribbeln, Schauer jagen durch seine Wirbelsäule; er spürt eine große Hitze auf den Wangen. Als hätten ihre Lippen seine Haut berührt. Haben sie aber nicht.

»Sie tun mir weh«, brummt der Pferdehändler.

»Einen Moment dauert es schon, der Herr«, antwortet der Frisör und presst das Handtuch schwächer gegen den Hals.

»Es brennt. Was ist passiert?«

»Nichts Besonderes.«

Der Pferdehändler legt seine Hände auf Freddys Armlehnen und schweigt. Lammfrommer Kerl. Das spürt der Frisör. Ein Schaf in der Herde. Ergeben, bis in den Tod hinein.

Wieder ist seine starke Linke versucht, das Rasiermesser in die Kehle zu graben. Mit einem schnellen

Schnitt glatt den Kehlkopf durchtrennt, mit dem Handtuch die sprudelnde Wunde zugedrückt; der Kopf des Pferdehändlers würde zur Seite knorpeln und wäre still.

Es ist nicht recht.

Sagen die Stimme von der Salondecke. Seine Perücken mischen sich ein. Sie behüten ihn. Sie sorgen sich.

»Wann bin ich fertig?«, fragt der Pferdehändler und zippelt am Frisierumhang. Der Kerl nervt.

Als Helena sich im Spiegel ansieht, hebt der Frisör das Handtuch ein wenig an; sofort quillt Blut aus dem Hautspalt, färbt das krause Halspapier und den Kragen rot. Er presst das Handtuch wieder auf die Wunde.

»Ich rasiere gleich weiter, der Herr. Bitte ein wenig mehr Geduld.«

Der Pferdehändler nickt unmerklich; seine Hände liegen entspannt auf den Armlehnen.

Der Frisör sieht Helena an. Bitte, die Dame, nehmen Sie einen Moment Platz, die Dame. Mir gefällt ihre elegante Frisur – will er sagen, aber kann keine Silbe artikulieren.

Wie spricht man zu der Herzensdame?

Helena versteht ohne Worte. Sie folgt seinem Blick, setzt sich auf die vorderste Kante der Polstercouch und sieht zum Schaufenster hinaus.

Der Frisör wartet unendlich lange. Als er auf die Uhr schaut, sind vier Minuten vergangen. Er hebt das Handtuch an: Die Blutung steht. Er wischt den blutbefleckten Kundenhals sauber und rasiert die letzten Stoppeln ab.

Es gluckert, der Pferdehändler rülpst eine Dungwolke hoch.

Angewidert löst der Frisör das Nackenband und wirft den Frisierumhang in den Wäschekorb. Tupft am unteren Hals die verbliebenen Blutspuren ab.

Der Pferdehändler zahlt und trabt hinaus.

Helena fasst seine starke Linke: »Ich muss Ihnen danken. Überall bin ich die Attraktion: Im Büro, auf der Straße, bei meinen Freunden. Denken Sie mal, ich soll in meiner Firma die Pressearbeit übernehmen.«

Bitte, bitte, bettelt er lautlos, Helena muss meine Hand ewig halten.

»Wissen Sie, was mein Chef gesagt hat? Raten Sie mal.«

Er kann nicht antworten: Seine Lippen sind zusammengeklebt, die Mundschleimhaut ausgetrocknet.

»Mit dieser Frisur spielen Sie in einer anderen Liga. Hat mein Chef gesagt. Wortwörtlich.«

Ihre Finger verbrennen seine Hand.

»Der will mich zur Referentin machen. Ich hätte die notwendigen Voraussetzungen, unsere Firma eigenverantwortlich zu präsentieren. Hat mein Chef gesagt. Ist sein voller Ernst.«

Seine Finger glühen.

»Alle sind begeistert, nur meine beste Freundin nicht: Diese Frisur hätte ich mit ihr besprechen müssen, meint sie. Hat von einer tiefgreifenden Verwandlung gesprochen. Dabei ist die bloß neidisch.«

Seine Finger verglühen.

»Ich kenne mich selbst nicht mehr. Tagsüber verbringe ich herrliche Stunden, alle sind nett zu mir, und es geht mir gut. Aber die Nächte …«, sie macht eine Pause und lässt seine Hand fahren; ihr Gesicht verfällt. »Jede Nacht sorge ich mich um meinen Vater. Was ist ihm zugestoßen? Immer noch kein Lebenszeichen. Hab ich wirklich alles für ihn getan? Das zermürbt mich. Die Polizei weiß auch nicht weiter. Nachts schlafe ich kaum, das Aufstehen ist eine Qual. Aber wenn ich im Bad stehe und in den Spiegel schaue«, Helena dreht sich einmal um sich selbst, »vergesse ich meine Sorgen.«

Der Frisör ärgert sich: Warum muss der Tote wieder in sein Leben treten? Der Professor ist Vergangenheit, sein Körper längst verstromt und der Frisör will mit Helena die Zukunft erobern.

Helena kommt erneut auf ihn zu, ergreift seine Hände und führt sie an ihr Gesicht: »Dies sind also die Zauberhände.«

Er kann ihre Hitze nicht ertragen, entzieht sich ihrem Griff – sie gibt seine Hände nur zögerlich frei – und steckt sie in die Kitteltaschen.

»Sie sind ein Meister Ihres Fachs«, sagt Helena, beugt sich vor; die Glut ihres nahen Gesichtes ist eine Feuerwand.

Er schließt die Augen, spürt die übergroße Hitze. Nackte Flammen lodern, etwas Feuchtes, Weiches explodiert an seiner rechten Wange – ein glühender Schmerz, wie ein Brandeisen auf seiner jungfräulichen Haut. Auf seiner Wange? In seiner Wange? Er kann die Explosion nicht orten.

Diese Hitze verbrennt seine rechte Gesichtshälfte, der Frisör stürzt hinab oder meint zu stürzen, im Fallen reißt er die Augenlider auf: Dichter Nebel umgibt ihn, er sieht nichts, aber hört überdeutlich, dass Helena spricht. Er versteht kein Wort, sondern hört ihren Sprechgesang, der einer fremdartigen Melodie folgt: Flötentöne mischen sich mit ihren Worten zu einer Harmonie.

Als Helena nicht mehr spricht, hört er überdeutlich, wie sie zur Tür schreitet, diese öffnet, hinausgeht und hinter sich zuzieht. Er hört, als ob sie neben ihm ginge, ihre Schritte auf dem Asphalt. Er hört, wie sie den Kirchplatz überquert. Hört einen Vogel trillern. Ihm ist, als wäre er mit Helena hinausgegangen; dabei sitzt der Frisör alleine im Salon.

Ist seine Seele mit ihr fortgegangen?

Was hat Helena gesagt?

Er hat ihre Stimme gehört, aber kein Wort verstanden und er wird es nie erfahren, denn er kann keines ihrer Worte erinnern; Flötentöne klingen in ihm und er spürt ihre Hitze auf der rechten Wange. Seine Gesichtshaut brennt, ihr Geruch nach Vanille und Rose schwingt in seiner Nase nach.

Hält sie seine Hand?
Nein, sie hält seine Hand nicht.
Ist sie im Salon?
Nein, sie ist fortgegangen.
Hat sie ihn geküsst?
Ja, das ist sein erster Kuss gewesen.

Als der Nebel sich verzieht, fällt der Frisör in Marianne hinein und genießt seinen Liebeshöhepunkt: Helena hat ihn geküsst. Seine Herzensdame, aus weichem Fleisch und warmem Blut; schöner als das Kirschblütenall.

Seine Muse und sein Frisurenmodell.

Helena ist …

Ihre Seele ist …

Er kann es nicht benennen, dafür gibt es keine Worte. Die Sprache hat diese Gebiete niemals erobert, also kann der Verstand sie nicht begreifen. Kein Denker kann Unaussprechliches bedenken. Die Worte sind die Werkzeuge des Verstandes und der Verstand hat bei ihm ausgesetzt.

»Helena ist mein«, jubiliert der Frisör. Er spricht in den menschenleeren Salon hinein. »Die leblosen Fotografien an den Wänden zählen nicht. Helena lebt. Sie ist aus Fleisch und Blut und trägt meine Frisur in diese Welt hinaus.«

Da schiebt sich eine Frage in seine Tagträumerei: Will Helena sein Modell werden?

Ach was! Er stößt diesen störenden Gedanken beiseite. Sie wird begeistert sein. Er wird Helena seine Modelle auf den Kopf frisieren. Neue Entwürfe wird er erschaffen, indem er die Grundlinien der klassischen Frisuren auf ihrem Kopf variiert. Ihre Gesichtszüge sind variabel, zu ihr passen die unterschiedlichsten Frisuren.

Hurra, Helena wird sein Frisurenmodell!

Seine Glieder zucken. Der Frisör tanzt im Salon einen Walzer, dreht sich im Kreis. Er liebt Helena. Intensiver als er Mutter je geliebt hat. Seine Liebe schlägt Purzelbäume in seinem Brustkorb, der Frisör dreht sich schneller und weiter; tanzt um die Bedienstühle herum. Um die Glasvitrine. Stößt gegen die Polstercouch, fast wäre er gestürzt.

Der Walzer in seinem Kopf erlischt.

Er braucht Musik!

Beschwingt stürmt der Frisör die Treppe hoch, fummelt den Schlüssel ins Schloss, legt eine Platte auf – der Schallplattenspieler steht im Flur, hier kann er die Musik laut abspielen, ohne die Bewohner der Nachbarhäuser zu stören – und walzt erneut herum; dreht sich im Kreis, bis der Plattenspieler stoppt.

So glücklich hat er sich seit der Saloneröffnung nicht gefühlt.

Er legt ein Klavierkonzert auf, lässt die Küchentür offen, lauscht den Klängen und bereitet sein Abendbrot. Setzt sich an den Küchentisch und lächelt still vor sich hin. Sein Höhepunkt hallt nach: Helena hat ihn geküsst.

Seine Wange brennt.

Er steht auf, um sein Gesicht zu kühlen.

Das Klavierkonzert verstummt.

Als er die Wohnzimmertür passiert, spürt er eine große Kälte. Er stößt die Tür auf: Polarluft schlägt ihm entgegen.

Sein erster Blick zum Fenster: Es ist verschlossen.

Sein zweiter Blick zu den Perücken: Uta, Freda und Winora sind eingefroren.

Wo kommt diese Kälte her? Eine solche Kälte gibt es nicht in Köln – ein derartiger Frost gedeiht nur im ewigen Eis.

Er reißt das Fenster auf, die Abendluft strömt warm hinein. Mit einem Finger berührt er Utas Haarnetz, fährt eine eisbedeckte Perlenreihe entlang, wechselt zu Winoras gefrorenem Chignon, streicht über Fredas eisverkrusteten Zopf.

Erkennst du uns?

Ihr leises Krächzen hat er fast überhört.

Der warme Wind nimmt zu.

»Ich mag euch«, sagt er und berührt erneut die drei Perücken.

Die Kälte schwindet.

Ein Auto fährt vorbei, Stimmen tönen vom Kirchplatz herein. Das Leben lebt, wie gewohnt, und die Kälte schwindet.

Kennst du uns noch?

»Ihr bleibt meine Lieblinge. Ängstigt euch nicht, jetzt beginnt unsere große Zeit: Es wird ganz toll. Freut euch mit mir.«

Ein Stück Eis fällt von Fredas Zopf herab.

»Schade, dass Mutter nicht hier ist«, sagt der Frisör. »Mutter hätte sich mit uns gefreut. Sie hat es immer gewusst.«

Schritte klingen von draußen herein. Er tritt ans geöffnete Wohnzimmerfenster; zwei Frauen schlendern über den Kirchplatz, eine winkt ihm zu, er winkt zurück.

Den Frauen folgen drei Betrunkene, die sich gegenseitig stützen. Einer winkt dem Frisör ebenfalls zu.

Mutter hat es immer gewusst; sie wollte für ihren einzigen Sohn stets das Beste. Deswegen lauert unter seinem Zwerchfell ihre Warnung: »Pass auf, die Frauen wollen dich nur benutzen und von deinem Talent profitieren. Verschenk dich nicht.« Bei diesen Worten war Mutter mit der Hand durch seine Haare gefahren.

»Sie hat mich geküsst«, ruft er aus dem Fenster heraus.

Beide Frauen schauen hoch und winken.

Der Frisör beugt sich vor und winkt heftiger.

»Zu Befehl«, brüllt ein Betrunkener, bleibt stehen und knallt seine Absätze aneinander. Die beiden anderen klatschen Beifall.

Die Frauen beschleunigen ihre Schritte.

Der Frisör winkt, bis die Frauen in einer Seitenstraße verschwunden sind. Dann schließt er das Fenster und betrachtet die Perücken. Es ist offensichtlich, dass sie eifersüchtig sind. Alle drei Perücken wissen von Helenas Kuss und seiner Verzückung; sie spüren, was ihn bewegt.

»Helena ist meine Herzensdame«, gesteht der Frisör.

Keine Antwort. Winoras Chignon ist ein Eisblock, Utas Haarnetz ein Eispanzer und Fredas Zopf ein Eiszapfen.

»Ihr bleibt meine Freundinnen. Begleiter. Ratgeber. Meine geschätzten ...« Ihm fällt nichts ein, was ihre Stimmung heben kann. Sie sind eifersüchtig; auch Mutter hat keinen Menschen an seiner Seite geduldet.

Verdrängt Helena die Perücken aus seinem Herzen? Hat sie es schon getan?

Etwas knallt gegen das Fenster, der Frisör schreckt hoch: Jemand hat einen Stein gegen die Scheibe geworfen. Er sieht hinaus, aber die Straße und der Kirchplatz sind leer.

Helena muss sterben. Oder wir.

Da Sie bis zum Ende durchgehalten haben

- empfehlen Sie gerne diese Lektüre weiter

- schreiben Sie bitte eine Rezension bei Amazon, etc.

- mailen Sie mir Ihren Eindruck an haare@seelenfrisoer.de

- abonnieren Sie auf www.seelenfrisoer.de einen Newsletter und werden über Neuerscheinungen (2. und 3. Buch der Seelenfrisör-Trilogie) informiert.

ÜBER DEN AUTOR

Der Autor Dr. med. Siegfried Schink verknüpfte seine Seelen- und Anatomiekenntnisse mit seiner Lebenserfahrung (mit einer Künstlerin verheiratet, von einer Ästhetin erzogen) und recherchierten Frisierdetails. Nach 36 Jahren heilender ärztlicher Tätigkeit übergibt er diese Aufgabe an den Seelenfrisör.
Die Synthese Arzt-Friseur hat Tradition, im Mittelalter frisierte und kurierte der Bader seine Kunden. Langes glänzendes Frauenhaar strahlt Fruchtbarkeit aus. Dass Frisuren Außergewöhnliches bewirken, zieht sich durch die Kulturen und ist alttestamentarisch (Samson, Buch der Richter) belegt.

47050885R00181

Printed in Poland
by Amazon Fulfillment
Poland Sp. z o.o., Wrocław